代用票与客运杂费实务指南

(列车部分)

主　编　范先云　张大伟　徐斯强
副主编　吴荣波　魏鸿儒　李　峰

西南交通大学出版社
·成都·

```
图书在版编目（CIP）数据

 代用票与客运杂费实务指南：列车部分 / 范先云，
张大伟，徐斯强主编. —成都：西南交通大学出版社，
2017.9（2019.8 重印）
 ISBN 978-7-5643-5752-8

 Ⅰ. ①代… Ⅱ. ①范… ②张… ③徐… Ⅲ. ①铁路运
输–客车票–售票–指南 Ⅳ. ①U293.2-62

 中国版本图书馆 CIP 数据核字（2017）第 222520 号
```

代用票与客运杂费实务指南（列车部分）

主　编　范先云　张大伟　徐斯强

责任编辑	周　杨
封面设计	何东琳设计工作室
出版发行	西南交通大学出版社 （四川省成都市二环路北一段 111 号 西南交通大学创新大厦 21 楼）
邮政编码	610031
发行部电话	028-87600564　028-87600533
官网	http://www.xnjdcbs.com
印刷	成都蓉军广告印务有限责任公司
成品尺寸	185 mm×260 mm
印张	12.75
字数	317 千
版次	2017 年 9 月第 1 版
印次	2019 年 8 月第 2 次
定价	29.00 元
书号	ISBN 978-7-5643-5752-8

课件咨询电话：028-87600533
图书如有印装质量问题　本社负责退换
版权所有　盗版必究　举报电话：028-87600562

前　言

为了全面提高铁路客运职工及高职院校运输学生的业务素质和实际操作水平，更好地做好铁路运输工作，为铁路输送更多的优秀人才，特编写本书。

本书主要依据《铁路旅客运输规程》《铁路旅客运输办理细则》《铁路客运运价规则》《铁路客运运价里程表》《旅客票价表》《行李、包裹运价表》等规章，全面系统地对列车办理补票业务进行解析，具有实际操作性、适用性、普遍性、需求性，对列车长、列车值班员的实作学习具有十分重要的指导价值，同时又与历年来总公司和铁路局的大赛进行接轨，为客运列车求知者和学生者提供了学习的资料。

本书由吉林铁道职业技术学院范先云、沈阳铁路局吉林客运段张大伟、徐斯强主编，吉林铁道职业技术学院吴荣波、魏鸿儒，吉林车务段李峰任副主编，王东伟、吕冰、刘静静、许文宇、李胜、孔繁冬、于培庄、王宇、谢立宏、张力鑫、宋玥、刘强等参加编写。本书在编写过程中得到沈阳铁路局客运部门和相关铁路院校的大力支持和帮助，特此表示诚挚的谢意。

由于编者水平有限，书中难免存在不妥和疏漏之处，恳请读者指正。

编　者

2017 年 6 月

目　录

项目一　代用票 1

【任务一】无票人员乘车的处理 15
　　相关理论知识 15
　　任务与指导 17

【任务二】变　座 35
　　相关理论知识 35
　　任务与指导 35

【任务三】越　站 43
　　相关理论知识 43
　　任务与指导 44

【任务四】补　卧 52
　　相关理论知识 52
　　任务与指导 53

【任务五】变座、补卧 64
　　相关理论知识 64
　　任务与指导 65

【任务六】越站、补卧 75
　　相关理论知识 75
　　任务与指导 75

【任务七】越站、变座、补卧 84
　　相关理论知识 84
　　任务与指导 84

【任务八】变　铺 95
　　相关理论知识 95
　　任务与指导 95

【任务九】分乘、越站、补卧 103
　　相关理论知识 103
　　任务与指导 103

【任务十】误售、误购 109
　　相关理论知识 109
　　任务与指导 110

【任务十一】减价不符 ················· 120
相关理论知识 ················· 120
任务与指导 ················· 120

【任务十二】越席、越站、补卧 ················· 128
相关理论知识 ················· 128
任务与指导 ················· 129

【任务十三】过　期 ················· 144
相关理论知识 ················· 144
任务与指导 ················· 145

【任务十四】变　径 ················· 150
相关理论知识 ················· 150
任务与指导 ················· 151

【任务十五】违章使用乘车证的处理 ················· 154
相关理论知识 ················· 154
任务与指导 ················· 154

项目二　客运运价杂费收据 ················· 170

【任务一】超　重 ················· 173
相关理论知识 ················· 173
任务与指导 ················· 173

【任务二】超　大 ················· 181
相关理论知识 ················· 181
任务与指导 ················· 181

【任务三】低值品 ················· 186
相关理论知识 ················· 186
任务与指导 ················· 186

【任务四】动　物 ················· 190
相关理论知识 ················· 190
任务与指导 ················· 190

【任务五】危险品 ················· 192
相关理论知识 ················· 192
任务与指导 ················· 192

【任务六】超重、超大 ················· 195
相关理论知识 ················· 195
任务与指导 ················· 196

参考文献 ················· 198

项目一　代用票

【项目说明】

一、本项目主要依据的规章

（1）《铁路旅客运输规程》（以下简称《客规》）；
（2）《铁路旅客运输办理细则》（以下简称《细则》）；
（3）《铁路客运运价规则》（以下简称《价规》）；
（4）《铁路旅客运输收入规程》（以下简称《收规》）；
（5）《铁路乘车证管理办法》等规章。

二、票价尾数的处理

依据《铁路客运运价规则》第五条规定，国家铁路的旅客票价，以5角为计算单位，不足5角的尾数按2.5角以下舍去，2.5角及以上进为5角处理；违章加收款尾数保留到角，角以下四舍五入；浮动票价分别按票种处理尾数。

三、半价票的计算规定

半价票按《铁路旅客票价表》（铁运〔2012〕302号公布，自2013年1月1日起实施）中的全价票的50%计算。

（1）儿童票可享受客票、加快票和空调票的优惠，儿童票票价按相应客票和附加票票价的50%计算。免费乘车及持儿童票乘车的儿童单独使用卧铺时，应另收全价卧铺票价，有空调时还应另收半价空调票票价。

（2）学生票可享受硬座客票、加快票和空调票的优惠，学生票票价按相应客票和附加票票价的50%计算。持学生票乘车的学生使用硬卧时，应另收全价硬卧票价，有空调时还应另收半价空调票票价；学生票可享受动车组列车二等座票价优惠。动车组列车学生票票价按二等座公布票价的75%计算。

（3）残疾军人票可享受客票和附加票的优惠，残疾军人票票价按相应客票和附加票票价的50%计算。

（4）享受优惠的儿童、学生、伤残军人乘坐市郊、棚车时，仍按硬座半价计算，不再减价。

四、实名制

本项目全部需要实行实名制，因此每个任务都是在符合实名制的条件下进行的。

五、相关车次的说明

本项目中所有涉及的车次为当前列车运行的车次（虚拟列车车次除外），由于列车运行时刻和车次随时进行调整，所以在学习过程中若出现查找不到车次时，是因为列车车次进行了调整。目的是通过学习提高学习者的实作水平。

六、联合票

联合票是多种票合一的联合票据。联合票主要分为以下几种：

1. 客快联合票

（1）软（硬）座普快；

（2）软（硬）座快速；

（3）软（硬）座特快；

（4）半价软（硬）座普快；

（5）半价（软）硬座快速；

（6）半价（软）硬座特快。

2. 新型空调客快联合票

（1）新空调软（硬）座普快；

（2）新空调软（硬）座快速；

（3）新空调软（硬）座特快；

（4）半价新空调软（硬）座普快；

（5）半价新空调软（硬）座快速；

（6）半价新空调软（硬）座特快。

3. 客卧联合票

（1）硬座卧（上）；

（2）硬座卧（中）；

（3）硬座卧（下）；

（4）软座卧（上）；

（5）软座卧（下）。

4. 客快卧联合票

（1）硬座普快卧（上）；

（2）硬座普快卧（中）；

（3）硬座普快卧（下）；

（4）硬座快速卧（上）；

（5）硬座快速卧（中）；

（6）硬座快速卧（下）；

（7）硬座特快卧（上）；

（8）硬座特快卧（中）；
（9）硬座特快卧（下）；
（10）软座普快卧（上）；
（11）软座普快卧（下）；
（12）软座快速卧（上）；
（13）软座快速卧（下）；
（14）软座特快卧（上）；
（15）软座特快卧（下）。

5. 新型空调客快卧联合票

（1）新空调硬座普快卧（上）；
（2）新空调硬座普快卧（中）；
（3）新空调硬座普快卧（下）；
（4）新空调硬座快速卧（上）；
（5）新空调硬座快速卧（中）；
（6）新空调硬座快速卧（下）；
（7）新空调硬座特快卧（上）；
（8）新空调硬座特快卧（中）；
（9）新空调硬座特快卧（下）；
（10）新空调软座普快卧（上）；
（11）新空调软座普快卧（下）；
（12）新空调软座快速卧（上）；
（13）新空调软座快速卧（下）；
（14）新空调软座特快卧（上）；
（15）新空调软座特快卧（下）。

七、本项目中各车厢票价核收办法

1. 各车厢非空调列车全价票价核收（见表1-1）

表1-1 非空调列车全价票价核收

车厢	普快列车	快速列车	特快列车（直达特快列车）
硬座（YZ）	硬座票价＋普快票价	硬座票价＋快速票价	硬座票价＋特快票价
软座（RZ）	软座票价＋普快票价	软座票价＋快速票价	软座票价＋特快票价
硬卧（YW）	硬座票价＋普快票价＋硬卧票价	硬座票价＋快速票价＋硬卧票价	硬座票价＋特快票价＋硬卧票价
软卧（RW）	软座票价＋普快票价＋软卧票价	软座票价＋快速票价＋软卧票价	软座票价＋特快票价＋软卧票价

2. 各车厢新型空调列车全价票价核收（见表1-2）

表1-2　新型空调列车全价票价核收

车厢	普快列车	快速列车	特快列车（直达特快列车）
硬座（YZ）	硬座票价+普快票价+空调票价	硬座票价+快速票价+空调票价	硬座票价+特快票价+空调票价
软座（RZ）	软座票价+普快票价+空调票价	软座票价+快速票价+空调票价	软座票价+特快票价+空调票价
硬卧（YW）	硬座票价+普快票价+空调票价+硬卧票价	硬座票价+快速票价+空调票价+硬卧票价	硬座票价+特快票价+空调票价+硬卧票价
软卧（RW）	软座票价+普快票价+空调票价+软卧票价	软座票价+快速票价+空调票价+软卧票价	软座票价+特快票价+空调票价+软卧票价

3. 各车厢儿童（含每一成人免费携带身高不足1.2米的儿童超过一名的儿童）票价核收（见表1-3）

表1-3　各车厢儿童票价核收

新型空调车厢	普快列车	快速列车	特快列车（直达特快列车）
硬座（YZ）	核收全价的50%	核收全价的50%	核收全价的50%
软座（RZ）	核收全价的50%	核收全价的50%	核收全价的50%
硬卧（YW）	硬卧票价+其他票种50%	硬卧票价+其他票种50%	硬卧票价+其他票种50%
软卧（RW）	硬卧票价+其他票种50%	硬卧票价+其他票种50%	硬卧票价+其他票种50%

4. 免费携带儿童单独使用卧铺时票价核收（见表1-4）

表1-4　免费携带儿童单独使用卧铺时票价核收

新型空调车厢	普快列车	快速列车	特快列车（直达特快列车）
硬卧（YW）	全价卧铺票价+半价空调票价	全价卧铺票价+半价空调票价	全价卧铺票价+半价空调票价
软卧（RW）	全价卧铺票价+半价空调票价	全价卧铺票价+半价空调票价	全价卧铺票价+半价空调票价

5. 各车厢学生票价核收（见表1-5）

表1-5　各车厢学生票价核收

车厢	普快列车	快速列车	特快列车（直达特快列车）
硬座（YZ）	核收全价的50%	核收全价的50%	核收全价的50%
软座（RZ）	不享受优惠核收全价票价	不享受优惠核收全价票价	不享受优惠核收全价票价
硬卧（YW）	除卧铺票价核收全价外其他票种核收半价票价	除卧铺票价核收全价外其他票种核收半价票价	除卧铺票价核收全价外其他票种核收半价票价
软卧（RW）	不享受优惠核收全价票价	不享受优惠核收全价票价	不享受优惠核收全价票价

6. 各车厢残疾军人票价核收（见表 1-6）

表 1-6　各车厢残疾军人票价核收

车厢	普快列车	快速列车	特快列车（直达特快列车）
硬座（YZ）	核收全价的 50%	核收全价的 50%	核收全价的 50%
软座（RZ）	核收全价的 50%	核收全价的 50%	核收全价的 50%
硬卧（YW）	核收全价的 50%	核收全价的 50%	核收全价的 50%
软卧（RW）	核收全价的 50%	核收全价的 50%	核收全价的 50%

八、代用票

1. 代用票的定义

代用票是在售票系统或设备故障而不具备使用计算机或列车移动补票设备条件的情况下，手工填制并出具的一种票据。

2. 代用票的规格

代用票使用甲、乙、丙三页无碳复写式，尺寸为 120 mm×185 mm。甲、丙页为薄纸，乙页为厚纸。甲页存根，乙页供旅客用，加印浅褐色底纹，丙页报告。每 50 组为一册，按甲、乙、丙顺序装订。顺序号按 00001～100000 号循环。每 10 万号附记汉语拼音字母 A、B、C……符号，以黑色字印刷。

3. 代用票的样式（见票例 1-1）

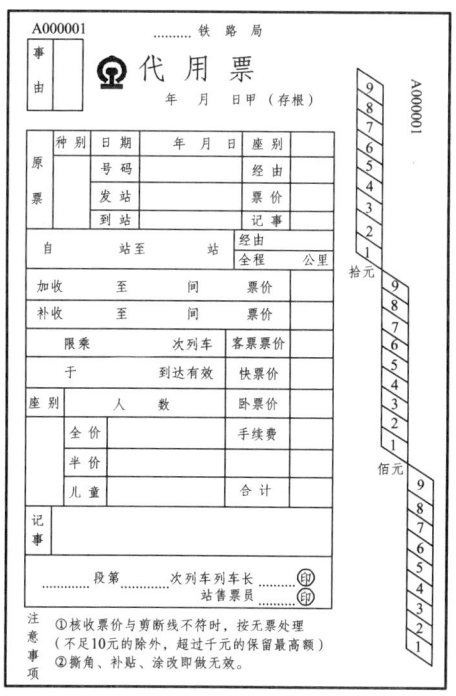

（a）代用票甲页

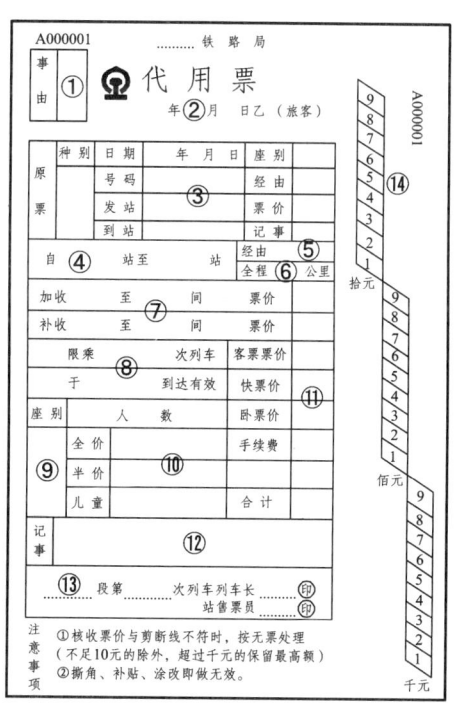

（b）代用票乙页

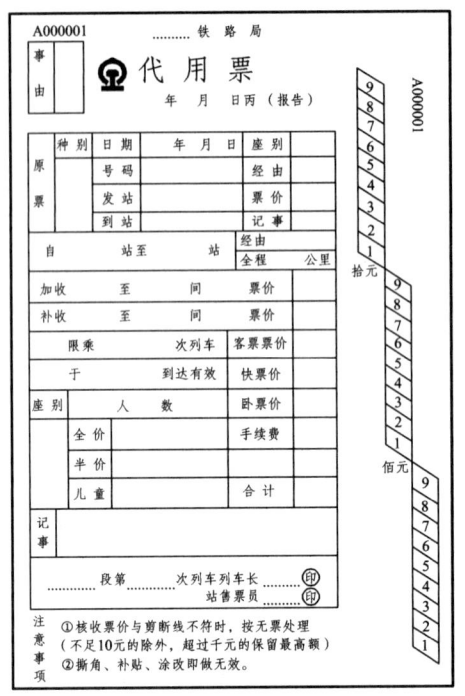

（c）代用票丙页

票例 1-1

1—事由栏；2—乘车日期栏；3—原票栏；4—乘车区间栏；5—经由栏；6—里程栏；7—加收、补收栏；8—车次、有效期栏；9—座别栏；10—人数栏；11—基本票价栏；12—记事栏；13—售票处所栏；14—剪断线

4．代用票的填写方法

在事由栏填写相应的略语：

① 客票——"客"；

② 加快票——"普快""快速"或"特快"；

③ 卧铺票——"卧"，列车上补办卧铺票时为"补卧"；

④ 客快（普快、快速或特快）联合票——"客快""客快速"或"客特快"；

⑤ 客快（普快、快速或特快）卧联合票——"客快卧""客快速卧"或"客特快卧"；

⑥ 儿童超高——"超高"；

⑦ 丢失车票——"丢失"；

⑧ 变更座别、铺别、径路——"变座"（硬座变软座）、"变铺"（硬卧变软卧、硬卧上、中铺变下铺、软卧上铺变下铺）、"变径"（发到站不变只是改变经过的线路）；

⑨ 改乘高等级列车——"补价"（列车同意）或"不符"（列车不同意）；

⑩ 乘车日期（含提前乘车）、车次、径路不符——"不符"；

⑪ 误撕车票——"误撕"；

⑫ 不符合减价规定——"减价不符"；

⑬ 有效期终了——"过期"；

⑭ 短途卧铺票价优惠——"优软卧""优硬卧"；

⑮ 退加快票——"退快"退卧铺票——"退卧";

⑯ 列车上发现无票人员——"无票";

⑰ 持站台票来不及下车——"送人";

⑱ 空调、包车、无票、越席、误售、误购、越站、分乘、团体按本项定语填写。

【注解】

（1）事由栏：填记的先后顺序一般情况下决定所产生票价的计算过程，也就是按照票价计算过程的先后顺序填记。

（2）日期栏填记实际乘车日期。

（3）原票栏按收回的原票转记，也就是将旅客所持车票记载的内容按照原票栏各栏应填记的内容对应填记，具体规定如下：

① 列车上持有硬座车票的旅客补办卧铺时，不需抄收原票。

② 在列车上需要补（加）收票价以及提前乘车在列车上办理改签时，均需抄收原票。

③ 种别栏：按收回的原票种别填记，即客、客快、客快空、客快速、客特快、客卧、客快卧、客快速卧、客特快卧；填记铁路乘车证时，按照铁路乘车证种别填记，如软（硬）席全年定期乘车证、硬席临时定期乘车证、软（硬）席乘车证、探亲乘车证、就医乘车证、便乘证、通勤乘车证。

④ 日期栏：转记原票的乘车日期；铁路乘车证转记乘车证票面标注的有效期间。

⑤ 号码栏：填记原票（电子车票、代用票、区段票和铁路乘车证）的符号和号码。

⑥ 发、到站栏：转记原票记载的发、到站站名。

⑦ 座别栏：根据旅客所持车票的席别填记"软或硬"；动车组列车"一等座或二等座"。

⑧ 经由栏：转记原票的乘车径路，跨线时填记接算站的简称，如：旅客从吉林站经由长春、哈尔滨到满洲里，经由栏填记"长、哈"。不跨线就能到达旅客的目的地的不用填记。

⑨ 票价栏：根据原票票面的票价填记，收回两人以上原票时，票价应合并计算，旅客持铁路乘车证此项可省略。

⑩ 记事栏：用于记载原票票面的其他事项，如"卧铺号""学""军""孩""折""人数"；持铁路乘车证时还应在该栏内注明所属单位及姓名，如"梅车李红"等。

（4）乘车区间栏：自××站至××站，一般情况下该栏主要填记旅客要求旅行发到站或变更发到站，不能超过本次列车的始发和终到站（除在乘降所上车补票、变径、误售误购外）。一般情况下与事由栏第一项内容相对应，当产生多项内容时，为便于填写，特殊情况下可与事由栏第一项内容不符。

（5）经由栏：转记原票的乘车径路，跨线时填记接算站的简称，如：旅客从吉林站经由长春、哈尔滨到满洲里，经由栏填记"长、哈"。不跨线就能到达旅客的目的地的不用填记。

（6）里程栏：对在计算过程中出现的各种里程均需填记。当出现多个里程时，按照计算的先后顺序在里程栏内注明，相互间用"/"分隔。

（7）加收、补收栏：在办理相应的客运业务而产生加收、补收或核收其他款项无法在基本票价栏内填记时，在该栏内填记，当产生多种票价，无法在该两项补（加）收栏内填记时，可将相关的事项、发到站及票价合并计算。

为了在办理相关业务的过程中能够真实地反映所办理各项业务的全过程，可对该栏内相应的文字和内容进行更改或增加。

（8）有效期间栏：

① 限乘车次栏：直达票填写所乘车次，通票填写旅客乘坐的首趟列车车次。

② 通票有效期按照旅客乘车里程计算，填写有效期最后一日的日期。

（9）座别栏：座别栏根据旅客所持车票的席别填记"软或硬"；动车组列车"一等座或二等座"。

（10）人数栏：根据办理车票的人数在全价、半价、儿童栏内用大写字体填写实际乘车人数，不能填写阿拉伯数字，不用栏用"#"划消。办理包车时，如实际乘车人数不足车辆定员数时，填记定员人数（即收费人数）。

（11）基本票价栏：

① 客票票价栏：客票票价按乘车区间里程自××站至××站间里程）对应的票价填记。

② 快票价栏：在补办加快票时，应在"快"前填记相应的略语，如"特""快速""普"字样，以明确所办理加快票的种类。

为便于计算和简化计算过程，客快票价能够直接在联合票价表中查出，可在"快票价"栏前加"客"字样，变为"客快票价"，填记客快联合票价，不必分项计算（含客票、加快、空调）。

③ 卧票价栏：在办理卧铺票或联合票分项计算时，应在"卧"字前填记"上、中、下"字样，并将票价总额填记在该栏内。

④ 手续费栏：按照所补客票、加快票人数或在列车上办理分乘时的车票张数核收手续费，手续费分为 2 元（补办客票业务）和 5 元（补办卧铺业务）两种，当办理一张车票产生两种以上手续费时，按最高的那种核收手续费。

⑤ 空白栏：除客票票价、快票价、卧铺票价、手续费等固定内容以外的各项内容均可在该项栏内填记，如空调费、铁路乘车证违章罚款等。

⑥ 合计栏：为所收各项款额的总计。

（12）记事栏内记载下列事项：

① 发售学生票、儿童票、残疾军人票时，记载"学""军""孩""折"字。

② 发售包车时，注明包车的车种、车号和定员数。

③ 办理团体票时，注明团体旅客证的起止号。

④ 在车上发生退款时，应注明"到站净退××元"。

⑤ 在列车上为无票人员办理补票时，经站、车同意的注明"同意"字样，未注明的应加收应补票价 50%的票款。

⑥ 在列车上办理卧铺时注明卧铺的车厢和铺位号。

⑦ 为旅客办理相关业务收回原票时，注明"原票收回"字样。

⑧ 办理分乘时，一张代用票注明：原票收回，与代用票××××××号分乘，×人票价××元，另一张注明"原票附在代用票××××××号报告页上，×人票价××元"。涉及卧铺时注明卧铺的车厢和铺位号。

⑨ 处理伪造或涂改车票时，注明伪造或涂改车票票号及已交公安机关处理。

⑩ 其他需记载的事项。

（13）售票处所栏：填记本次列车所属段及车次，列车长姓名处加盖列车长规定的名章。

（14）剪断线处：乙页根据票价合计栏的款额将十、百、千条码右侧剪断，将实收款额留在本页交给旅客，剩余部分附在丙页上报。

（15）填写代用票时，必须字迹清晰、准确无误、各项填记齐全、剪断线与款额相符。票面填写禁止涂改，否则一律按作废处理。"旅客栏"一经剪断，原则上不许作废，如需作废必须由经办人写出经过，经单位领导签认后，报上级收入部门核实处理。作废时必须各联齐全，票面上画对角线，并需加盖"作废"戳记。除存根联外，其他各联一并上报。

九、车票票面信息

1. 票号及候检地点

（1）票号：票卷印刷，1个字母＋6位数字，如："A012345"。部分路局字母前面印有窗口号或组号。

（2）候进检（最多打印15个汉字）：

① 异地候车地点，如："候车地点：琶洲B1厅"。

② 进站口，如："南广场进站"。

③ 检票口，如："检票口B13"。

④ 自定义，如："西站北广场候车"。

2. 车次及发到站

（1）发站站名（最多打印6个汉字），如："北京南站"。

（2）到站站名，如："北京南站"。通票的到站站名为票面标记车次的到站，通票的终到站标记在有效期区。

（3）站名拼音码，如："Beijingnan"。站名拼音按照《铁路客运运价里程表》执行，按照地名汉语拼音规则拼写。

（4）车次及箭头。车次按车次编码规则执行。

3. 乘车时间及席位

（1）乘车日期：年份（yyyy）＋月份（mm）＋日期（dd），如："2014年12月31日"。

（2）开车时间：时（hh）：分（mm）开，如："12:15开"。

（3）席位号：车厢号＋双层车厢上下层＋席位编号＋铺别；无座票打印车厢号＋无座或无座；如："加1车上001号下铺""12车001A""12车无座""无座"。席位编号按编号规则，铺别包括上、中、下铺。车厢席位号最长为：加1车001号下铺。

4．票　价

（1）金额：人民币符号+票价总金额，如："¥9999.5""¥1234.0"。金额最长为：¥9999.5，金额保留一位小数。

（2）票种略语：

① 票种：孩（儿童票）、学（学生票）、军（残疾军人票）、探（探亲乘车证签证票）、半（省部级领导车票）、兵（军人票）、红（红色旅游学生团体硬座20%优惠）、学返（学生返程票）、团（全价票团体票）、团优（0票价团优票）、返（农民工返程票）。

② 售票方式：网（互联网售票/手机售票）；

③ 窗口POS支付打印字：工（工行POS刷卡支付车票打印字）、农（农行POS刷卡支付车票打印字）、中（中行POS刷卡支付车票打印字）、招（招行POS刷卡支付车票打印字）。

④ 网上（含手机）购买车票窗口改签打印字：建（网上建行购票窗口改签打印）、支（网上支付宝购票窗口改签打印）、银（网上银通卡购票窗口改签）。

⑤ 其他：赠（网上积分购票换票时打印）、补（进站补票打印）、专（残疾人专用票额车票打印）。

（3）折扣信息（折扣信息最长为：8个汉字）：

① 港九车优惠信息：淡（淡季折扣标记）、旺（旺季折扣标记）、个（个人折扣标记）、团（团体折扣标记）、单（单程折扣标记）、往（往程折扣标记）、返（返程折扣标记）、55折（55折扣票价）；如："淡个单85折、旺团往55折、旺团返55折"。

② 其他折扣信息：折（折扣票打印）、企（动卧企事业单位优惠票打印）、返（动卧返程优惠票打印）。

（4）列车席位等级（打印空调特征+席别，动车时不打印空调特征）：

① 空调特征：新空调（新型空调列车席位打印）、空调（空调列车席位打印）。

② 席别：棚车、硬座、软座、硬卧、软卧、包厢硬卧、高级软卧、一等软座、二等软座、商务座、高级动卧、混编硬座、混编硬卧、包厢软座、特等软座、动卧、二人软包、一人软包、一等双软、二等双软、混编软座、混编软卧、一等座、二等座、特等座、观光座、一等包座、硬卧代硬座、软卧代软座、软卧代二等座。如：新空调硬座、空调硬座、二等座等。

（5）中转签证：（新）空调+席别名称+与普客（普快）差。席别最多13个字。

5．有效期

（1）直达票：打印"限乘当日当次车"。

（2）通票：由通票等级+径由+终到站名+有效期，如："普客经由郑良京沈哈至齐齐哈尔东站13日内到有效"。通票等级包括普客、普快、特快到底三种。通票最多23个字。

（3）铁路乘车证签证票：打印"随乘车证有效"。

（4）团优票：打印"随团体票使用有效"。

（5）补价票：打印"随原票使用"。

6. 签　　证

（1）改签：打印"始发改签"，开车后改签的，打印"开车后改签不予退票"。

（2）变更到站：打印"变更到站"。

（3）通票中转签证：打印"中转签证"。

（4）铁路乘车证签证：打印"硬席乘车证签证"或"软席乘车证签证"。

（5）铁路电子车票乘车后换取报销凭证：打印"仅供报销使用"。

（6）挂失补办理：打印"挂失补"。

（7）已检车票换票：打印"已检"。

（8）补价：打印"补卧"（座席补卧）。

（9）应急换取乘车凭证：打印"应急乘车凭证"。

7. 身份信息

（1）有效身份证件号码：证件号码隐藏部分用"*"代替。对于18位二代身份证号码，隐藏表示出生月日的4位数字。对于其他证件，当证件号码长度小于11位时，隐藏最后2位，只有1位的隐藏1位；大于11位的，隐藏最后4位。调令证件类型的不隐藏证件号码。

（2）旅客姓名：打印前4个汉字或8个字符，后面用"*"代替。

8. 提示信息

（1）渡海列车提示：打印"温馨提示：本次列车途经琼州海峡，特殊季节遇台风、大雾等恶劣天气，轮渡可能停航，造成列车晚点或停运，敬请理解。"

（2）无旅行提示信息：打印"购票请到12306　发货请到95306　中国铁路祝您旅途愉快。"

9. 21位码及售票站

（1）21位码。

（2）售票站信息：如北京站售。最多打印10个汉字。

10. 二维码

略。

十、本项目使用的工具书

（1）《铁路客运运价里程表》为2007年8月第6版，2012年9月第16次印刷；

（2）《铁路旅客票价表》铁运【2012】302号公布，2013年1月1日起施行。

十一、《铁路客运运价里程表》的使用说明

1. 定　　义

《铁路客运运价里程表》是《铁路旅客运输规程》的附件四，是用以计算旅客票价及行李、包裹运价里程的依据，并用以查找和确认车站有无营业办理限制。本里程表所载入的线路为国家铁路的正式营业线，以及国家铁路办理直通运输的地方铁路线、合资铁路线。

2．表示方法

（1）营业办理限制。

全线的营业办理限制：在该线的里程表上用文字注明。

各站的营业办理限制：在各该站的站名前用下列符号表示：

※　旅客乘降所，只办理旅客乘降业务；

⊗　不办理行李和包裹业务的车站；

◎　不办理包裹业务的车站；

△　不办理客运业务的线路连接点车站；

Ｇ　办理高铁快件业务车站。

（2）接算站。

在客运运价里程接算站示意图中，接算站用红色圆圈表示。

在里程表中，站名用黑体字印刷，站名下部印有1mm宽的黑色横线，并在该站的第13栏印有"接××线"字样。

（3）径路。

运价里程栏内的站名，表示计算直通运价里程的径路（即经由的站名）。

（4）直通运价里程。

本里程表中的各站，均自北京、上海、郑州、沈阳站接算的运价里程。

（5）准、窄轨里程。

准轨与窄轨铁路相互间计算运价里程（即昆明—昆明北）时，不另加算里程（直通运送的行李、包裹，则由窄轨发、到站另行核收换装费用）

（6）站名后加"*"，表示该站为线路连接点车站，但不是铁路车站。

十二、《旅客票价表》使用说明

（1）本表按客车装备分为两部分，分别是非空调列车票价表和空调列车票价表，适用于普通旅客慢车、普通旅客快车、快速旅客列车、特快旅客列车、直达特快旅客列车等非动车组列车（另有规定者除外）。

（2）分票种票价表和联合票价表。旅客票价包括客票和附加票两部分，客票票价分为硬座、软座客票票价。附加票票价分为加快、卧铺、空调票价。分票种票价表是将客票和附加票分别列出，联合票价表则是客票和有关附加票票价相加的结果。硬座、硬卧统称为硬席；软座、软卧统称为软席。

（3）加快票由低到高分为三等，即普通加快票、快速加快票和特别加快票。特别加快票未在表中列出，特快旅客列车、直达特快旅客列车也未核收特别加快票，暂按快速加快票核收。

（4）少量的特等软座、高级软卧票价实行市场调节价，未在本表中列出。

（5）旅客列车票价会在国家规定范围内一定幅度上下调整，具体情况见车站公告。

十三、《客运运价里程接算站示意图》

1.《东北客运运价里程接算站示意图》

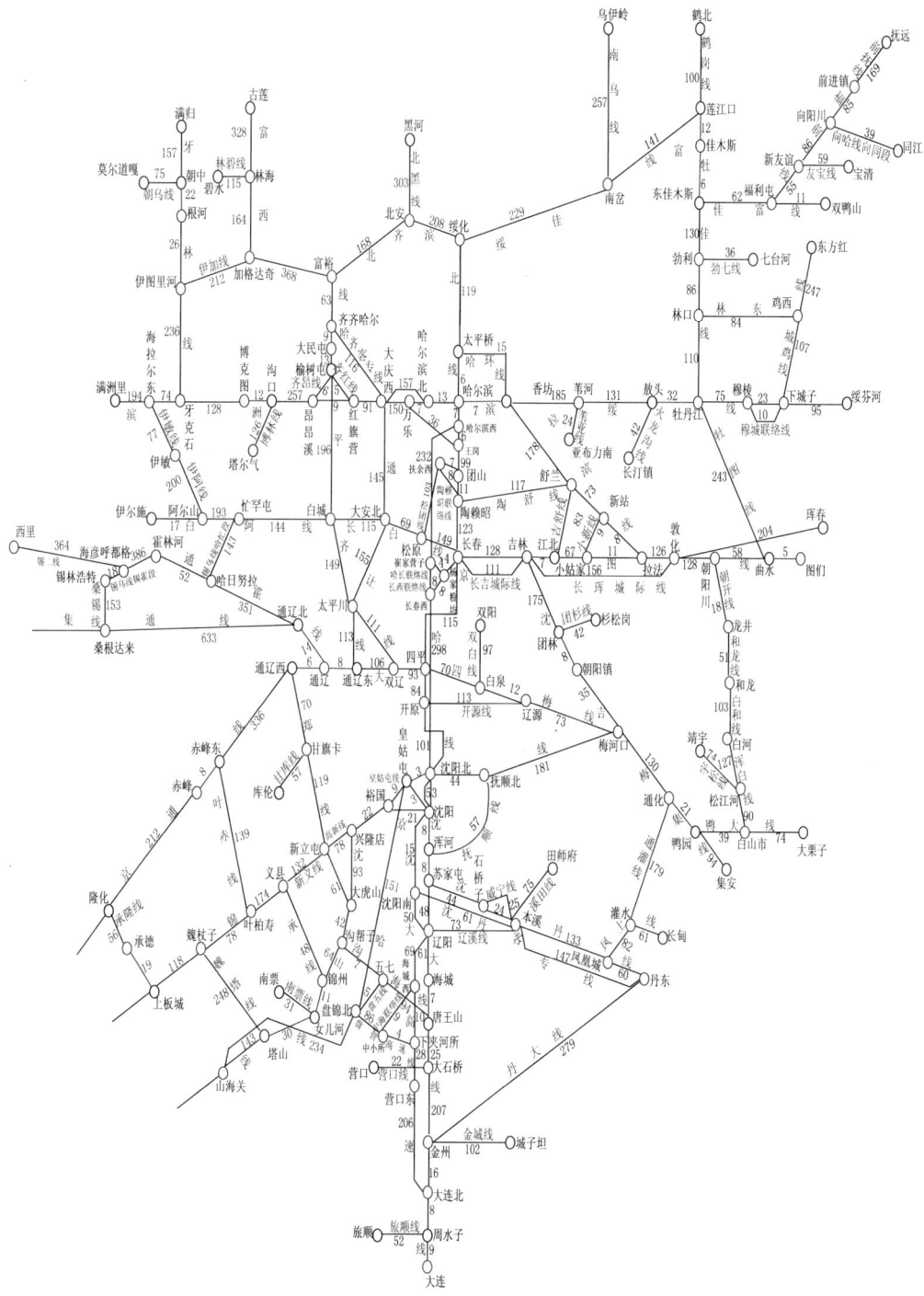

图 1-1 东北客运运价里程接算站示意图

2.《北南方客运运价里程接算站示意图》

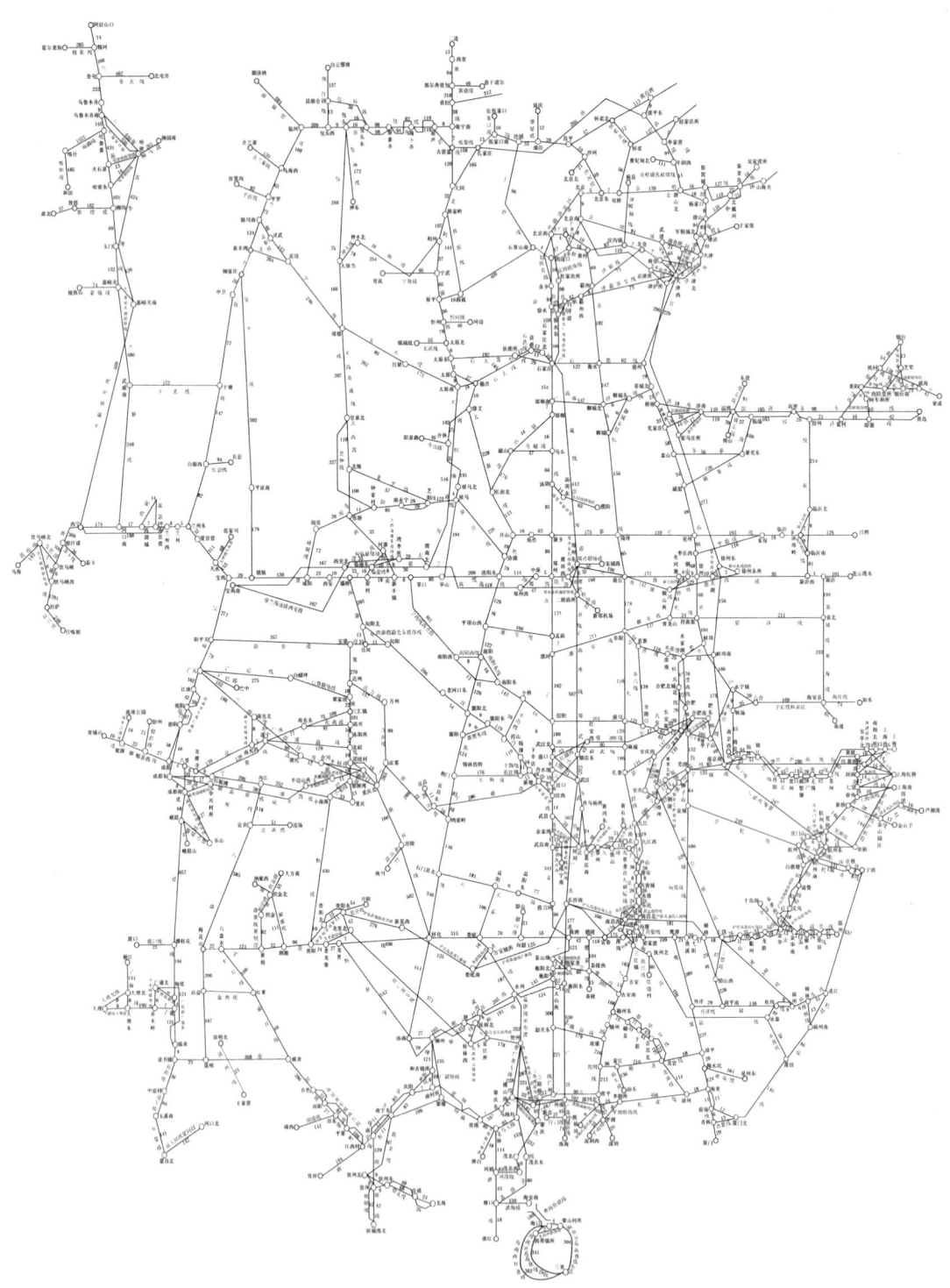

图 1-2 北南方客运运价里程接算站示意图

【任务一】无票人员乘车的处理

相关理论知识

1. 《铁路旅客运输规程》第十九条规定，承运人一般不接受儿童单独旅行（乘火车通学的学生和承运人同意在旅途中监护的除外）。随同成人旅行身高 1.2～1.5 m 的儿童，应当购买儿童票。超过 1.5 m 时应买全价票。每一成人旅客可免费携带一名身高不足 1.2 m 的儿童，超过一名时，超过的人数应买儿童票。

儿童票的座别应与成人车票相同，其到站不得远于成人车票的到站。

免费乘车及持儿童票乘车的儿童单独使用卧铺时，应当补收票价差额。

2. 《铁路旅客运输规程》第二十条规定，在普通大专院校（含国家教育主管部门批准有学历教育资格的民办大学），军事院校，中、小学和中等专业学校、技工学校就读，没有工资收入的学生、研究生，家庭居住地和学校不在同一城市时，凭附有加盖院校公章的减价优待证的学生证（小学生凭书面证明），每年可购买家庭至院校（实习地点）之间四次单程的学生票。新生凭录取通知书、毕业生凭学校书面证明可买一次学生票。学生票限于使用普通旅客列车硬座和动车组列车二等座，使用普通旅客列车硬卧时应当补收票价差额。

华侨学生和港澳台学生按照上述规定同样办理。

发售学生票时应以近径路或换乘次数少的列车发售。

下列情况不能发售学生票：

（1）学校所在地有学生父或母其中一方时；

（2）学生休学、复学、转学、退学时；

（3）学生往返于学校与实习地点时；

（4）学生证未按时办理学校注册的；

（5）学生证优惠乘车区间更改但未加盖学校公章的；

（6）没有"学生火车票优惠卡"或"学生火车票优惠卡"不能识别或者与学生证记载不一致的。

3. 《铁路旅客运输办理细则》第十七条规定，发售学生票除要求出示相应的证件外，还应按如下原则发售：

（1）普通大、专院校，中、小学和中等专业学校、技工学校是指符合政府教育部门所规定的年限、学期和课程等制度并经相应级别的教育机关注册的院校，不包括各类职工大学、电视大学、业余广播大学、函授学校。

（2）"没有工资收入的学生"，是指没有固定工资收入的学生。学生有无工资收入由学校确定，铁路凭学校发给的减价优待证售票。如能够确认有工资收入的学生持减价优待证购票时，车站可以拒绝发售学生票，并通知学校处理。

（3）学生父、母都不在学校所在地并分两处居住时，由学生选择其中一处，并登记在学生减价优待证上。如学生父母迁居时，根据学生申请，经学校确认，可将学生减价优待证上的乘车区间更改并加盖公章或更换新证。学生回家后，院校迁移或调整，也可凭学校证明和学生减价优待证，发售从家庭所在地到院校新所在地的学生票。

（4）学生每年仅限于购买四次单程减价票，当年未使用的次数不能留作次年使用。

（5）学生票应按近径路发售，但有直达列车或换乘次数少的远径路也可发售。学生购买联程票或乘车区间涉及动车组列车的，可分段购票。学生票分段发售时，由发售第一段车票的车站在学生优惠卡中划销次数，中转站凭上一段车票售票，不再划销乘车次数。

（6）在乘降所上车的学生（其减价优待证上注明上车地点为乘降所），可以在列车上售给全程学生票，并在减价优待证相当栏内，由列车长注明"×年×月×日乘××列车"，加盖名章，作为登记一次乘车次数。

（7）减价优待证记载的车站是没有快车或直通车停靠的车站时，离该站最近的大站（可以超过减价优待证规定的区间）可以发售学生票。

（8）超过减价优待证上记载的区间乘车时，对超过区间按一般旅客办理，核收全价。

（9）华侨学生和港澳台学生回家时，车票发售至边境车站。

（10）符合减价优待条件的学生无票乘车时，除补收票款外，同时应在减价优待证上登记盖章，作为登记一次乘车次数。

4.《铁路旅客运输规程》第二十一条规定，中国人民解放军和中国人民武装警察部队因伤致残的军人凭"中华人民共和国残疾军人证"，因公致残的人民警察凭"中华人民共和国伤残人民警察证"购买优待票（以下简称残疾军人票）。

5.《铁路旅客运输规程》第四十四条规定，有下列行为时，除按规定补票并核收手续费以外，铁路运输企业有权对其身份进行登记，并须加收已乘区间应补票价50%的票款：

（1）无票乘车时，补收自乘车站（不能判明时自始发站）起至到站止车票票价。持失效车票乘车按无票处理。

（2）持用伪造或涂改的车票乘车时，除按无票处理外并送交公安部门处理。

（3）持站台票上车并在开车20 min后仍不声明时，按无票处理。

6.《铁路旅客运输规程》第四十五条规定，有下列情况时补收票价，核收手续费：

（1）应买票而未买票的儿童按《铁路旅客运输规程》第十九条规定补收票价。身高超过1.5 m的儿童使用儿童票乘车时，应补收儿童票价与全价票价的差额。

（2）持站台票上车送客未下车但及时声明时，补收至前方下车站的票款。

（3）主动补票或者经站、车同意上车补票的。

7.《沈阳铁路局车票实名制管理办法》（沈铁客发〔2011〕368号）第十五条规定，车站客运和公安人员对旅客、其所持车票和票面所载的有效身份证件进行查验。票、证、人不一致或无法出示有效身份证件原件的旅客，不得进站乘车。其中，无法出示有效身份证件原件的旅客，应到车站铁路公安制证口确认人、票信息一致后办理临时身份证明，之后方可进站乘车。

列车验票时，同时核对旅客、其所持车票及票面所载的有效身份证件原件。票、证、人不一致的，按无票处理。

成年人持儿童票的，视为票、证、人不一致。

任务与指导

一、持站台票 20 min 内声明的（或主动补票）的无票人员的处理

2017 年 3 月 21 日，K7376 次列车（新空调快速，吉林—大连，经由沈吉线、沈大线，沈阳铁路局吉林客运段担当乘务工作），磐石站刚开车后，在 YZ8 车一名无票人员找到列车长声称从磐石站上车到沈阳站下车，并持有磐石站的站台票，问列车如何办理？（用分票种和联合票两种方法计算）

解：

一、查找里程

（一）通过《铁路客运运价里程表》和《东北客运运价里程接算站示意图》计算磐石至沈阳间里程。

1. 通过《铁路客运运价里程表》中"站名首字音序索引表"第 22 页查找"磐石"首字"磐"字拼音"Pan"第一个字母"P"，再找到"磐"字，"磐"字在"站名索引表"第 52 页，在"站名索引表"第 52 页找到"磐石"在"里程表"第 195 页，在第 195 页查出磐石至朝阳镇间里程 39 km。

2. 通过《东北客运运价里程接算站示意图》（图 1-3），计算朝阳镇至沈阳间里程。

朝阳镇 _35_ 梅河口 _181_ 抚顺北 _44_ 沈阳北 _3_ 沈阳

朝阳镇至沈阳间里程：35 + 181 + 44 + 3 = 263（km）

磐石至沈阳间里程为：39 + 263 = 302（km）

（二）知道所要查找旅客上车站和下车站在哪条线上，通过《铁路客运运价里程表》查出磐石至沈阳间里程。

旅客上车站为"磐石"，下车站为"沈阳"。"磐石"和"沈阳"都在沈吉线上，通过《铁路客运运价里程表》中"线名音序索引表"第 40 页查出"沈吉线"在"里程表"第 194 页，在第 195 页查出磐石至沈阳间里程为 302 km。

（三）不知道所要查找旅客上车站和下车站在哪条线上，通过《铁路客运运价里程表》查出磐石至沈阳间里程。

通过《铁路客运运价里程表》中"站名首字音序索引表"第 22 页查找"磐石"首字"磐"字拼音"Pan"第一个字母"P"，再找到"磐"字，"磐"字在"站名索引表"中第 52 页，在第 52 页找到磐石在"里程表"第 195 页。根据旅客乘坐列车的实际径路查找出旅客在哪条线路上乘车，是否需要经由两条及以上线路，如不需要经由两条及以上线路，在一条线路上能够查找旅客的上车站和下车站，并且经路与旅客乘车的经路相同，就可以直接计算出旅客乘车的里程。

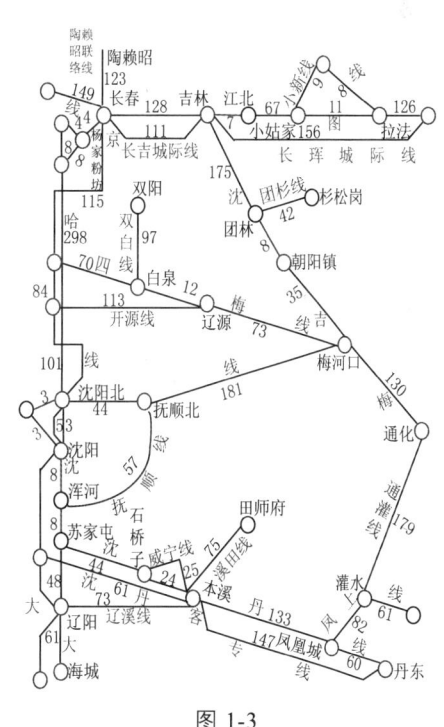

图 1-3

经查询旅客上车站"磐石"和下车站"沈阳"都在沈吉线上,所以可以直接查出磐石至沈阳间里程为 302 km。

二、处理过程

1. 分票种计算

处理事由：无票

磐石—沈阳　302 km

新空调硬座票价：28.5 元

快速加快票价：12.0 元

空调票价：6.0 元

手续费：2.0 元

合计：28.5 + 12.0 + 6.0 + 2.0 = 48.5（元）

除列车移动补票机故障外，不得手工填发代用票，见票例 1-2。

2. 按联合票价计算

处理事由：无票

磐石—沈阳　302 km

新空调硬座快速票价：46.5 元

手续费：2.0 元

合计：46.0 + 2.0 = 48.5（元）

除列车移动补票机故障外，不得手工填发代用票，见票例 1-3。

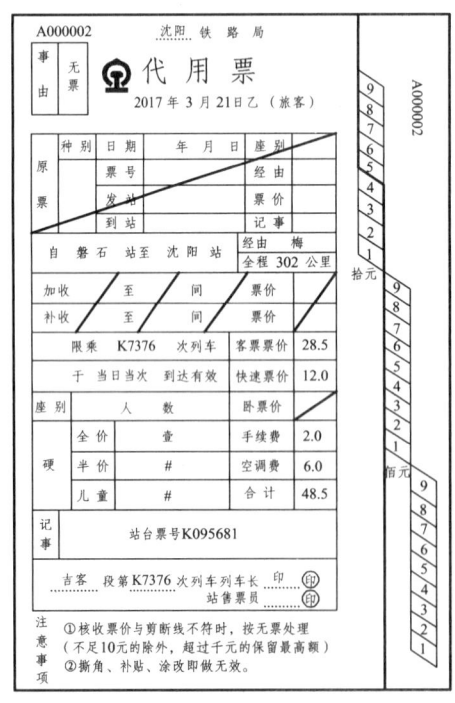

票例 1-2

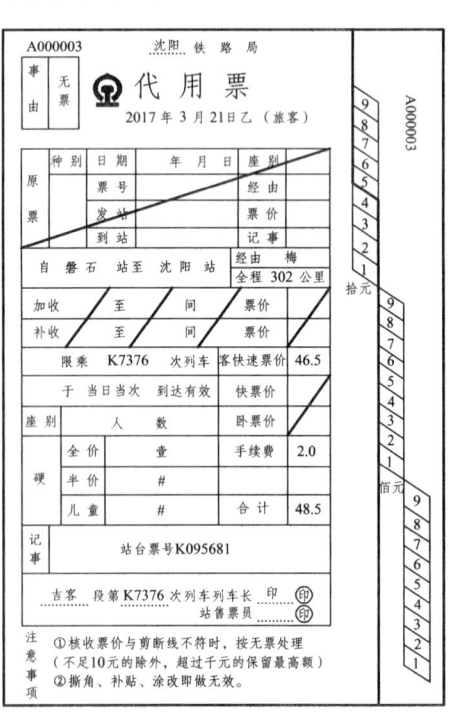

票例 1-3

二、列车发现持站台票上车开车20分钟后仍不声明（或列车验票发现）无票人员的处理

2017年3月21日，2052次列车（新空调普快，牡丹江—大连，经由哈尔滨站、长春站、沈阳站，沈阳铁路局沈阳客运段担当乘务工作），四平站（21：35分到，21：37分开车）刚开车后，在YZ3车发现一名无票人员，经确认该旅客是从长春站（19：58到，20：15开车）上车到大连站，持长春站的站台票，问列车如何办理？（用分票种和联合票两种方法计算）

解：

一、查找里程

（一）通过《东北客运运价里程接算站示意图》（图1-4），计算出长春至大连间里程。

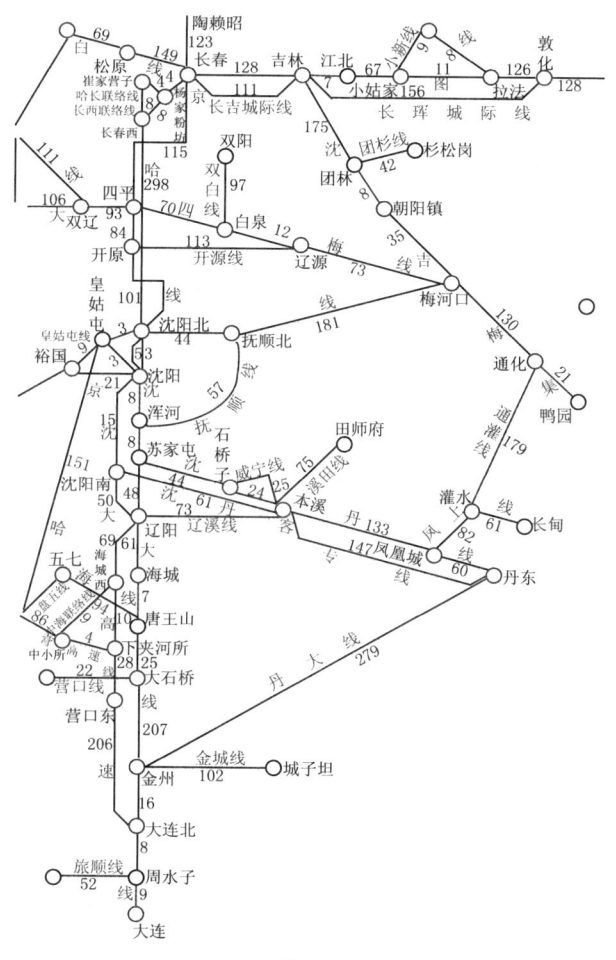

图 1-4

长春 _115_ 四平 _84_ 开原 _101_ 沈阳北 _3_ 沈阳 _8_ 浑河 _8_ 苏家屯 _48_ 辽阳 _61_ 海城 _7_ 唐王山 _25_ 大石桥 _207_ 金州 _33_ 大连

长春至四平间里程：115 km

长春至大连间里程：115 + 84 + 101 + 3 + 8 + 8 + 48 + 61 + 7 + 25 + 207 + 33 = 700（km）

（二）知道所要查找旅客上车站和下车站在哪条线上，通过《铁路客运运价里程表》查找长春至大连间里程。

1. 通过《铁路客运运价里程表》中"线名音序索引表"第 39 页查出"京哈线"在"里程表"第 166 页，在第 167 页和 168 页计算出长春至沈阳北间里程为 300 km。

2. 通过《铁路客运运价里程表》中"线名音序索引表"第 40 页查出"沈大线"在"里程表"第 184 页，在第 185 页查出沈阳北至大连间里程是 400 km。

长春至大连间里程：300 + 400 = 700（km）

（三）不知道所要查找旅客上车站和下车站在哪条线上，通过《铁路客运运价里程表》查找长春至大连间里程。

1. 通过《铁路客运运价里程表》中"站名首字音序索引表"第 21 页查找"长春"首字"长"字拼音"Chang"第一个字母"C"，再找到"长"字，"长"字在"站名索引表"第 8 页，在"站名索引表"第 8 页找到"长春"在"里程表"第 168 页、201 页、231 页。第 166 页是京哈线、第 201 页是长图线、第 231 页是长白线，长春至大连经由京哈线，所以选择第 166 页"京哈线"，在第 167 页和 168 页计算出长春至沈阳北间里程 300 km。

2. 通过《铁路客运运价里程表》中"站名首字音序索引表"第 21 页查找"大连"首字"大"字拼音"Da"第一个字母"D"，再找到"大"字，"大"字在"站名索引表"第 11 页，在第 11 页找到"大连"在里程表 184 页、193 页。第 184 页是沈大线、第 193 页是旅顺线，长春站至大连站经由沈大线，所以选择第 184 页沈大线，在第 185 页查出沈阳北至大连间里程是 400 km。

长春至大连间里程：300 + 400 = 700（km）

二、处理过程

1. **按分票种计算**

处理事由：无票

长春—大连　700 km

新空调硬座票价：57.0 元

普速加快票价：11.0 元

空调票价：14.0 元

加收 50%的票款：长春—四平　115 km

新空调硬座票价：11.5 元

普速加快票价：2.0 元

空调票价：3.0 元

小计：11.5 + 2.0 + 3.0 = 16.5（元）

加收：16.5 × 50% = 8.25 ≈ 8.3（元）

手续费：2.0 元

合计：57.0 + 11.0 + 14.0 + 8.3 + 2.0 = 92.3（元）

除列车移动补票机故障外，不得手工填发代用票，见票例 1-4。

2. **按联合票价计算**

处理事由：无票

长春—大连　700 km

新空调硬座普快票价：82.0 元

加收 50%的票款：长春—四平　115 km

新空调硬座普快票价：16.5 元

加收：16.5 × 50% = 8.25 = 8.3（元）

手续费：2.0 元

合计：82.0 + 8.3 + 2.0 = 92.3（元）

除列车移动补票机故障外，不得手工填发代用票，见票例 1-5。

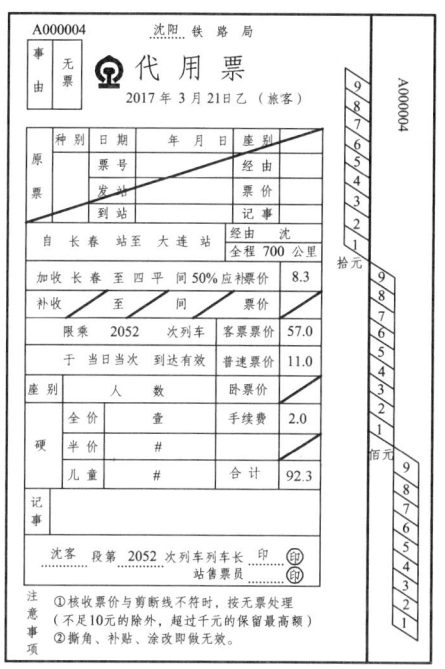

票例 1-4　　　　　　　　　　票例 1-5

三、列车发现持有学生证的学生无票乘车的处理

2017 年 3 月 21 日，T297 次列车（新空调特快，北京—牡丹江，经由京哈线、沈山线、京哈线，哈尔滨铁路局牡丹江客运段担当乘务），秦皇岛站到站前，在硬座车发现一名学生持长春理工大学的学生证无票乘车，学生证记载的区间为北京至长春，问列车如何办理？（用分票种和联合票两种方法计算）

解：

一、查找里程

（一）通过《客运运价里程接算站示意图》查找北京至长春间里程。

1. 通过《北南方客运运价里程接算站示意图》（图 1-5），计算北京至山海关间里程。

北京_5_北京东_7_双桥_139_唐山北_16_狼窝铺_132_秦皇岛_16_山海关

北京至秦皇岛间里程：5 + 7 + 139 + 16 + 132 = 299（km）

北京至山海关间里程：5 + 7 + 139 + 16 + 132 + 16 = 315（km）

2. 通过《东北客运运价里程接算站示意图》（图 1-6），计算山海关至长春间里程。

山海关_143_塔山_30_女儿河_11_锦州_64_沟帮子_42_大虎山_93_兴隆店_22_裕国_9_皇姑屯_3_沈阳北_101_开原_84_四平_115_长春

山海关至长春间里程：143 + 30 + 11 + 64 + 42 + 93 + 22 + 9 + 3 + 101 + 84 + 115 = 717（km）

北京至长春间里程：315 + 717 = 1032（km）

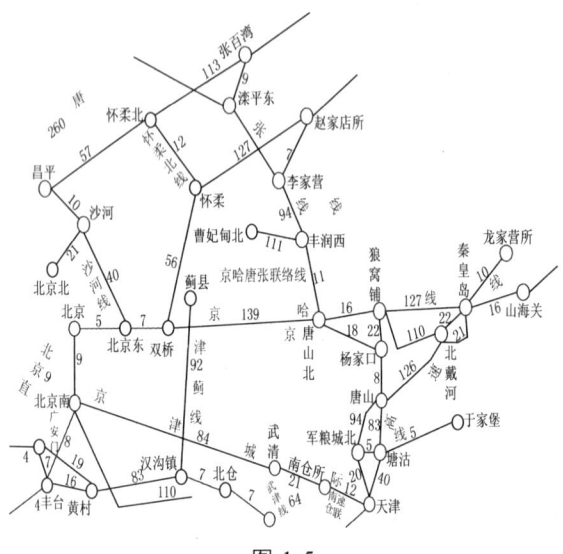

图 1-5

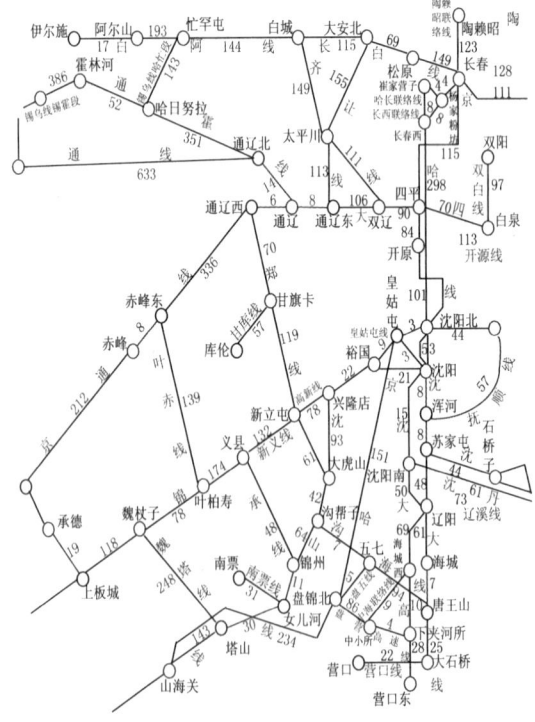

图 1-6

（二）知道所要查找旅客上车站和下车站在哪条线上，通过《铁路客运运价里程表》计算北京至长春间里程。

1. 通过《铁路客运运价里程表》中"线名音序索引表"第 39 页查出"京哈线"在"里程表"第 166 页，在第 166 页查出北京至秦皇岛间里程 299 km，在第 167 页查出北京至山海关间里程 315 km。

2. 通过《铁路客运运价里程表》中"线名音序索引表"第 40 页查出"沈山线"在"里程表"第 170 页，在第 170 页查出山海关至沈阳西（现改为裕国）间里程是 405 km。

3. 通过《铁路客运运价里程表》中"线名音序索引表"第 39 页查出"皇姑屯线"在"里程表"第 182 页，在第 182 页查出沈阳西（现改为裕国）至皇姑屯间里程是 9 km。

4. 通过《铁路客运运价里程表》中"线名音序索引表"第 39 页查出"京哈线"在"里程表"第 166 页，在第 167 页和 168 页计算出皇姑屯至长春间里程 303 km。

北京站至长春站间里程：315 + 405 + 9 + 303 = 1032（km）

二、处理过程

1. 按分票种计算

处理事由：无票

北京—长春　1032 km

全价新空调硬座票价：81.5 元

半价新空调硬座票价：81.5 × 50% = 40.75 = 41.0（元）

特快加快票价：34.0 元

半价特快加快票价：34.0 × 50% = 17.0（元）

全价空调票价：20.0 元

半价空调票价：20.0 × 50% = 10.0（元）

小计：41.0 + 17.0 + 10.0 = 68.0（元）

加收 50% 的票款：北京—秦皇岛　299 km

全价新空调硬座票价：27.5 元

半价新空调硬座票价：27.5 × 50% = 13.75 = 14.0（元）

全价特快加快票价：10.0 元

半价特快加快票价：10.0 × 50% = 5.0（元）

全价空调票价：6.0 元

半价空调票价：6.0 × 50% = 3.0（元）

小计：半价票价：14.0 + 5.0 + 3.0 = 22.0（元）

加收：22.0 × 50% = 11.0（元）

手续费：2.0 元

合计：68.0 + 11.0 + 2.0 = 81.0（元）

除列车移动补票机故障外，不得手工填发代用票，见票例 1-6。

2. 按联合票价计算

处理事由：无票

北京—长春　1032 km

全价新空调硬座特快票价：135.5 元

半价新空调硬座特快票价：135.5×50%＝67.75＝68.0（元）

北京—秦皇岛　299 km

全价新空调硬座特快票价：43.5 元

半价新空调硬座特快票价：43.5×50%＝21.75＝22.0（元）

加收：22.0×50%＝11.0（元）

手续费：2.0 元

合计：68.0＋11.0＋2.0＝81.0（元）

除列车移动补票机故障外，不得手工填发代用票，见票例 1-7。

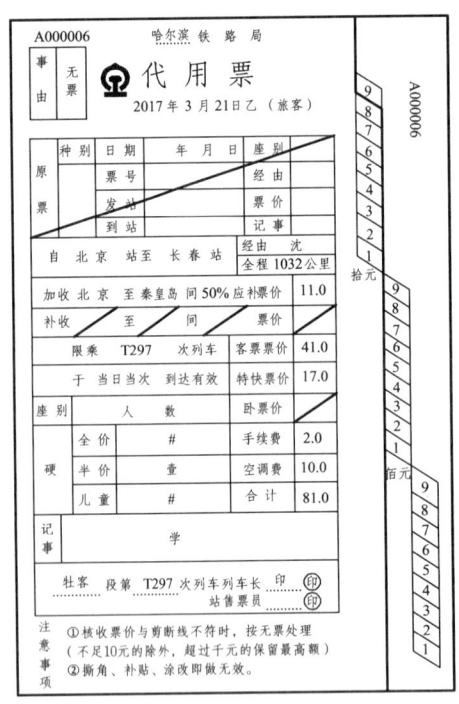

票例 1-6

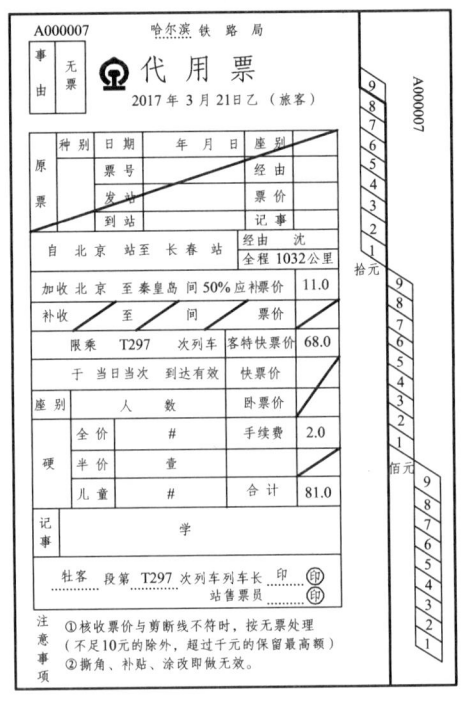

票例 1-7

四、成人持儿童票乘车的处理

2017 年 2 月 26 日，T182 次列车（新空调特快，汉口—哈尔滨东，经由京九线、津山、沈山线、京哈线，哈尔滨铁路局哈尔滨客运段担当乘务），天津站到站前，在硬座车发现一名旅客张××持潢川站至长春站的儿童票，票号 H053137（见车票票样 1-1)，问列车如何办理？（用分票种和联合票两种方法计算）

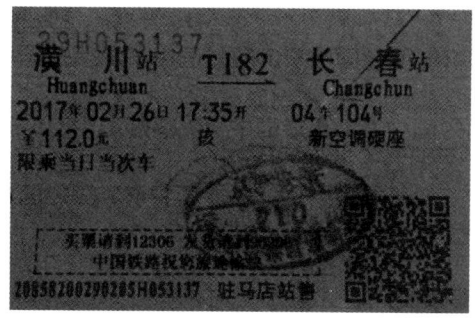

车票票样 1-1

解：

一、查找里程

（一）通过《客运运价里程接算站示意图》计算北京至长春间里程。

1. 通过《北南方客运运价里程接算站示意图》（图 1-7），计算潢川至聊城间里程。

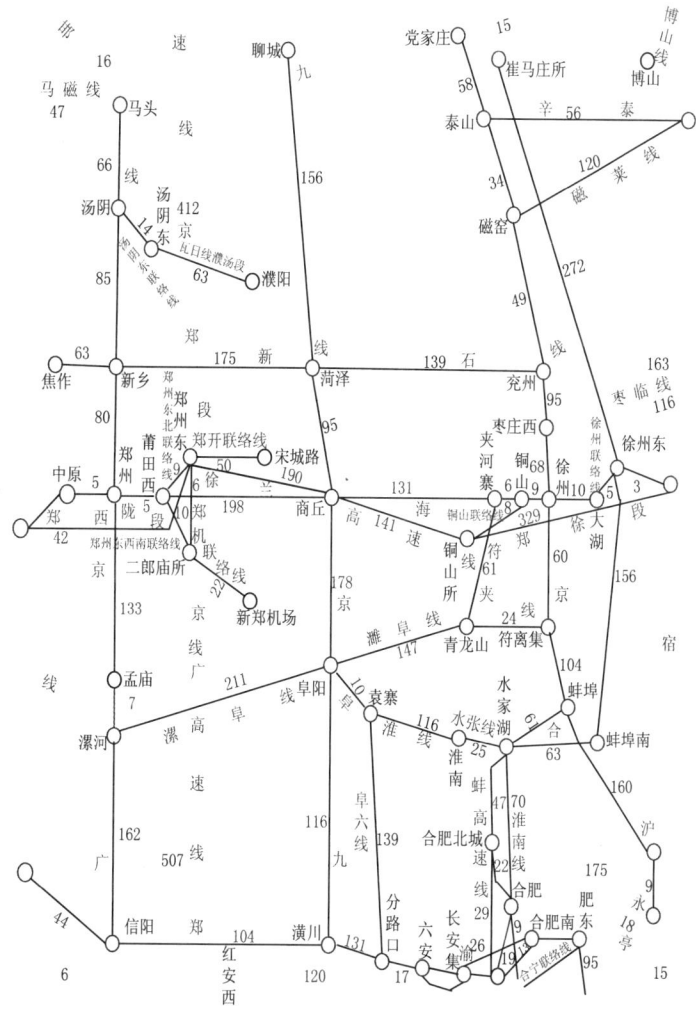

图 1-7

潢川 116 阜阳 178 商丘 95 菏泽 156 聊城

潢川至聊城间里程：116 + 178 + 95 + 156 = 545（km）

2. 通过《北南方客运运价里程接算站示意图》（图1-8），计算聊城至秦皇岛间里程。

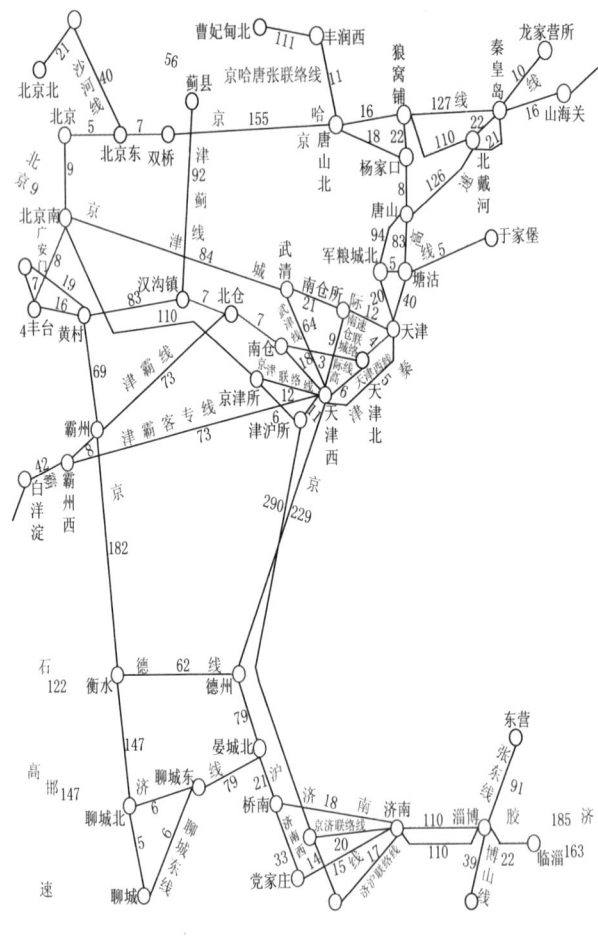

图1-8

聊城 5 聊城北 147 衡水 182 霸州 73 北仓 7 南仓 3 天津北 4 天津 40 塘沽 83 唐山 8 杨家口 22 狼窝铺 132 秦皇岛

聊城至秦皇岛间里程：5 + 147 + 182 + 73 + 7 + 3 + 4 + 40 + 83 + 8 + 22 + 132 = 706（km）

聊城至天津间里程：5 + 147 + 182 + 73 + 7 + 3 + 4 = 421（km）

3. 通过《东北客运运价里程接算站示意图》（图1-9），计算秦皇岛至长春间里程。

秦皇岛 16 山海关 143 塔山 30 女儿河 11 锦州 64 沟帮子 42 大虎山 93 兴隆店 22 裕国 9 皇姑屯 3 沈阳北 101 开原 84 四平 115 长春

秦皇岛至长春间里程：16 + 143 + 30 + 11 + 64 + 42 + 93 + 22 + 9 + 3 + 101 + 84 + 115 = 733（km）

潢川至长春间里程：545 + 706 + 733 = 1984（km）

潢川至天津间里程：545 + 421 = 966（km）

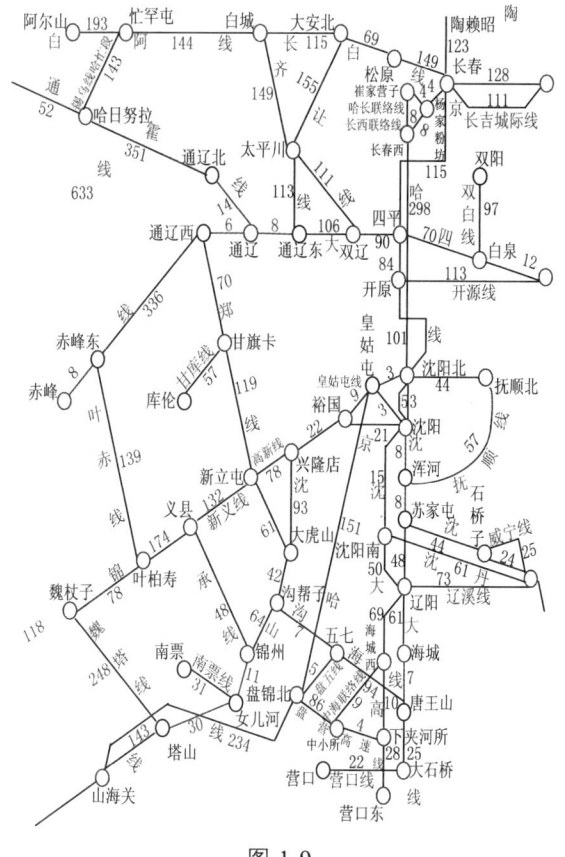

图 1-9

（二）通过《铁路客运运价里程表》计算出潢川至长春间里程。

1. 通过《铁路客运运价里程表》中"线名音序索引表"第 39 页查出"京九线"在"里程表"第 38 页，在第 38 页和第 40 页计算出潢川至霸州间里程 879 km。

2. 通过《铁路客运运价里程表》中"线名音序索引表"第 39 页查出"津霸线"在"里程表"第 44 页，在第 44 页查出霸州至天津间里程是 87 km。

3. 通过《铁路客运运价里程表》中"线名音序索引表"第 39 页查出"津山线"在"里程表"第 169 页，在第 169 页计算出天津至狼窝铺间里程是 153 km。

4. 通过《铁路客运运价里程表》中"线名音序索引表"第 39 页查出"京哈线"在"里程表"第 166 页，在第 166 页和第 167 页计算出狼窝铺至山海关间里程是 148 km。该列车经由的是滦县，所以狼窝铺至秦皇岛间里程按 132 km 计算（见时刻表 1-1）。

5. 通过《铁路客运运价里程表》中"线名音序索引表"第 40 页查出"沈山线"在"里程表"第 170 页，在第 170 页查出山海关站至沈阳西（现改为裕国）站间里程是 405 km。

6. 通过《铁路客运运价里程表》中"线名音序索引表"第 39 页查出"皇姑屯线"在"里程表"第 182 页，在第 182 页查出沈阳西（现改为裕国）至皇姑屯间里程是 9 km。

7. 通过《铁路客运运价里程表》中"线名音序索引表"第 39 页查出"京哈线"在"里程表"第 166 页，在第 167 页和第 168 页计算出皇姑屯至长春间里程是 303 km。

- 27 -

潢川至长春间里程：879 + 87 + 153 + 148 + 405 + 9 + 303 = 1984（km）
潢川至天津间里程：879 + 87 = 966（km）

4G 2G 09:43 4G

T182/T183 新空调特快 共24站 哈局哈尔滨段 担当

T182/T183	周日	周一	周二	周三	周四	周五	周六
汉口	26	27	28	29	30	31	4月
17年04月	2	3	4	5	6	7	8
运行图	9	10	11	12	13	14	15
停开	16	17	18	19	20	21	22
开行	23	24	25	26	27	28	29

车站名称	车次	到点	开点	里程
菏泽	T182	21:58	22:01	614
聊城	T182	23:17	23:23	770
衡水	T182	00:53	01:03	922
天津	T183	03:58	04:09	1191
唐山	T183	05:29	05:32	1314
滦县	T183	06:16	06:19	1385
秦皇岛	T183	07:10	07:25	1476
葫芦岛	T183	09:11	09:14	1626
锦州	T183←	09:51	09:59	9分钟 1676 公里
沟帮子	T183	10:39	10:41	1740
沈阳北	T183	12:27	12:34	1909

订票 正晚点 分享 返回

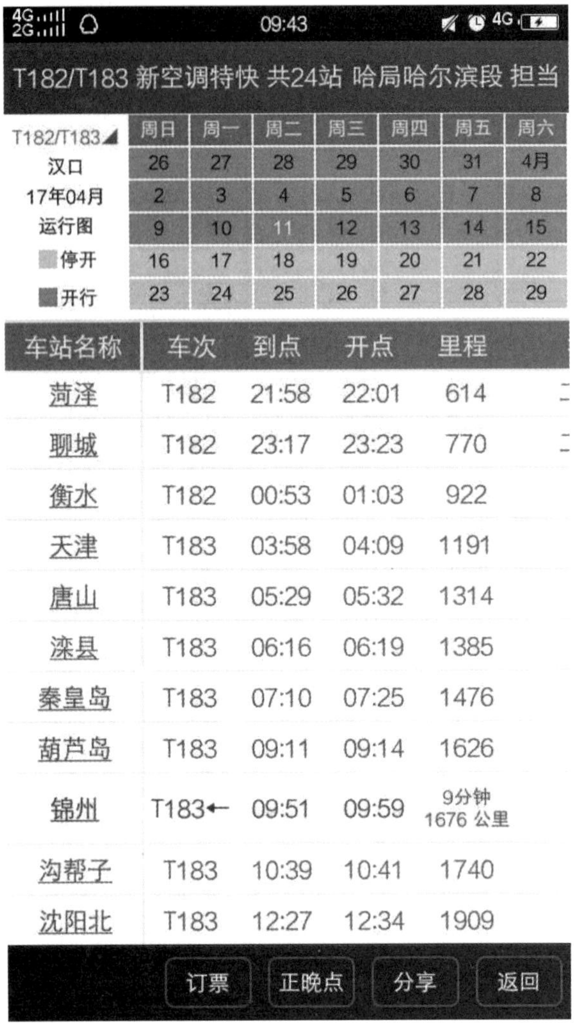

时刻表 1-1

二、处理过程

1. 按分票种计算

处理事由：无票

潢川—长春　1984 km

新空调硬座票价：137.0 元

特快加快票价：54.0 元

空调票价：33.0 元

小计：137.0 + 54.0 + 33.0 = 224.0（元）

加收 50%的票款：潢川—天津　966 km

新空调硬座票价：76.0 元

特快加快票价：30.0 元

空调票价：18.0 元

小计：76.0 + 30.0 + 18.0 = 124.0（元）

加收：124 × 50% = 62.0 元

手续费：2.0 元

合计：224.0 + 62.0 + 2.0 = 288.0（元）

除列车移动补票机故障外，不得手工填发代用票，见票例 1-8。

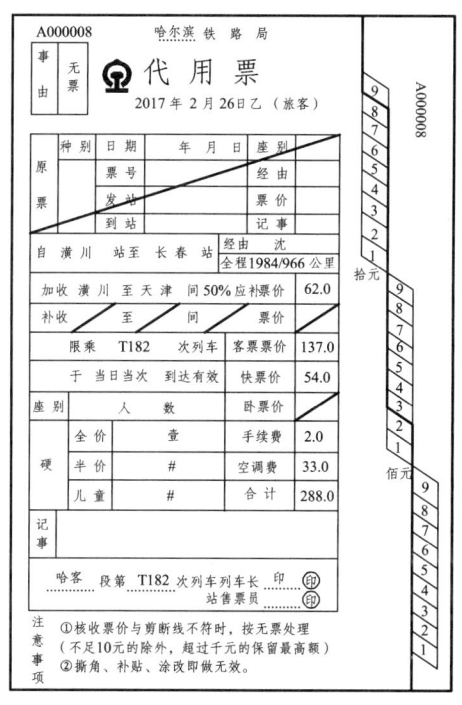

票例 1-8

2．按联合票价计算

处理事由：无票

潢川—长春　1984 km

新空调硬座特快票价：224.0 元

加收 50%的票款：潢川—天津　966 km

新空调硬座普快票价：124.0 元

加收：124 × 50% = 62.0（元）

手续费：2.0 元

合计：224.0 + 62.0 + 2.0 = 288.0（元）

除列车移动补票机故障外，不得手工填发代用票，见票例 1-9。

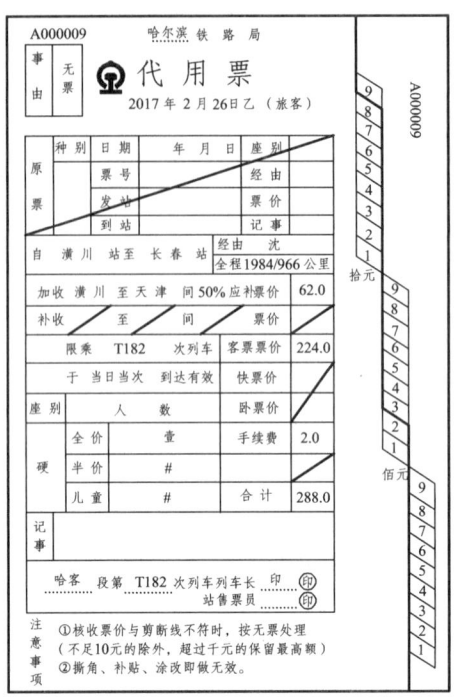

票例 1-9

五、身高 1.2～1.5 m 儿童无票乘车的处理

1. 2017 年 2 月 21 日，K2286 次列车（新空调快速，昆明—长春，沈阳铁路局长春客运段担当乘务工作），昆明站开车后，在 YZ15 车发现旅客刘××持昆明站至曲靖站的硬座车票，票号 K002204（见车票票样 1-2），携带身高 1.3 m 的儿童一名，问列车如何办理？（K2286 次列车经由沪昆线）（用分票种和联合票两种方法计算）

车票票样 1-2

解：
一、查找里程

通过《铁路客运运价里程表》中"站名首字音序索引表"第 22 页查找"曲靖"首字"曲"字拼音"Qu"第一个字母"Q"，再找到"曲"字，"曲"字在"站名索引表"第 57 页，在第 57 页查找到"曲靖"在"在里程表"24-2 页，查出昆明至曲靖间里程 157 km。

二、处理过程

1. 按分票种计算

处理事由：超高

昆明—曲靖　157 km

全价新空调硬座票价：14.5 元

半价价新空调硬座票价：14.5 × 50% = 7.25 ≈ 7.5（元）

全价快速加快票价：6.0 元

半价快速加快票价：6.0 × 50% = 3.0（元）

全价空调票价：3.0 元

半价空调票价：3.0 × 50% = 1.5（元）

手续费：2.0 元

合计：7.5 + 3.0 + 1.5 + 2.0 = 14.0（元）

除列车移动补票机故障外，不得手工填发代用票，见票例 1-10。

2. 按联合票价计算

处理事由：超高

昆明—曲靖　157 km

全价新空调硬座快速票价：23.5 元

半价新空调硬座快速票价：23.5 × 50% = 11.75 ≈ 12.0（元）

手续费：2.0 元

合计：12.0 + 2.0 = 14.0（元）

除列车移动补票机故障外，不得手工填发代用票，见票例 1-11。

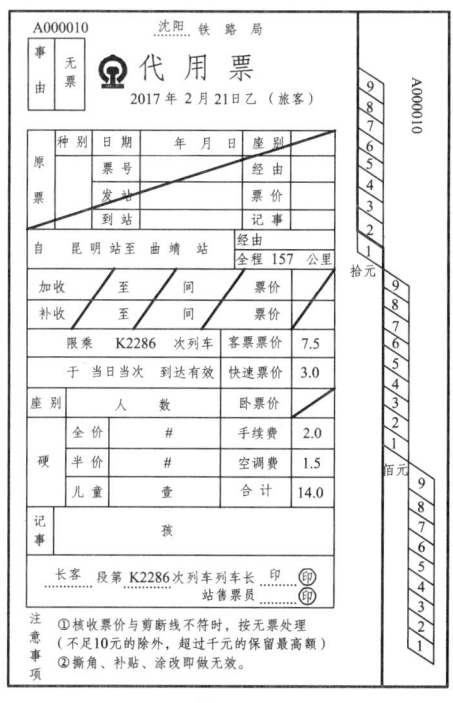

票例 1-10

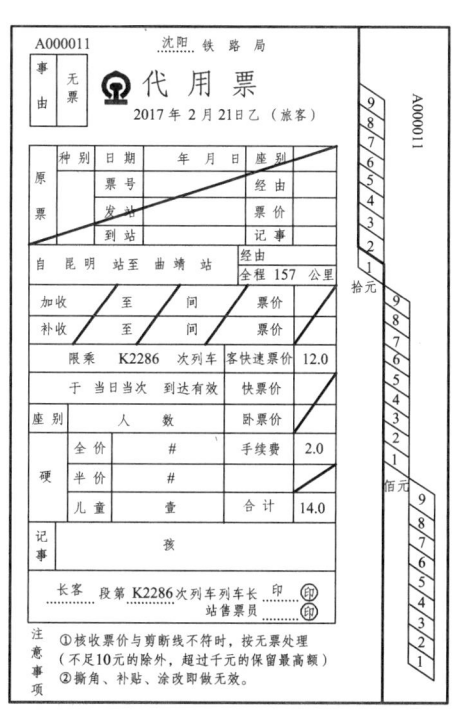

票例 1-11

六、残疾军人无票乘车的处理

2017年3月21日，K7426次列车（非空调快速，吉林—沈阳，经由沈吉线、抚顺线，沈阳铁路局吉林客运段担当乘务工作），吉林站刚开车后，在RZ9车发现一名无票人员，持中华人民共和国残疾军人证，乘车至沈阳站，问列车如何办理？（用分票种和联合票两种方法计算）

解：

一、查找里程

（一）通过《东北客运运价里程接算站示意图》（图1-10），计算吉林至沈阳间里程。

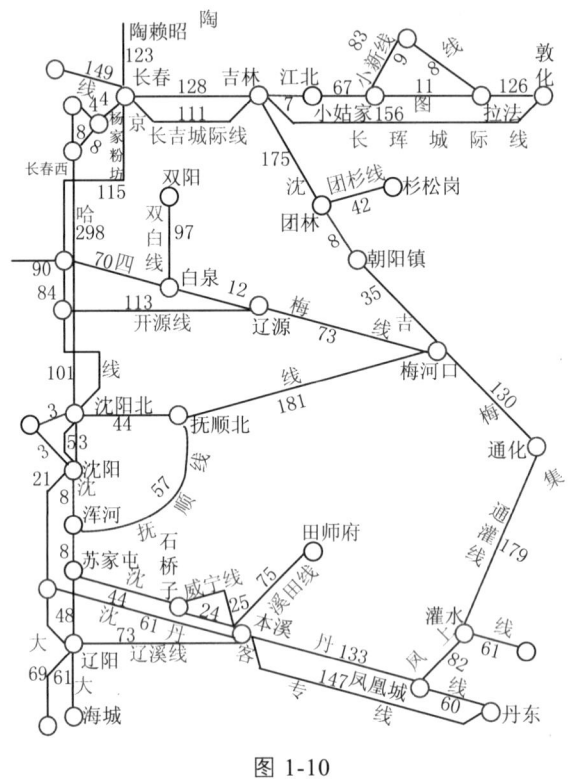

图 1-10

吉林 _175_ 团林 _8_ 朝阳镇 _35_ 梅河口 _181_ 抚顺北 _57_ 浑河 _8_ 沈阳

吉林至沈阳间里程：175 + 8 + 35 + 181 + 57 + 8 = 464（km）

（二）知道所要查找旅客上车站和下车站在哪条线上，通过《铁路客运运价里程表》查找吉林至沈阳间里程。

1. 通过《铁路客运运价里程表》中"线名音序索引表"第40页查出"沈吉线"在"里程表"第194页，在第194页查出吉林至抚顺城（现改为抚顺北）间里程399 km。

2. 通过《铁路客运运价里程表》中"线名音序索引表"第38页查出"抚顺线"在"里程表"第186页，在第186页查出抚顺城（现改为抚顺北）至沈阳间里程65 km。

吉林至沈阳间里程：399 + 65 = 464（km）

二、处理过程

1. 按分票种计算

处理事由：无票

吉林—沈阳　464 km

全价软座票价：53.0 元

半价软座票价：53.0 × 50 = 26.5（元）

快速加快票价：10.0 元

半价快速加快票价：10.0 × 50 = 5.0（元）

手续费：2.0 元

合计：26.5 + 5.0 + 2.0 = 33.5（元）

除列车移动补票机故障外，不得手工填发代用票，见票例 1-12。

2. 按联合票价计算

处理事由：无票

吉林—沈阳　464 km

全价软座快速加快票价：63.0 元

半价软座快速加快票价：63.0 × 50 = 31.5（元）

手续费：2.0 元

合计：31.5 + 2.0 = 33.5（元）

除列车移动补票机故障外，不得手工填发代用票，见票例 1-13。

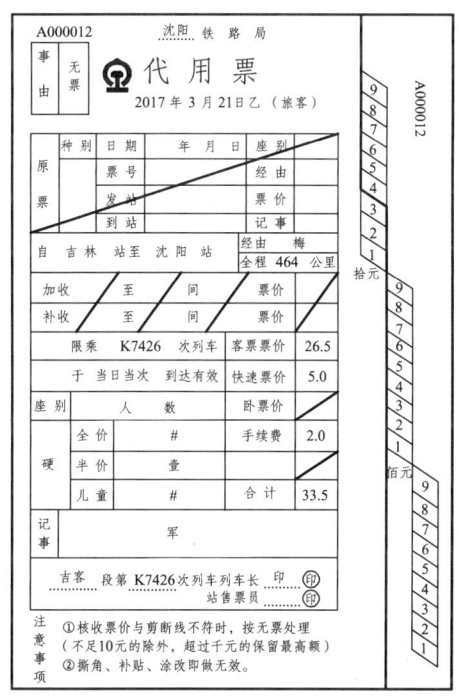

票例 1-12

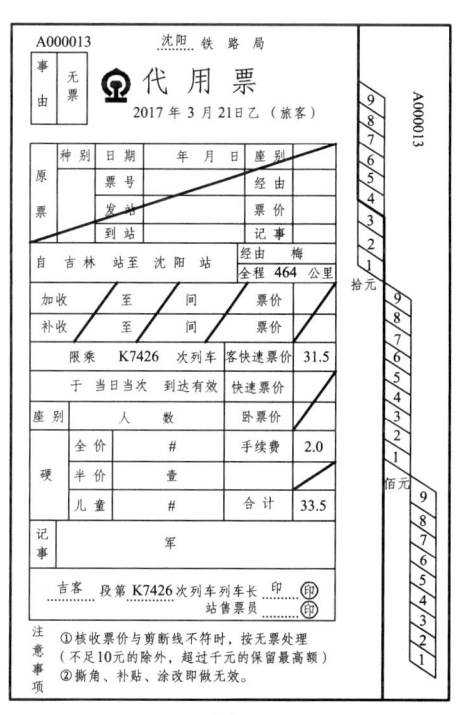

票例 1-13

【注解】

1. T297 次列车为新空特快列车，加快票是在《铁路旅客票价表》中的"空调列车分票种票价表"和"空调列车硬座（或软座）联合票价表"中"快速"栏查找，特快加快票价执行快速加快票价。

2. K7376 次列车为新空快速列车，加快票是在《铁路旅客票价表》中的"空调列车分票种票价表"和"空调列车硬座（或软座）联合票价表"中"快速"栏查找。

3. 2052 次列车为新空普快列车，加快票是在《铁路旅客票价表》中的"空调列车分票种票价表"和"空调列车硬座（或软座）联合票价表"中"普快"栏查找。

4. 2052 次到长春站的时间是 19:58 分，20:15 分开车，到四平站的时间是 21:35 分，21:37 分开车，长春站至四平站间运行时间为 1 小时 20 分，虽该无票人员持长春站的站台票，但是超过 20 分钟，按照规章规定加收已乘区间的票款。

5. 1.2 m～1.5 m（包括本数）的儿童补办儿童票，身高不足 1.2 m（不包括本数）的免费携带，但是每一成人只能携带一名儿童；身高超过 1.5 m（不包括本数）的儿童补办全价票。

6. 残疾军人持有效残疾军人证享受优待票（所有票种票价的 50%）。旅客持残疾人证、革命工作人员残废证，参战民兵、民工残废证等不能享受优待票，按普通旅客正常处理。

7. 狼窝铺至秦皇岛之间的里程如何计算？

（1）旅客乘坐的列车经由车站中有"石郎庄、福山寺、马柳、杨各庄、滦县、滦县东、石门、九龙山、昌黎、北戴河"，狼窝铺至秦皇岛之间的里程按 132 km 计算。列车经由的是京哈线。T182 次列车经由滦县站，所以狼窝铺至秦皇岛间里程按 132 km 计算。

（2）旅客乘坐的列车经由车站中有"沙子河、马铺营、迁安、包官营、卢龙、双望、抚宁"，狼窝铺至秦皇岛之间的里程按 127 km 计算。列车经由的是津山线。

8. 列车发现无票人员乘车如果是上车站刚开车，无已乘无间则不加收票款，有已乘区间时加收票款。

9. 加收 50%后所得的票款要四舍五入到角，按杂费计算。

10. 在列车上无票人员主动补票或经站车同意的，无论是无票人员刚上车还是快到目的地，只核收票价，核收手续费，不加收票款。

11. 持站台票上车，开车后 20 min 仍未主动声明的，按规定补收票款的同时加收 50%的票款。记事栏内不注明任何内容，表示无票乘车并且被加收票款。

12. 成年人持儿童票的，视为票、证、人不一致，按无票处理。

13. 列车补办无票人员车票时，事由栏内填记"无票"，持站台票上车的应在记事栏内注明"站台票票号"；主动补票的记事栏内填记"列车同意"字样。

【任务二】变　座

相关理论知识

1. 《铁路旅客运输规程》第十五条规定，发售软座客票时最远至本次列车终点站。旅客在乘车区间中，要求一段乘坐硬座车，一段乘坐软座车时，全程发售硬座客票。乘坐软座时，另收软座区间的软硬座票价差额。

动车组列车车票最远只发售至本次列车终点站。

2. 《铁路旅客运输规程》第三十五条规定，旅客办理中转签证或在列车上办理补签、变更席（铺）位时，签证或变更后的车次、席（铺）位票价高于原票价时，核收票价差额；签证或变更后的车次、席（铺）位票价低于原票价时，票价差额部分不予退还。

3. 《铁路旅客运输办理细则》第十三条规定，在软卧车有空余包房的条件下，车站可根据列车长的预报发售软座车票。发站给中途站预留的包房，可利用其发售最远至预留站的软座车票，但涉及夜间（20:00—7:00）乘车，不得超过 2 h。

4. 《铁路旅客运输办理细则》第三十二条规定，旅客在列车上要求办理变更座位、铺位时，在列车有能力的情况下应当予以办理。需补收差价时，发售一张补价票，随同原票使用有效。

任务与指导

一、成人旅客持硬座车票要求变软座车票的处理

2017 年 2 月 26 日，K2386 次列车（新空调快速，长春—南宁，经湘桂线，沈阳铁路局长春客运段担当乘务工作）祁阳站开车后，旅客刘××持祁阳站至衡阳站的新空调硬座车票要求办理软座，票号 B0929609（见车票票样 1-3），通过站车无线交互系统查询列车有能力安排 10 车 28 号，问列车如何处理？

车票票样 1-3

解：

一、查找里程

通过《铁路客运运价里程表》中"站名首字音序索引表"第 22 页查找"祁阳"首字"祁"字拼音"Qi"第一个字母"Q",再找到"祁"字,"祁"字在"站名索引表"第 55 页,在第 55 页找到"祁阳"在"里程表"第 116 页,在 116 页查出祁阳至衡阳间里程 98 km。

二、处理过程

处理事由：变座

祁阳—衡阳　98 km

新空调软座票价：17.5 元

新空调硬座票价：9.5 元

软、硬座票价差：17.5 – 9.5 = 8.0（元）

手续费：2.0 元

合计：8.0 + 2.0 = 10.0（元）

除列车移动补票机故障外，不得手工填发代用票，见票例 1-14。

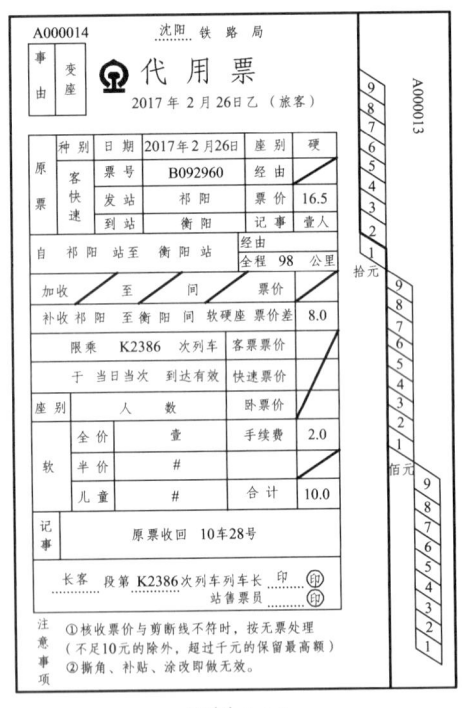

票例 1-14

二、学生持学生票要求变软座车票的处理

2017 年 2 月 26 日，T182 次列车（新空调特快，汉口—哈尔滨西，经由京九线、津霸线、津山线、沈山线、皇姑屯线、京哈线，哈尔滨铁路局哈尔滨客运段担当乘务工作）衡水站开车后，旅客范××（长春科技大学的学生）持菏泽站至长春站的学生票要求办理软座，票号 G022556（见车票票样 1-4），列车有能力安排 2 车 7 号，问列车如何处理？

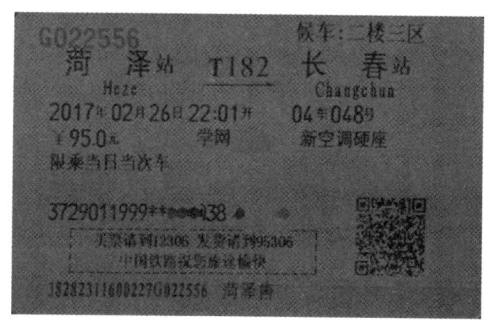

车票票样 1-4

解：
一、查找里程
（一）通过《铁路客运运价里程表》计算衡水至长春间里程。
1. 通过《铁路客运运价里程表》中"线名音序索引表"第 39 页查找"京九线"在"里程表"第 38 页，在第 38 页查出衡水至霸州间里程 182 km。
2. 通过《铁路客运运价里程表》中"线名音序索引表"第 39 页查找"津霸线"在"里程表"第 44 页，在第 44 页查出霸州至天津间里程 87 km。
3. 通过《铁路客运运价里程表》中"线名音序索引表"第 39 页查找"津山线"在"里程表"第 169 页，在第 169 页计算出天津至狼窝铺间里程 153 km，该列车经由滦县，狼窝铺至秦皇岛间里程按 132 km 计算，天津至山海关间里程 301 km。
4. 通过《铁路客运运价里程表》中"线名音序索引表"第 40 页查找"沈山线"在"里程表"第 170 页，在第 170 页查出山海关至沈阳西（现改为裕国）间里程 405 km。
5. 通过《铁路客运运价里程表》"线名音序索引表" 中第 39 页查找"皇姑屯线"在"里程表"第 182 页，在第 182 页查出沈阳西（现改为裕国）至皇姑屯间里程 9 km。
6. 通过《铁路客运运价里程表》中"线名音序索引表"第 39 页查找"京哈线"在"里程表"第 166 页，在第 167 页和第 168 页计算出皇姑屯至长春间里程 303 km。

衡水至长春间里程：182 + 87 + 301 + 405 + 9 + 303 = 1287（km）
（二）通过《客运运价里程接算站示意图》计算衡水至长春间里程。
1. 通过《北南方客运运价里程接算站示意图》（图 1-11），计算衡水至山海关间里程。
衡水_182_霸州_73_北仓_7_南仓_3_天津北_4_天津_153_狼窝铺_132_秦皇岛_16_山海关
衡水至山海关间里程：182 + 73 + 7 + 3 + 4 + 153 + 132 + 16 = 570（km）
2. 通过《东北客运运价里程接算站示意图》（图 1-12），计算山海关至长春间里程。
山海关_143_塔山_30_女儿河_11_锦州_64_沟帮子_42_大虎山_93_兴隆店_22_裕国_9_皇姑屯_3_沈阳北_101_开原_84_四平_115_长春
山海关至长春间里程：143 + 30 + 11 + 64 + 42 + 93 + 22 + 9 + 3 + 101 + 84 + 115 = 717（km）
衡水至长春间里程：570 + 717 = 1287（km）
二、处理过程
处理事由：变座

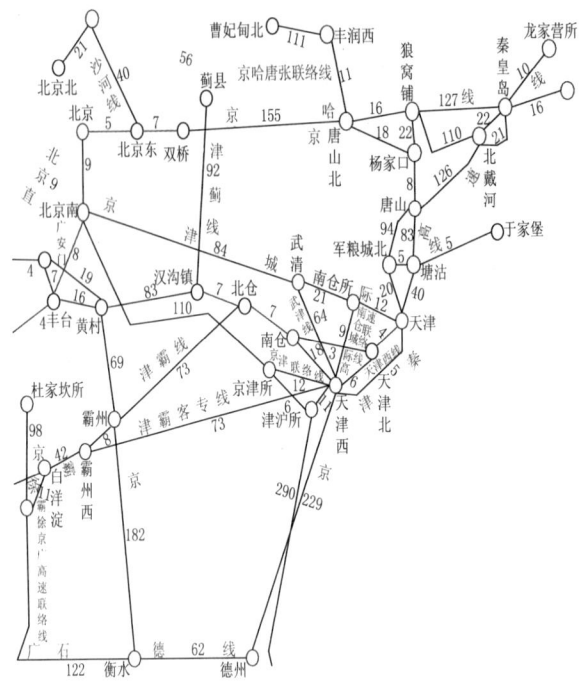

图 1-11

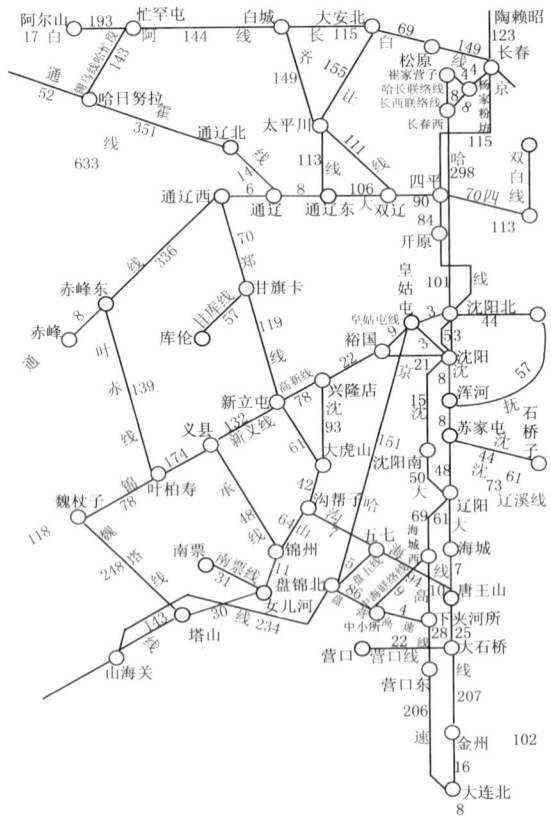

图 1-12

衡水—长春　1287 km

全价新空调软座客特快票价：248.5 元

半价新空调硬座客特快票价：156.5×50%＝78.25 元≈78.5（元）

软、硬座票价差：248.5－78.5＝170.0（元）

手续费：2.0 元

合计：170.0＋2.0＝172.0（元）

除列车移动补票机故障外，不得手工填发代用票，见票例 1-15。

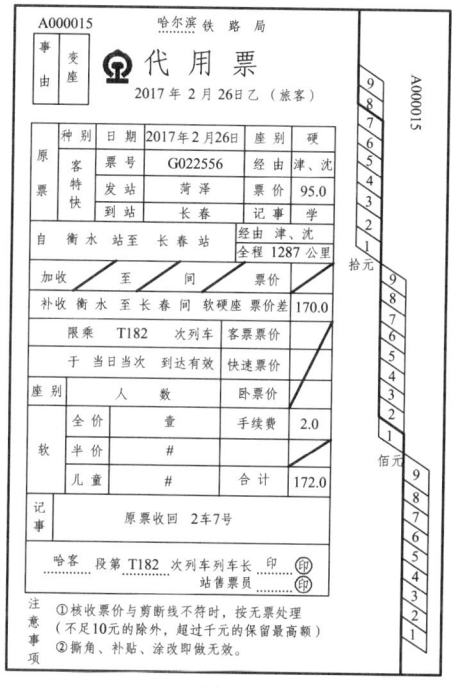

票例 1-15

三、残疾军人证持残疾军人票变软座的处理

2016 年 7 月 7 日，T302 次列车（新空调特快，长春—乌鲁木齐南，经由京哈线，沈阳铁路局长春客运段担当乘务工作）长春站开车后，旅客李××持长春站至沈阳北站的半价新空调硬座车票和中华人民共和国残疾军人证要求办理软座，票号 X026941（见车票票样 1-5），通过站车无线交互系统查询列车有能力安排 13 车 28 号，问列车如何处理？

车票票样 1-5

解:

一、查找里程

(一) 通过《铁路客运运价里程表》查找长春至沈阳北间里程。

通过《铁路客运运价里程表》中"线名音序索引表"第 39 页查找"京哈线"在"里程表"第 166 页,在第 167 页和第 168 页计算出长春至沈阳北间里程 300 km。

(二) 通过《东北客运运价里程接算站示意图》(图 1-13),计算长春至沈阳北间里程。

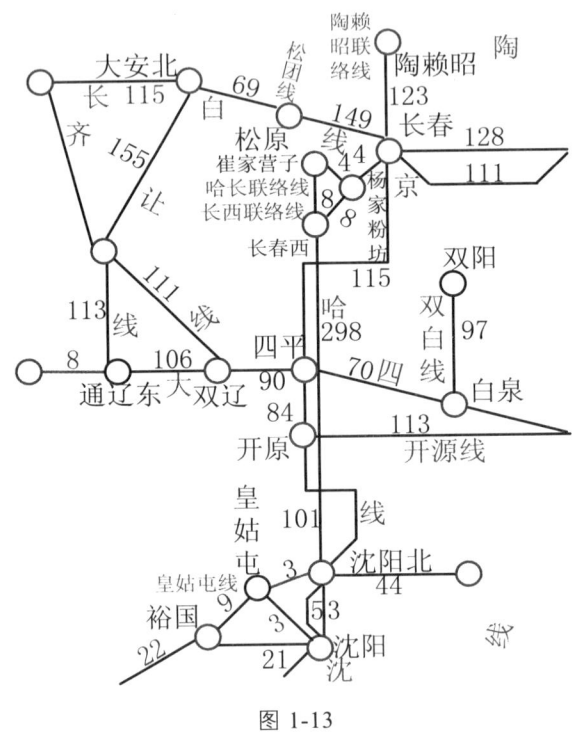

图 1-13

长春 _115_ 四平 _84_ 开原 _101_ 沈阳北

长春至沈阳北间里程:115 + 84 + 101 = 300(km)

二、处理过程

处理事由:变座

长春—沈阳北　300 km

半价新空调软座票价:50.5 × 50% = 25.25 元 ≈ 25.5(元)

半价新空调硬座票价:27.5 × 50% = 13.75 ≈ 14.0(元)

软、硬座票价差:25.5 - 14.0 = 11.5(元)

手续费:2.0 元

合计:11.5 + 2.0 = 13.5(元)

除列车移动补票机故障外,不得手工填发代用票,见票例 1-16。

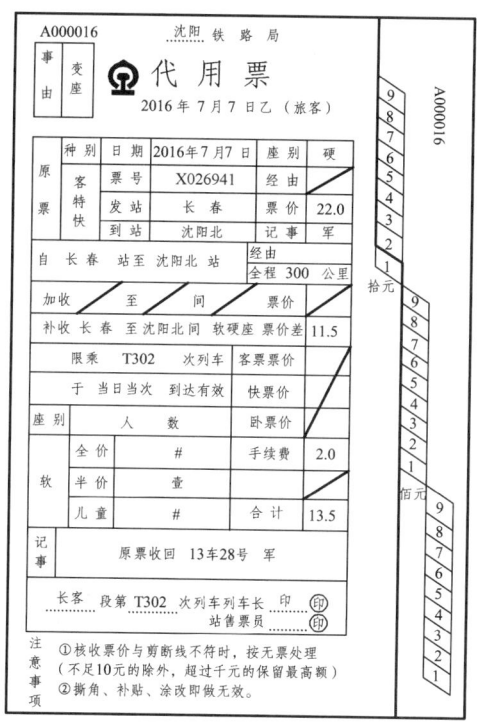

票例 1-16

四、旅客持动车二等座变一等座的处理

2017 年 3 月 4 日，D114 次动车组列车，（动车，珲春—齐齐哈尔，经由长珲城际线、长吉城际线，哈尔滨铁路局齐齐哈尔客运段担当乘务工作），吉林站开车后，旅客李××持吉林站至长春站的二等座车票要求办理动车组一等座，票号 H077969（见车票票样 1-6），列车有能力安排 8 车 05A 号，问列车如何处理？（按折扣票价计算）

车票票样 1-6

解：

一、查找里程

通过《东北客运运价里程接算站示意图》（图 1-14），计算吉林至长春间里程。

吉林至长春间里程：111 km

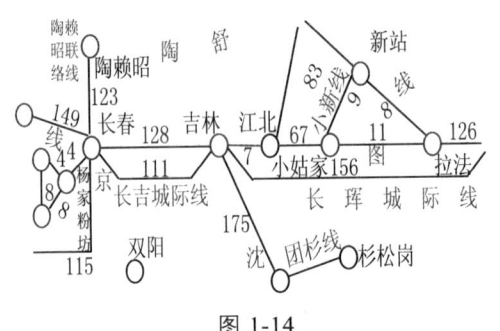

图 1-14

二、查动车票价（表1-7）

表 1-7 长吉城际动车票价表　　　　　单位：元

运营通道			运行区间		运价里程	调整后公布票价（扣除保险）				调整后折扣票价（扣除保险）			
序号	起止站	主要经由	上车站	下车站		二等	一等	特等	商务	二等	一等	特等	商务
1	长春—吉林		长春	吉林	111	34.0	41.0	61.5	102.5	31.5	38.5	58.5	97.5
1	长春—吉林		长春	双吉	94	29.0	35.0	52.0	87.0	27.5	32.5	48.5	82.5
1	长春—吉林		长春	九台南	42	13.0	15.5	23.5	39.0	11.5	14.5	21.5	36.5
1	长春—吉林		长春	龙嘉	32	10.0	12.0	18.0	29.5	8.5	10.5	16.5	27.5
1	长春—吉林		龙嘉	吉林	79	24.5	29.5	44.0	73.0	22.5	27.5	41.5	68.5
1	长春—吉林		龙嘉	双吉	62	19.0	23.0	34.5	57.5	17.5	21.5	32.5	53.5
1	长春—吉林		龙嘉	九台南	10	6.0	7.5	11.0	18.5	5.5	6.5	9.5	17.5
1	长春—吉林		九台南	吉林	69	21.5	25.5	38.5	64.0	19.5	24.5	35.5	60.5
1	长春—吉林		九台南	双吉	52	16.0	19.5	29.0	48.0	14.5	17.5	27.5	45.5
1	长春—吉林		双吉	吉林	17	6.0	7.5	11.0	18.5	5.5	6.5	9.5	17.5

三、处理过程

处理事由：变座

吉林—长春　111 km

一等座票价：38.5 元

二等座票价：31.5 元

一、二等票价差：38.5 − 31.5 = 7.0（元）

手续费：2.0 元

合计：7.0 + 2.0 = 9.0（元）

除列车移动补票机故障外，不得手工填发代用票，见票例1-17。

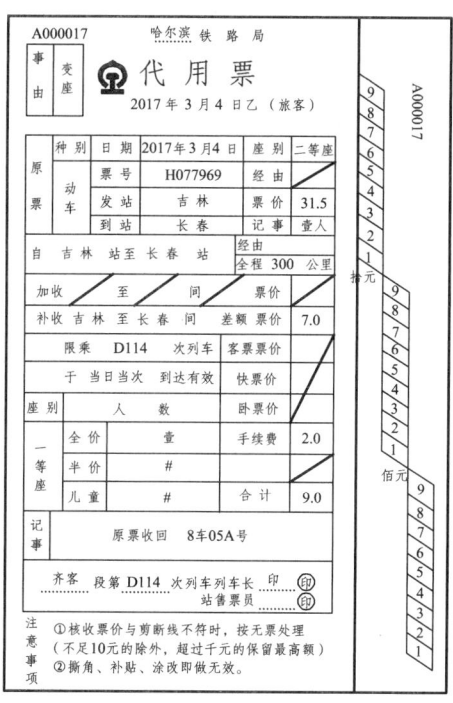

票例 1-17

【注解】

1. 旅客持硬座车票要求变更软座时，补收软、硬座票价差额，核收手续费，因加快票和空调票在同一区段内是相同的，所以只用软座票价减去硬座票价即可。

2. 残疾军人票可享受客票和附加票的优惠，残疾军人票票价按相应客票和附加票票价的 50% 计算，残疾军人乘坐软座时，补收变更区间半价软座与半价硬座票价差额，核收手续费。

3. 学生票可享受硬座客票、加快票和空调票的优惠，乘坐软座时，应购买全价车票，补收变更区间全价软座与半价硬座票价差额，核收手续费。

4. 旅客持二等座动车组车票乘坐一等座车票时，补收一等座与二等座票价差额，核收手续费。

5. 填发代用票时，事由栏内填记"变座"；记事栏内注明"原票收回、×车×号"，软座车厢是不许超员的，对号入座，所以要将座位号填记在记事栏内。

【任务三】越　站

相关理论知识

1.《铁路旅客运输规程》第三十八条规定，旅客在车票到站前要求越过到站继续乘车时，在有运输能力的情况下列车应予以办理。核收越站区间的票价和手续费。

2.《铁路旅客运输办理细则》第三十四条规定，旅客在到站前要求越过到站继续旅行时，在列车有能力的情况下应予以办理。办理时核收越站区间的票价，不足起码里程时，按起码里程计算；旅客同时提出变更座别、铺别和越站时，应先办理越站，后办理变更，使用一张代用票，核收一次手续费。遇有下列情况不能办理越站：

（1）列车严重超员；

（2）乘坐卧铺的旅客买的是给中途站预留的卧铺；

（3）乘坐的回转车，途中需要甩车。

3.《铁路旅客运输办理细则》第十七条规定，超过减价优待证上记载的区间乘车时，对超过区间按一般旅客办理，核收全价。

任务与指导

一、成人旅客越站乘车的处理

2017年3月3日，K489次列车（新空调快速，天津—牡丹江，经由津山线、沈山线、京哈线、滨北线、绥佳线，哈尔滨铁路局牡丹江客运段担当乘务工作），公主岭站开车后，旅客李××持公主岭站至长春站的新空调硬座车票要求越站到佳木斯站，票号Q033954（见车票票样1-7），列车有能力安排，问如何处理？

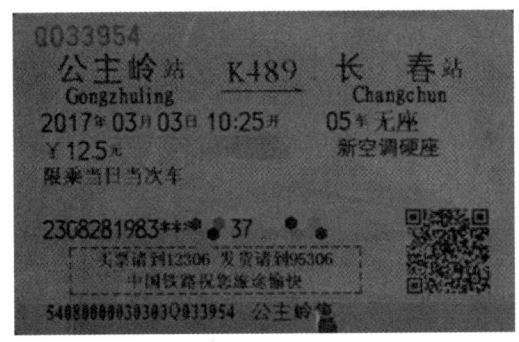

车票票样1-7

解：

一、查找里程

（一）通过《铁路客运运价里程表》计算公主岭至长春间里程。

通过《铁路客运运价里程表》中"站名首字音序索引表"第21页查找"公主岭"首字"公"字拼音"Gong"第一个字母"G"，再查找出"公"字，"公"字在"站名索引表"第22页，在第22页找到"公主岭"在"里程表"第167页，在第167页和第168页计算出公主岭至长春间里程62 km。

（二）通过《东北客运运价里程接算站示意图》（图1-15），计算长春至佳木斯间里程。

长春 _123_ 陶赖昭 _11_ 团山 _99_ 王岗 _6_ 哈尔滨西 _7_ 哈尔滨 _125_ 绥化 _229_ 南岔 _141_ 莲江口 _12_ 佳木斯

长春至佳木斯间里程：$123+11+99+6+7+125+229+141+12=753$（km）

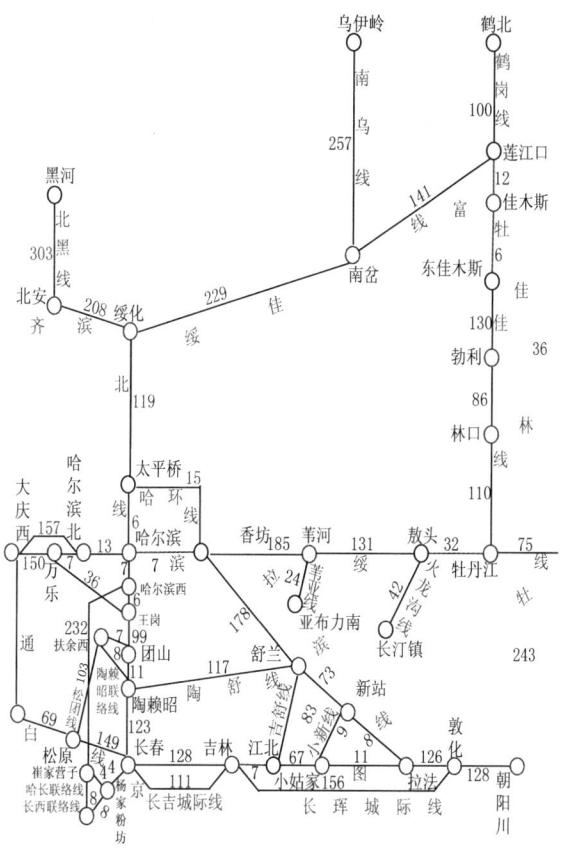

图 1-15

二、处理过程

1. 按分票种计算

处理事由：越站

原票：公主岭—长春　62 km

新空调硬座快速票价：12.5 元

越站：长春—佳木斯　753 km

新空调硬座票价：63.0 元

快速加快票价：24.0 元

空调票价：15.0 元

手续费：2.0 元

合计：63.0 + 24.0 + 15.0 + 2.0 = 104.0（元）

除列车移动补票机故障外，不得手工填发代用票，见票例 1-18。

2. 按联合票价计算

处理事由：越站

原票：公主岭—长春　62 km

新空调硬座快速票价：12.5 元

越站：长春—佳木斯　753 km
新空调硬座快速票价：102.0 元
手续费：2.0 元
合计：102.0 + 2.0 = 104.0（元）
除列车移动补票机故障外，不得手工填发代用票，见票例 1-19。

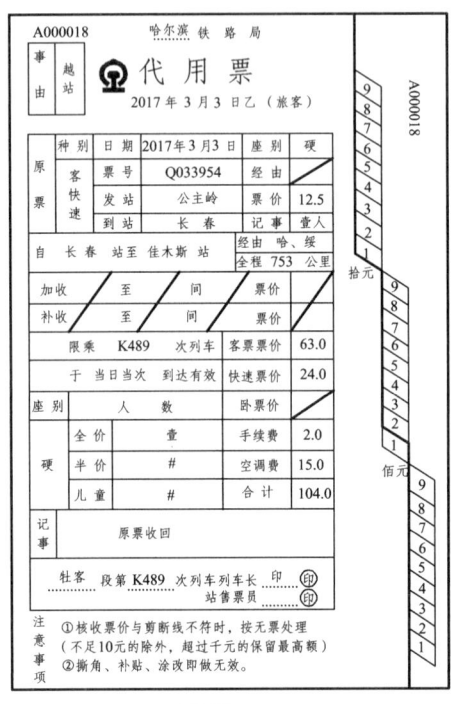

票例 1-18　　　　　　　　　　票例 1-19

二、学生持学生票要求越站乘车的处理

2016 年 7 月 7 日，T302 次列车（新空调特快，长春—乌鲁木齐，经由京哈线、皇姑屯线、沈山线、高新线、大郑线，沈阳铁路局长春客运段担当乘务工作）四平站开车后，旅客李××（持有沈阳医药学院的学生证）持长春站至沈阳北站的新空调硬座学生票要求越站到开鲁站，票号 X026941（见车票票样 1-8），问如何处理？

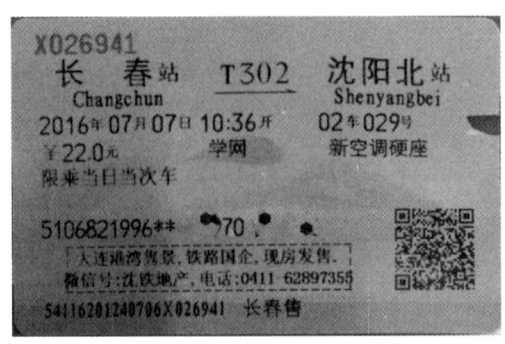

车票票样 1-8

解：

一、查找里程

（一）通过《铁路客运运价里程表》计算沈阳北至开鲁间里程。

1. 通过《铁路客运运价里程表》中"线名音序索引表"第 39 页查找"京哈线"在"里程表"第 166 页，在第 167 页计算出沈阳北至皇姑屯间里程 3 km。

2. 通过《铁路客运运价里程表》中"线名音序索引表"第 39 页查找"皇姑屯线"在"里程表"第 182 页，在第 182 页查出皇姑屯至沈阳西（现改为裕国）间里程 9 km。

3. 通过《铁路客运运价里程表》中"线名音序索引表"第 40 页查找"沈山线"在"里程表"第 170 页，在第 170 页计算出沈阳西（现改为裕国）至兴隆店间里程 22 km。

4. 通过《铁路客运运价里程表》中"线名音序索引表"第 38 页查找"高新线"在"里程表"第 182 页，在第 182 页查出兴隆店至新立屯间里程 78 km。

5. 通过《铁路客运运价里程表》中"线名音序索引表"第 38 页查找"大郑线"在"里程表"第 180 页，在第 180 页查出新立屯至通辽间里程 195 km。

6. 通过《铁路客运运价里程表》中"站名首字音序索引表"第 22 页查找"开鲁"首字"开"字拼音"Kai"第一个字母"K"，再找到"开"字，"开"字在"站名索引表"第 36 页，在第 36 页找到"开鲁"在"里程表"第 78-2 页。在第 78-2 页查出通辽至开鲁间里程 93 km。

沈阳北至开鲁间里程：3 + 9 + 22 + 78 + 195 + 93 = 400（km）

（二）通过《东北客运运价里程接算站示意图》（图 1-16），计算沈阳北至通辽间里程。

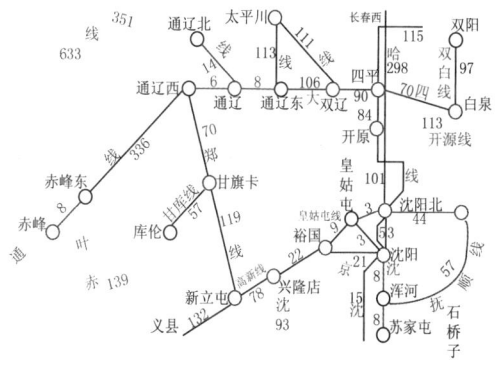

图 1-16

沈阳北 _3_ 皇姑屯 _9_ 裕国 _22_ 兴隆店 _78_ 新立屯 _119_ 甘旗卡 _70_ 通辽西 _6_ 通辽

沈阳北至通辽间里程：3 + 9 + 22 + 78 + 119 + 70 + 6 = 307（km）

通辽至开鲁间里程按（一）第 6 项查出通辽至开鲁间里程 93 km。

沈阳北至开鲁间里程：307 + 93 = 400（km）

二、处理过程

1. 按分票种计算

处理事由：越站

原票：长春—沈阳北 300 km

半价新空调硬座快速票价：22.0 元

越站：沈阳北—开鲁　400 km
新空调硬座票价：34.5 元
快速加快票价：12.0 元
空调票价：8.0 元
手续费：2.0 元
合计：34.5 + 12.0 + 8.0 + 2.0 = 56.5（元）
除列车移动补票机故障外，不得手工填发代用票，见票例 1-20。

2．按联合票价计算

处理事由：越站
原票：长春—沈阳北　300 km
半价新空调硬座快速票价：22.0 元
越站：沈阳北—开鲁　400 km
新空调硬座普快票价：54.5 元
手续费：2.0 元
合计：54.5 + 2.0 = 56.5（元）
除列车移动补票机故障外，不得手工填发代用票，见票例 1-21。

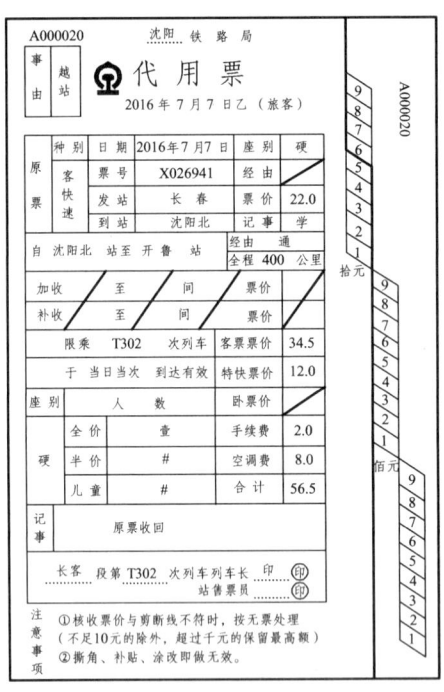

票例 1-20

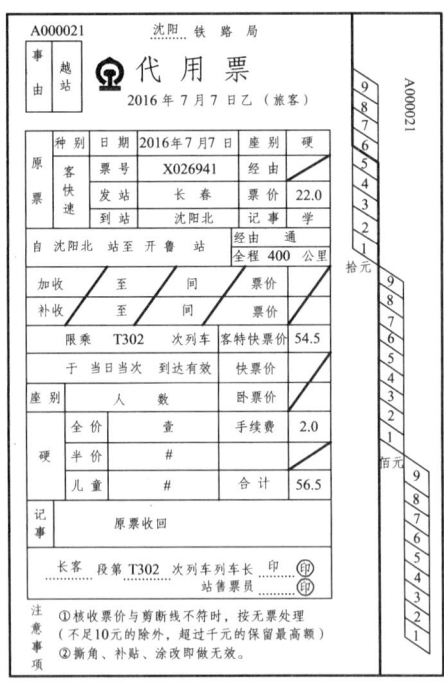

票例 1-21

三、残疾军人持残疾军人票越站乘车的处理

2017 年 2 月 27 日，K265 次列车（新空调快速，北京—佳木斯，经由京哈线、滨北线、绥佳线，哈尔滨铁路局牡丹江客运段担当乘务工作）山海关站开车后，旅客陈××持北京站至长春站的半价新空调硬座车票要求越站到佳木斯站，票号 A027132（见车票票样 1-9），持有残疾军人证，问如何处理？

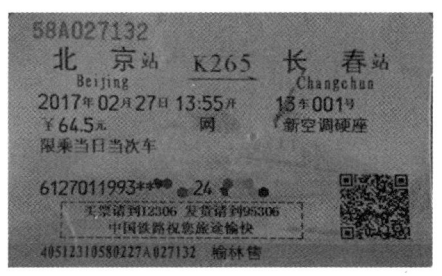

车票票样 1-9

解：
一、查找里程
（一）通过《铁路客运运价里程表》查找长春至佳木斯间里程。
1. 通过《铁路客运运价里程表》中"线名音序索引表"第 39 页查找"京哈线"在"里程表"第 166 页，在第 168 页查出长春至哈尔滨间里程 246 km。
2. 通过《铁路客运运价里程表》中"线名音序索引表"第 38 页查找"滨北线"在"里程表"第 216 页，在第 216 页查出哈尔滨至绥化间里程 125 km。
3. 通过《铁路客运运价里程表》中"线名音序索引表"第 41 页查找"绥佳线"在"里程表"第 218 页，在第 218 页查出绥化至佳木斯间里程 382 km。

长春至佳木斯间里程：246 + 125 + 382 = 753（km）

（二）通过《东北客运运价里程接算站示意图》（图 1-17），计算长春至佳木斯间里程。

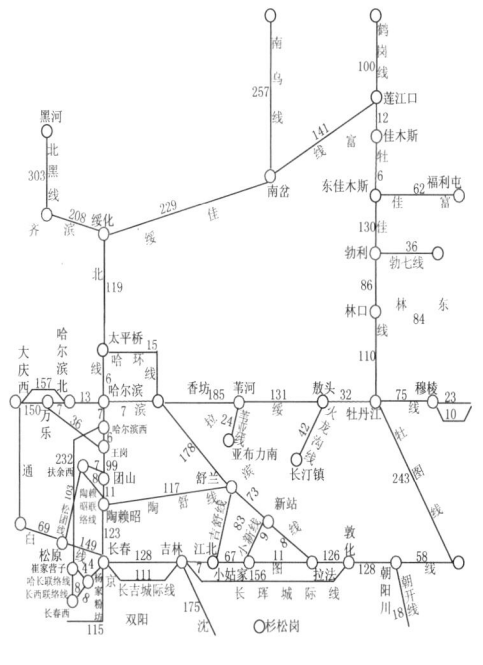

图 1-17

长春_123_陶赖昭_11_团山_99_王岗_6_哈尔滨西_7_哈尔滨_125_绥化_229_南岔_141_莲江口_12_佳木斯

长春至就佳木斯间里程：123 + 11 + 99 + 6 + 7 + 125 + 229 + 141 + 12 = 753（km）

二、处理过程

1. 按分票种计算

处理事由：越站

越站：长春—佳木斯　753 km

全价新空调硬座票价：63.0元

半价新空调硬座票价：63.0 × 50% = 31.5（元）

全价快速加快票价：24.0元

半价快速加快票价：24.0 × 50% = 12.0（元）

全价空调票价：15.0元

半价空调票价：15.0 × 50% = 7.5（元）

手续费：2.0元

合计：31.5 + 12.0 + 7.5 + 2.0 = 53.0（元）

除列车移动补票机故障外，不得手工填发代用票，见票例1-22。

2. 按联合票价计算

处理事由：越站

越站：长春—佳木斯　753 km

全价新空调硬座快速票价：102.0元

半价新空调硬座快速票价：102.0 × 50% = 51.0（元）

手续费：2.0元

合计：51.0 + 2.0 = 53.0（元）

除列车移动补票机故障外，不得手工填发代用票，见票例1-23。

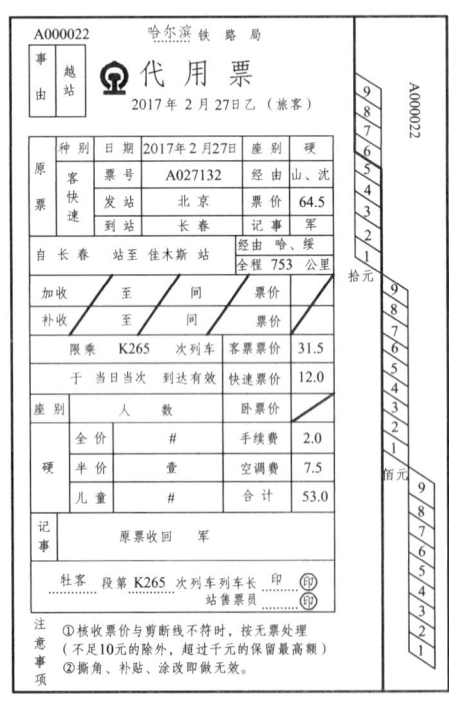

票例 1-22

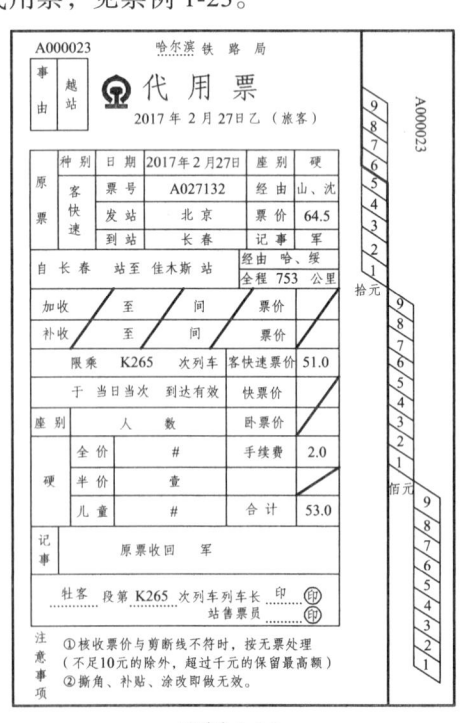

票例 1-23

四、成人旅客持硬卧车票要求越站乘车的处理

2017年3月8日，T367次列车（新空调特快，广州—大连，经由京广线、津霸线、津山线、沈山线、沟海线、沈大线，沈阳铁路局大连客运段担当乘务工作），锦州站开车后，旅客万××持唐山站至瓦房店站的新空调硬卧车票要求越站到大连站，10车002号下铺，票号C00706（见车票票样1-10），并要求继续使用该铺，列车有能力安排，问如何处理？

车票票样1-10

解：

一、查找里程

通过《铁路客运运价里程表》中"站名首字音序索引表"第23页查找"瓦房店"首字"瓦"字拼音"Wa"第一个字母"W"，再找到"瓦"字，"瓦"字在"站名索引表"第72页，在第72页找到"瓦房店"在"里程表"第184页。在第184页查出瓦房店至大连间里程105 km。

二、处理过程

1. **按分票种计算**

处理事由：越站

瓦房店—大连　105 km

新空调硬座票价：9.5元

快速加快票价：4.0元

空调票价：3.0元

硬卧下铺票价：54.0元

手续费：5.0元

合计：　9.5 + 4.0 + 3.0 + 54.0 + 5.0 = 75.5（元）

除列车移动补票机故障外，不得手工填发代用票，见票例1-24。

2. **按联合票价计算**

处理事由：越站

瓦房店—大连　105 km

新空调硬座快速票价：16.5元

新空调硬座快速卧票价：16.5 + 54.0 = 70.5（元）

硬卧下铺票价：70.5 – 16.5 = 54.0（元）

手续费：2.0 元

合计：16.5 + 54.0 + 5.0 = 75.5（元）

除列车移动补票机故障外，不得手工填发代用票，见票例 1-25。

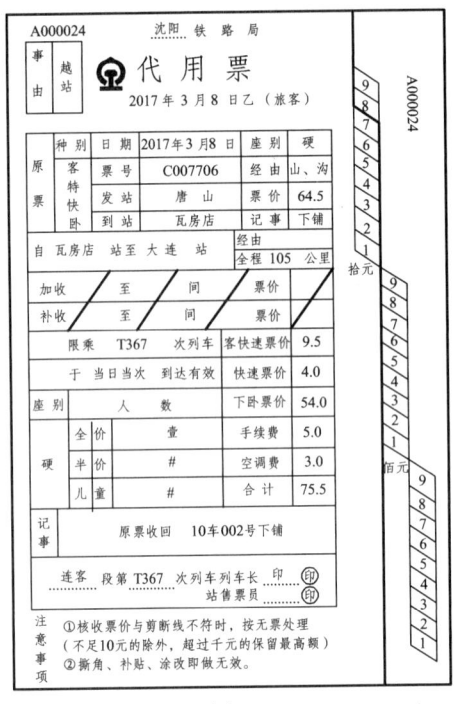

票例 1-24

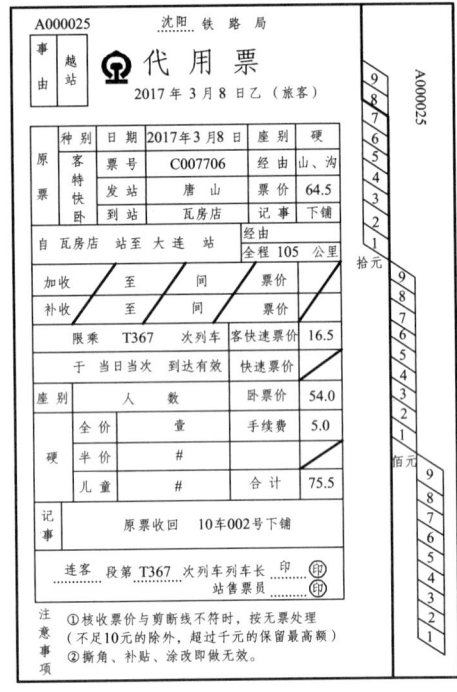

票例 1-25

【注解】

1. 越站是旅客由于旅行计划的变更，要求超过原票到站至新到站的乘车。

2. 越站与无票的区别，越站是旅客在原票到站前提出的，按越站办理，无票是旅客在原票到站开车后提出的，按无票处理。

3. 办理越站时，乘车区间栏填记越站区间。

4. 填写代用票时，事由栏填记"越站"，记事栏内注明"原票收回"。

【任务四】补　卧

相关理论知识

1.《铁路旅客运输规程》第三十五条规定，旅客办理中转签证或在列车上办理补签、变更席（铺）位时，签证或变更后的车次、席（铺）位票价高于原票价时，核收票价差额；签证或变更后的车次、席（铺）位票价低于原票价时，票价差额部分不予退还。

2.《铁路旅客运输办理细则》第三十二条规定，旅客在列车上要求办理变更座位、铺位时，在列车有能力的情况下应当予以办理。需补收差价时，发售一张补价票，随同原票使用有效。

3.《铁路客运运价规则》第十六条规定，儿童票可享受客票、加快票和空调票的优惠，儿童票票价按相应客票和附加票票价的50%计算。免费乘车及持儿童票乘车的儿童单独使用卧铺时，应另收全价卧铺票价，有空调时还应另收半价空调票票价。

学生票可享受硬座客票、加快票和空调票的优惠，学生票票价按相应客票和附加票票价的50%计算。持学生票乘车的学生使用硬卧时，应另收全价硬卧票价，有空调时还应另收半价空调票票价。

残疾军人票可享受客票和附加票的优惠，残疾军人票票价按相应客票和附加票票价的50%计算。

享受优惠的儿童、学生、伤残军人乘坐市郊、棚车时，仍按硬座半价计算，不再减价。

4.《铁路乘车证管理办法》规定，探亲乘车证是铁路职工及其供养的直系亲属探亲乘车凭证。探亲乘车证准乘各种旅客列车（国际、旅游列车除外），但不能乘坐软席和免费使用卧铺。符合使用卧铺条件的探亲职工，按有关规定办理。

任务与指导

一、成人旅客办理卧铺的处理

2017年3月8日，T370次列车（新空调特快，广州—大连，经由京广线、津山线、沈山线、沟海线、沈大线，沈阳铁路局大连客运段担当乘务工作），天津站开车后，旅客王××，持郑州站至瓦房店站的新空调硬座车票要求办理硬卧，票号M059766（见车票票样1-11），列车有能力安排6车7号中铺，问列车如何处理？

车票票样1-11

解：
一、查找里程
（一）通过《铁路客运运价里程表》计算天津至瓦房店间里程。

1. 通过《铁路客运运价里程表》中"线名音序索引表"第39页查找"津山线"在"里程表"第169页，在第169页查出天津至山海关间里程296 km。

2. 通过《铁路客运运价里程表》中"线名音序索引表"第40页查找"沈山线"在"里

程表"第 170 页,在第 170 页查出山海关至沟帮子间里程 248 km。

3. 通过《铁路客运运价里程表》中"线名音序索引表"第 38 页查找"沟海线"在"里程表"第 179 页,在第 179 页查出沟帮子至唐王山间里程 101 km。

4. 通过《铁路客运运价里程表》中"线名音序索引表"第 40 页查找"沈大线"在"里程表"第 184 页,在第 184 页计算出唐王山至瓦房店间里程 160 km。

天津至瓦房店间里程:296 + 248 + 101 + 160 = 805(km)

(二)通过《客运运价里程接算站示意图》计算天津至瓦房店间里程。

1. 通过《北南方客运运价里程接算站示意图》(图 1-16),计算天津至山海关间里程。

天津_40_塘沽_83_唐山_8_杨家口_22_狼窝铺_127_秦皇岛_16_山海关

天津至山海关间里程:40 + 83 + 8 + 22 + 127 + 16 = 296(km)

2. 通过《东北客运运价里程接算站示意图》(图 1-19),计算山海关至大石桥间里程。

山海关_143_塔山_30_女儿河_11_锦州_64_沟帮子_101_唐王山_25_大石桥

山海关至大石桥间里程:143 + 30 + 11 + 64 + 101 + 25 = 374(km)

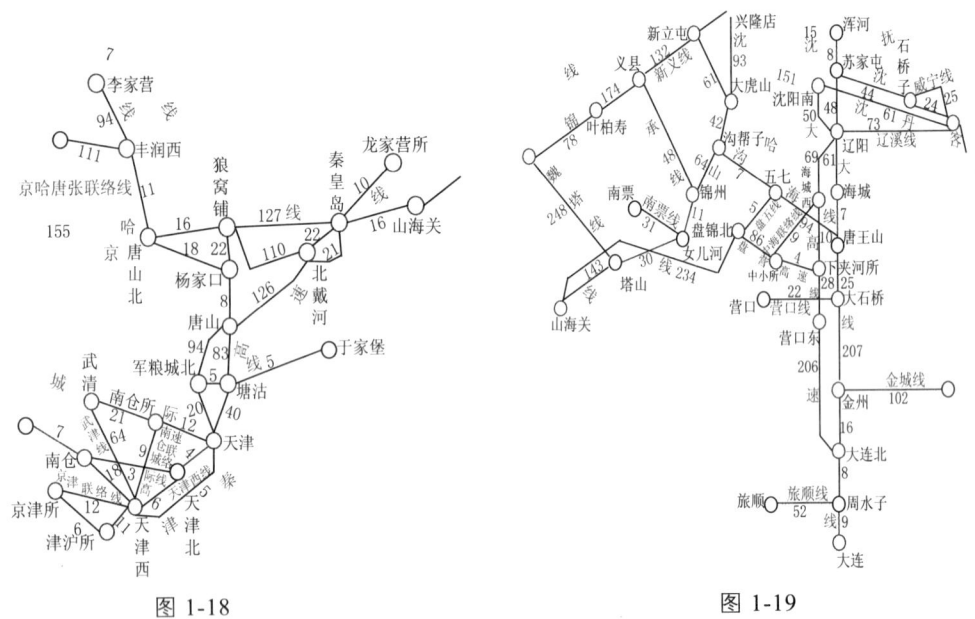

图 1-18　　　　　　　　　　图 1-19

3. 通过《铁路客运运价里程表》中"站名首字音序索引表"第 23 页查找"瓦房店"首字"瓦"字拼音"Wa"第一个字母"W",再找到"瓦"字,"瓦"字在"站名索引表"第 72 页,在第 72 页找到"瓦房店"在"里程表"第 184 页。在第 184 页计算出大石桥至瓦房店间里程 135 km。

山海关至瓦房店间里程:374 + 135 = 409(km)

天津至瓦房店间里程:296 + 409 = 805(km)

二、处理过程

1. 按分票种计算

处理事由:补卧

天津—瓦房店　805 km

新空调硬卧中铺票价：85.0 元

手续费：5.0 元

合计：85.0 + 5.0 = 90.0（元）

2．按联合票价计算

处理事由：补卧

天津—瓦房店　805 km

新空调硬座客特快卧票价：190.0 元

新空调硬座客特快票价：105.0 元

新空调硬卧中铺票价：190.0 – 105.0 = 85.0（元）

手续费：5.0 元

合计：85.0 + 5.0 = 90.0（元）

除列车移动补票机故障外，不得手工填发代用票，见票例 1-26。

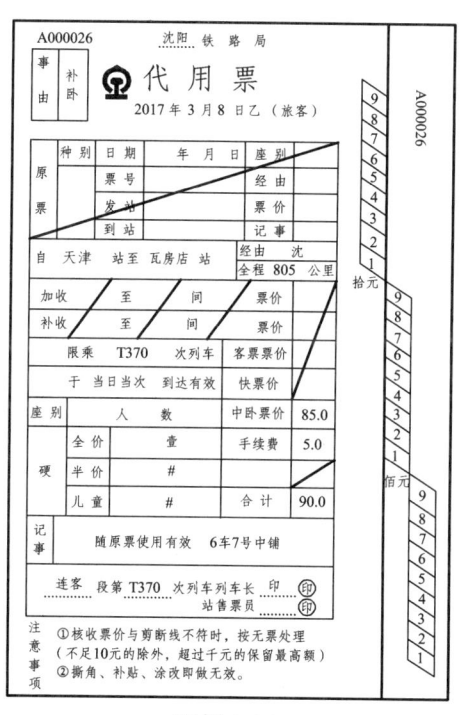

票例 1-26

二、学生办理卧铺的处理

2017 年 2 月 27 日，K265 次列车（新空调快速，北京—佳木斯，经由京哈线，哈尔滨铁路局牡丹江客运段担当乘务工作），滦县站开车后，旅客王××持北京站至长春站的新空调硬座学生票要求办理硬卧，持有长春工业大学的学生证，票号 F058419（见车票票样 1-12），列车有能力安排 9 车 7 号上铺，问列车如何处理？

车票票样 1-12

解：

一、查找里程

通过《铁路客运运价里程表》中"站名首字音序索引表"第 22 页查找"滦县"首字"滦"字拼音"Luan"第一个字母"L",再找到"滦"字,"滦"字在"站名索引表"第 45 页,在第 45 页找到"滦县"在"里程表"第 166 页,在第 166 页计算出滦县至长春间里程 795 km。

二、处理过程

处理事由：补卧

滦县—长春　795 km

新空调硬卧上铺票价：79.0 元

手续费：5.0 元

合计：79.0 + 5.0 = 84.0（元）

除列车移动补票机故障外,不得手工填发代用票,见票例 1-27。

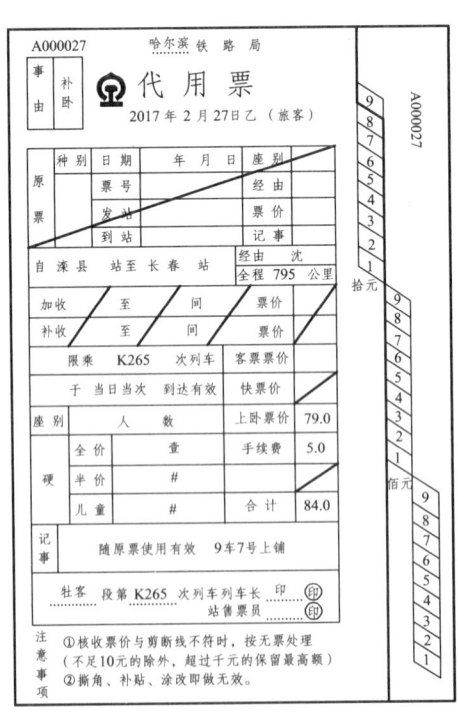

票例 1-27

三、残疾军人办理卧铺的处理

2017 年 2 月 23 日，K2386 次列车（新空调快速，南宁—长春，沈阳铁路局长春客运段担当乘务工作），聊城站到站前，旅客王××持商丘南站至长春站的半价新空调硬座残疾军人票要求办理硬卧，持有残疾军人证，票号 C016663（见车票票样 1-13），列车有能力安排 12 车 7 号下铺，问列车如何处理？（K2386 次列车 22:40 从南宁始发，05:04 到终点站长春，历时 54 时 24 分，全程共有 41 个停靠站，分别是：南宁、柳州、桂林北、永州、祁阳、祁东、衡阳、安仁、茶陵南、龙市、井冈山、吉安、九江、黄州、麻城、光山、潢川、淮滨、阜阳、亳州、商丘南、菏泽、郓城、聊城、清河城、大营镇、衡水、饶阳、任丘、霸州、天津、芦台、唐山、滦县、昌黎、山海关、葫芦岛、锦州、沈阳北、四平、长春。）

车票票样 1-13

解：
一、查找里程
（一）通过《铁路客运运价里程表》计算聊城至长春间里程。

1. 通过《铁路客运运价里程表》中"线名音序索引表"第 39 页查找"京九线"在"里程表"第 38 页，在第 38 页和第 39 页计算出聊城至霸州间里程 334 km。

2. 通过《铁路客运运价里程表》中"线名音序索引表"第 39 页查找"津霸线"在"里程表"第 44 页，在第 44 页查出霸州至天津间里程 87 km。

3. 通过《铁路客运运价里程表》中"线名音序索引表"第 39 页查找"津山线"在"里程表"第 169 页，在第 38 页计算出天津至狼窝铺间里程 153 km，该列车经由滦县，狼窝铺至秦皇岛间里程按 132 km 计算，天津至山海关间里程 301 km。

4. 通过《铁路客运运价里程表》中"线名音序索引表"第 40 页查找"沈山线"在"里程表"第 170 页，在第 170 页查出山海关至沈阳西（现改为裕国）间里程 405 km。

5. 通过《铁路客运运价里程表》中"线名音序索引表"第 39 页查找"皇姑屯线"在"里程表"第 182 页，在第 182 页查出沈阳西（现改为裕国）至皇姑屯间里程 9 km。

6. 通过《铁路客运运价里程表》中"线名音序索引表"第 39 页查找"京哈线"在"里程表"第 166 页，在第 166 页和第 168 页计算出皇姑屯至北京间皇姑屯至长春间里程 303 km。

聊城至长春间里程：$334 + 87 + 301 + 405 + 9 + 303 = 1439$（km）

（二）通过《客运运价里程接算站示意图》计算聊城至长春间里程。

1. 通过《北南方客运运价里程接算站示意图》（图 1-20），计算聊城至山海关间里程。

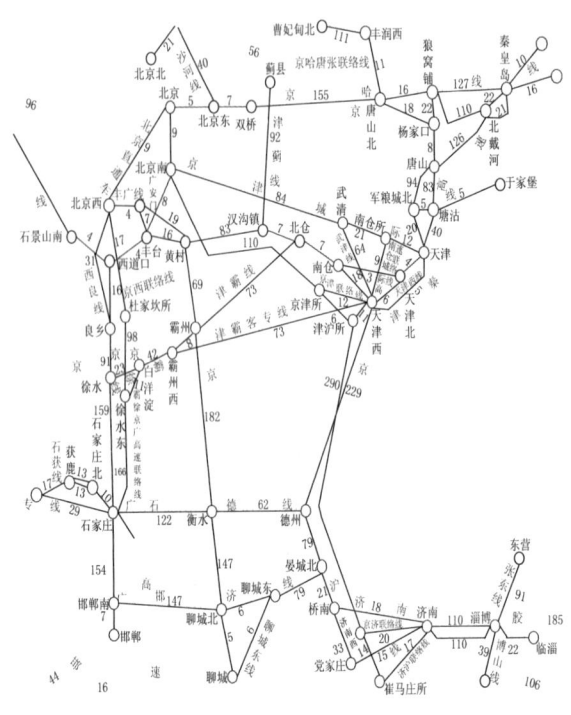

图 1-20

聊城 _5_ 聊城北 _147_ 衡水 _182_ 霸州 _73_ 北仓 _7_ 南仓 _3_ 天津北 _4_ 天津 _40_ 塘沽 _83_ 唐山 _8_ 杨家口 _22_ 狼窝铺 _132_ 秦皇岛 _16_ 山海关

聊城至山海关间里程：5 + 147 + 182 + 87 + 153 + 132 + 16 = 722（km）

2. 通过《东北客运运价里程接算站示意图》（图 1-21），计算山海关至长春间里程。

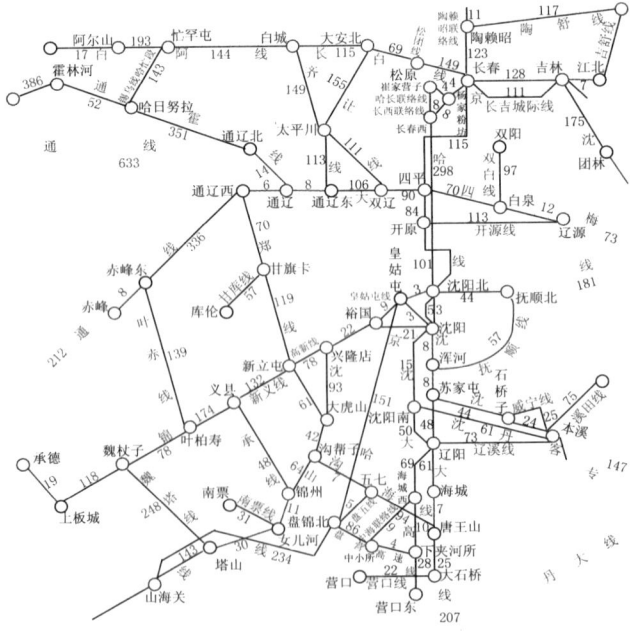

图 1-21

- 58 -

山海关 143 塔山 30 女儿河 11 锦州 64 沟帮子 42 大虎山 93 兴隆店 22 裕国 9 皇姑屯 3 沈阳北 101 开原 84 四平 115 长春

山海关至长春间里程：143＋30＋11＋64＋42＋93＋22＋9＋3＋101＋84＋115＝717（km）

聊城至长春间里程：722＋717＝1439（km）

二、处理过程

处理事由：补卧

聊城—长春　1439 km

全价新空调硬卧下铺票价：144.0元

半价新空调硬卧下铺票价：144.0×50%＝72.0（元）

手续费：5.0元

合计：72.0＋5.0＝77.0（元）

除列车移动补票机故障外，不得手工填发代用票，见票例1-28。

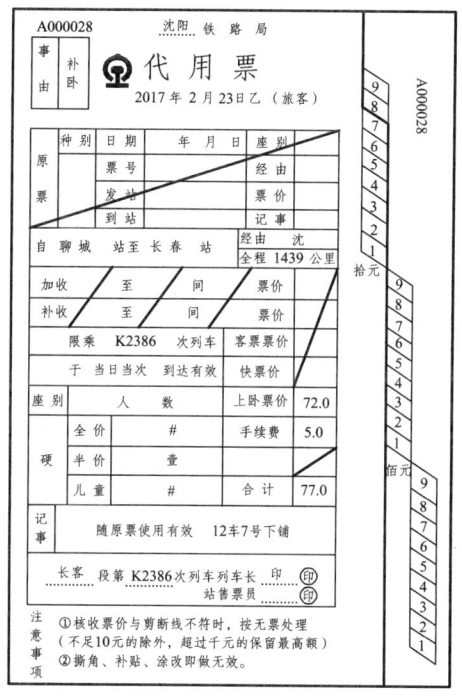

票例1-28

四、儿童超高、补卧的处理

2017年3月9日，K930次列车（新空，佳木斯—大连，经由绥佳线、滨北线、京哈线、沈大线，哈尔滨铁路局牡丹江客运段担当乘务工作），扶余站开车后验票发现，旅客张××持铁力站至金州站的新空调硬座车票，票号B036168（见车票票样1-14），其携带一名1.2 m的无票儿童要求办理两张硬卧，且要求儿童单独使用硬卧，列车有能力安排12车7、8号下铺，问列车如何处理？

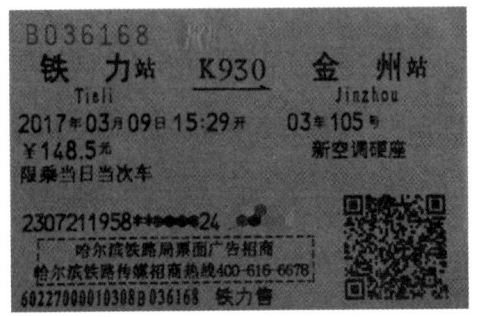

车票票样 1-14

解：

一、查找里程

1. 通过《铁路客运运价里程表》中"站名首字音序索引表"第 22 页查找"铁力"首字"铁"字拼音"Tie"第一个字母"T"，再查找出"铁"字，"铁"字在"站名索引表"第 70 页，在第 70 页查找出"铁力"在"里程表"第 218 页，在第 218 页查出铁力至绥化间里程 102 km。

2. 通过《东北客运运价里程接算站示意图》（图 1-22），计算绥化至长春间里程。

绥化 __119__ 太平桥 __6__ 哈尔滨 __7__ 哈尔滨西 __6__ 王岗 __99__ 团山 __11__ 陶赖昭 __123__ 长春

绥化至长春间里程：$119 + 6 + 7 + 6 + 99 + 11 + 123 = 371$（km）

3. 通过《铁路客运运价里程表》中"站名首字音序索引"第 21 页查找"扶余"首字"扶"字拼音"Fu"第一个字母"F"，再找到"扶"字，"扶"字在"站名索引表"第 19 页，在第 19 页找到"扶余"在"里程表"第 168 页。在第 168 页计算出扶余至长春间里程 144 km。

4. 通过《东北客运运价里程接算站示意图》（图 1-23），计算长春至金州间里程。

长春 __115__ 四平 __84__ 开原 __101__ 沈阳北 __3__ 沈阳 __8__ 浑河 __8__ 苏家屯 __48__ 辽阳 __61__ 海城 __7__ 唐王山 __25__ 大石桥 __207__ 金州

长春至金州间里程：$115 + 84 + 101 + 3 + 8 + 8 + 48 + 61 + 7 + 25 + 207 = 667$（km）

铁力至金州间里程：$102 + 371 + 667 = 1140$（km）

扶余至金州间里程：$144 + 667 = 811$（km）

二、处理过程

处理事由：超高、补卧

超高：铁力—金州 1140 km

全价新空调硬座票价：86.5 元

半价新空调硬座票价：$86.5 \times 50\% = 43.25 \approx 43.5$（元）

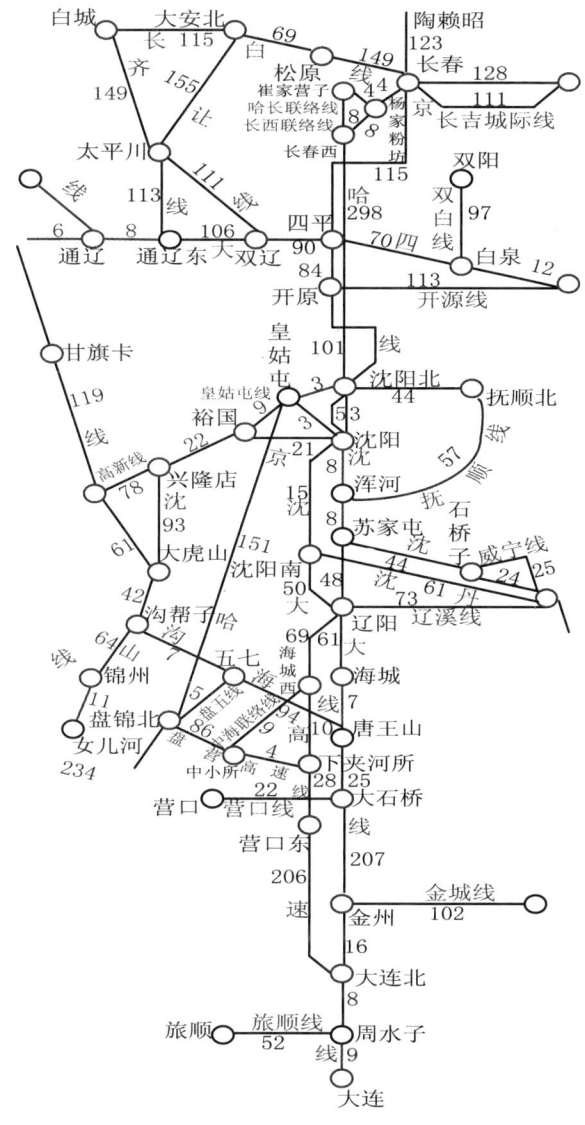

图 1-23

全价快速加快票价：34.0 元

半价快速加快票价：34.0 × 50% = 17.0（元）

全价空调票：21.0 元

半价空调票：21.0 × 50% = 10.5（元）

小计：43.5 + 17.0 + 10.5 = 71.0（元）

补卧：扶余—金州　811 km

新空调硬卧下铺票价：91.0 × 2 = 182.0（元）

手续费：10.0 元

合计：71.0 + 182.0 + 10.0 = 263.0（元）

除列车移动补票机故障外，不得手工填发代用票，见票例 1-29。

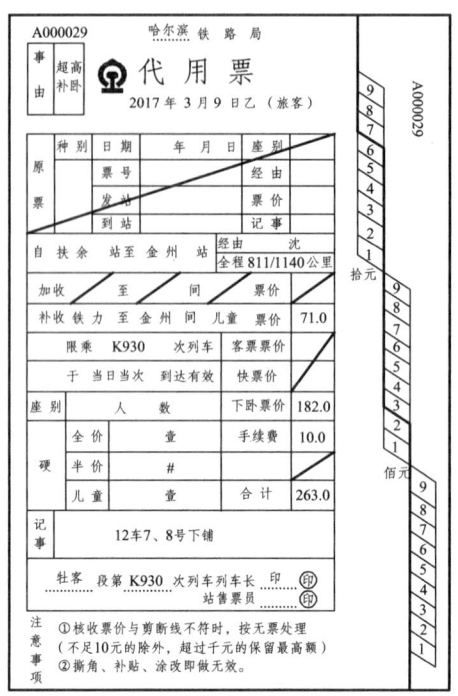

票例 1-29

五、铁路职工持用探亲乘车证补办卧铺的处理

2017 年 4 月 12 日，K1056 次列车（新空调快速，延吉—青岛北，经由天津西线、京沪线、胶济线，沈阳铁路局吉林客运段担当乘务工作），天津站开车后，天津供电段张××持唐山至潍坊的探亲乘车证要求补办两个硬卧，票号 TQc9999651（见乘车证票样 1-1），携带儿童身高为 1.15 m，列车有能力安排 12 车 7、8 号下铺，问列车如何处理？

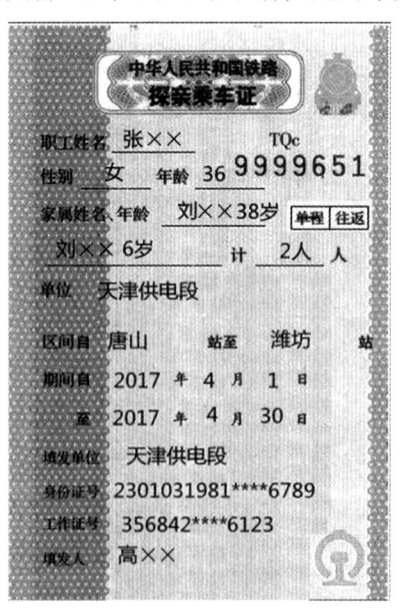

乘车证票样 1-1

解：

一、查找里程

（一）通过《铁路客运运价里程表》计算天津至潍坊间里程。

1. 通过《铁路客运运价里程表》中"线名音序索引表"第 41 页查找"天津西线"在"里程表"第 5 页，在第 5 页查出天津至天津西间里程 10 km。
2. 通过《铁路客运运价里程表》中"线名音序索引表"第 39 页查找"京沪线"在"里程表"第 1 页，在第 1 页计算出天津西至桥南间里程 329 km。
3. 通过《铁路客运运价里程表》中"线名音序索引表"第 39 页查找"济南线"在"里程表"第 5 页，在第 5 页查出桥南至济南间里程 18 km。
4. 通过《铁路客运运价里程表》中"线名音序索引表"第 39 页查找"胶济线"在"里程表"第 6 页，在第 6 页查出济南至潍坊间里程 210 km。

天津至潍坊间里程：10 + 329 + 18 + 210 = 567（km）

（二）通过《北南方客运运价里程接算站示意图》（图 1-24），计算天津至潍坊间里程。

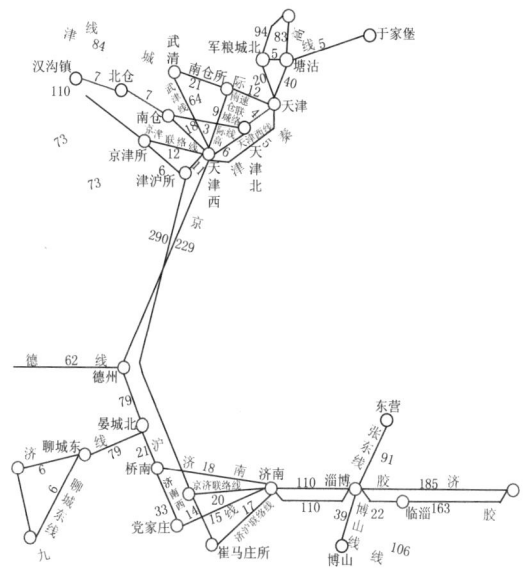

图 1-24

天津 _4_ 天津北 _6_ 天津西 _229_ 德州 _79_ 晏城北 _21_ 桥南 _18_ 济南 _110_ 淄博 _22_ 临淄

天津至临淄间里程：4 + 6 + 229 + 79 + 21 + 18 + 110 + 22 = 489（km）

通过《铁路客运运价里程表》中"线名音序索引表"第 39 页查找"胶济线"在"里程表"第 6 页，在第 6 页计算出临淄至潍坊间里程 78 km。

天津至潍坊间里程：489 + 78 = 567（km）

二、处理过程

处理事由：补卧

天津—潍坊　567 km

新空调硬卧下铺票价：70.0 元

2 人票价：70.0 × 2 = 140.0（元）

半价空调费：12.0 × 50% = 6.0（元）

手续费：10.0 元

合计：140.0 + 6.0 + 10.0 = 156.0（元）

除列车移动补票机故障外，不得手工填发代用票，见票例 1-30。

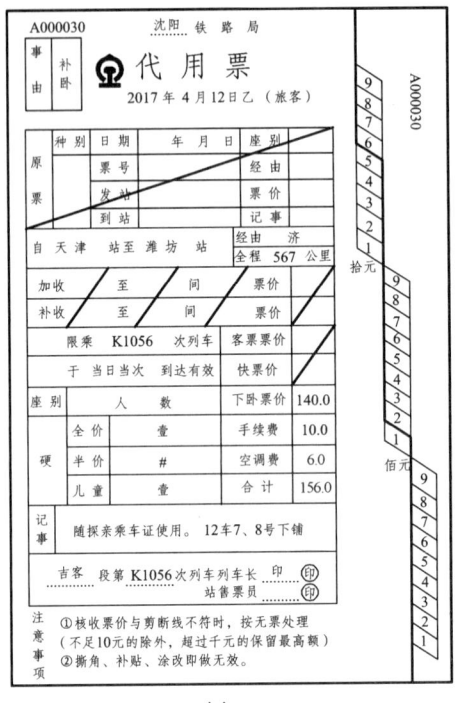

票例 1-30

【注解】

1. 旅客在列车上持有硬座车票要求补办硬卧时，从办理站开始计算，不收原票。

2. 列车上办理卧铺，事由栏填记"补卧"，记事栏内注明"随原票使用有效，车厢号和铺位号"。

3. 学生持有效学生票要求办理卧铺时，享受硬座的半价客票、加快票和空调票，卧铺票按全价计算。

4. 残疾军人购买卧铺时，客票和附加票全部为半价。

5. 持用探亲乘车证不享受软席和免费使用卧铺。

【任务五】变座、补卧

相关理论知识

1.《铁路旅客运输规程》第三十五条规定，旅客办理中转签证或在列车上办理补签、变更席（铺）位时，签证或变更后的车次、席（铺）位票价高于原票价时，核收票价差额；签证或变更后的车次、席（铺）位票价低于原票价时，票价差额部分不予退还。

2.《铁路旅客运输办理细则》第三十二条规定，旅客在列车上要求办理变更座位、铺位时，在列车有能力的情况下应当予以办理。需补收差价时，发售一张补价票，随同原票使用有效。

3.《铁路旅客运输规程》第二十一条规定，中国人民解放军和中国人民武装警察部队因伤致残的军人凭"中华人民共和国残疾军人证"、因公致残的人民警察凭"中华人民共和国伤残人民警察证"购买优待票（以下简称残疾军人票）。

任务与指导

一、成人旅客持硬座车票要求乘坐软卧的处理

2017年3月8日，T370次列车（新空调特快，广州—大连，经由京广线、津山线、沈山线、沟海线、沈大线，沈阳铁路局大连客运段担当乘务工作），天津站开车后，旅客王××持郑州站至瓦房店站的新空调硬座车票要求办理软卧，票号M059766（见车票票样1-15），列车有能力安排9车7号铺，问列车如何处理？

车票票样1-15

解：

一、查找里程

（一）通过《铁路客运运价里程表》计算天津至瓦房店间里程。

1. 通过《铁路客运运价里程表》中"线名音序索引表"第39页查找"津山线"在"里程表"第169页，在第169页查出天津至山海关间里程296 km。

2. 通过《铁路客运运价里程表》中"线名音序索引表"第40页查找"沈山线"在"里程表"第170页，在第170页和第171页计算出山海关至沟帮子间里程248 km。

3. 通过《铁路客运运价里程表》中"线名音序索引表"第38页查找"沟海线"在"里程表"第179页，在第179页查出沟帮子至唐王山间里程101 km。

4. 通过《铁路客运运价里程表》中"线名音序索引表"第40页查找"沈大线"在"里程表"第184页，在第184页计算出唐王山至瓦房店间里程160 km。

天津至瓦房店间里程：296 + 248 + 101 + 160 = 805（km）

（二）通过《客运运价里程接算站示意图》计算天津至瓦房店间里程。

1. 通过《北南方客运运价里程接算站示意图》（图 1-25），计算天津至山海关间里程。

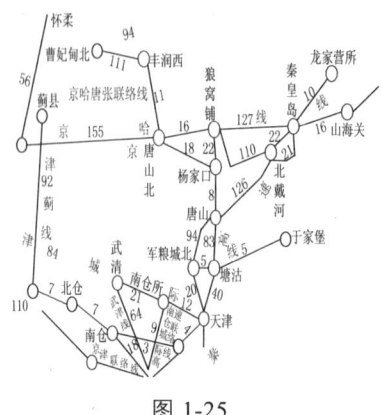

图 1-25

天津 <u>40</u> 塘沽 <u>113</u> 狼窝铺 <u>127</u> 秦皇岛 <u>16</u> 山海关

天津至山海关间里程：40 + 113 + 127 + 16 = 296（km）

2. 通过《东北客运运价里程接算站示意图》（图 1-26），计算山海关至大石桥间里程。

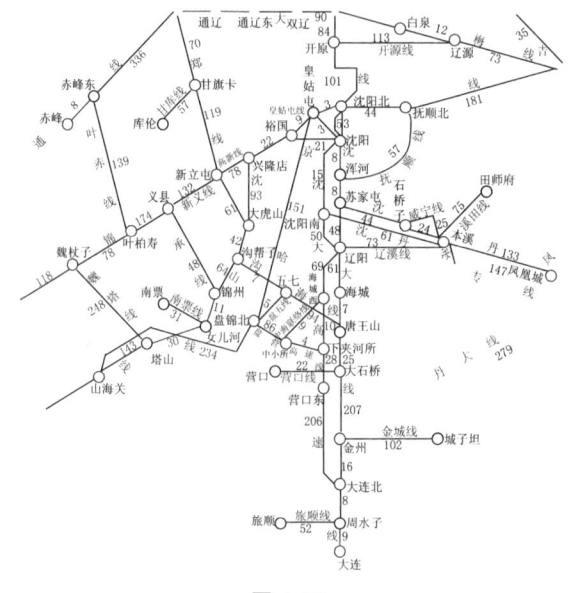

图 1-26

山海关 <u>184</u> 锦州 <u>64</u> 沟帮子 <u>7</u> 五七 <u>94</u> 唐王山 <u>25</u> 大石桥

山海关至大石桥间里程：184 + 64 + 7 + 94 + 25 = 374（km）

3. 通过《铁路客运运价里程表》中"站名首字音序索引表"第 23 页查找"瓦房店"首字"瓦"字拼音"Wa"第一个字母"W"，再找到"瓦"字，"瓦"字在"站名索引表"第 72 页，在第 72 页找到"瓦房店"在"里程表"第 184 页。在第 184 页计算出大石桥至瓦房店间里程 135 km。

山海关至瓦房店间里程：374 + 135 = 409（km）

天津至瓦房店间里程：296 + 409 = 805（km）

二、处理过程

1. 按分票种计算

处理事由：变座、补卧

天津—瓦房店　805 km

新空调软座票价：126.0元

新空调硬座票价：66.0元

软、硬座票价差：126.0 – 66.0 = 60.0（元）

新空调软卧下铺票价：132.0元

手续费：5.0元

合计：60.0 + 132.0 + 5.0 = 197.0（元）

2. 按联合票价计算

处理事由：变座、补卧

天津—瓦房店　805 km

新空调软座客特快票价：165.0元

新空调硬座客特快票价：105.0元

软、硬座票价差：165.0 – 105.0 = 60.0（元）

新空调软座客特快卧票价：297.0元

新空调软座客特快票价：165.0元

新空调软卧下铺票价：297.0 – 165.0 = 132.0（元）

手续费：5.0元

合计：60.0 + 132.0 + 5.0 = 197.0（元）

除列车移动补票机故障外，不得手工填发代用票，见票例 1-31。

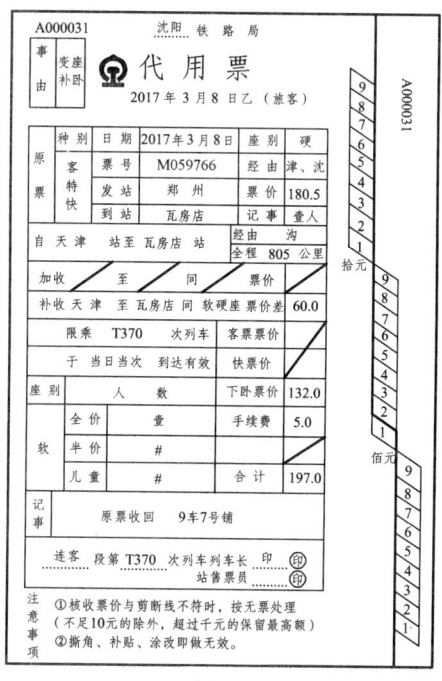

票例 1-31

二、学生持学生票要求办理软卧的处理

2017年3月2日，K1574次列车（新空，经由京九线、津山线、昌黎站、沈山线、京哈线，长春—重庆北，沈阳铁路局长春客运段担当乘务工作），任丘站开车后，旅客李××持太原南站至长春站的新空调硬座学生票要求办理软卧，票号 N037181（见车票票样 1-16），持有长春理工大学的学生证，列车有能力安排 8 车 8 号铺，问列车如何处理？

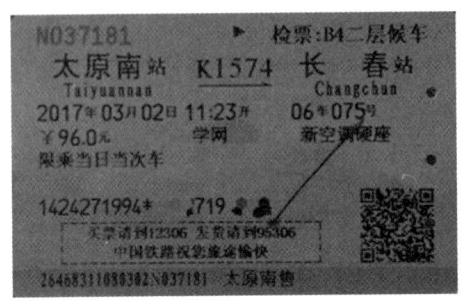

车票票样 1-16

解：

一、查找里程

1. 通过《铁路客运运价里程表》中"站名首字音序索引表"第 22 页查找"任"首字"任丘"字拼音"Ren"第一个字母"R"，再找到"任"字，"任"字在"站名索引表"第 58 页，在第 58 页找到"任丘"在"里程表"第 38 页，在第 38 页计算出任丘至霸州间里程 55 km。

2. 通过《铁路客运运价里程表》中"线名音序索引表"第 39 页查找"津霸线"在"里程表"第 44 页，在第 44 页查出霸州至天津间里程 87 km。

3. 通过《铁路客运运价里程表》中"线名音序索引表"第 39 页查找"津山线"在"里程表"第 169 页，在第 169 页计算出天津至狼窝铺间里程 153 km，因列车经由滦县站，所以狼窝铺至秦皇岛间里程 132 km，天津至山海关间里程 301 km。

4. 通过《铁路客运运价里程表》中"线名音序索引表"第 40 页查找"沈山线"在"里程表"第 170 页，在第 170 页和第 171 页查出山海关至沈阳西（现改为裕国）间里程 405 km。

5. 通过《铁路客运运价里程表》中"线名音序索引表"第 39 页查找"皇姑屯线"在"里程表"第 182 页，在第 182 页即可查出沈阳西（现改为裕国）至皇姑屯间里程 9 km。

6. 通过《铁路客运运价里程表》中"线名音序索引表"第 39 页查找"京哈线"在"里程表"第 166 页，在第 166 页计算出皇姑屯至长春间里程 303 km。

任丘至长春间里程：55 + 87 + 301 + 405 + 9 + 303 = 1160（km）

二、处理过程

方法一：

处理事由：变座、补卧

1. 变座

任丘—长春　1160 km

全价新空调软座客快速票价：235.5 元

全价新空调硬座客快速票价：148.5 元

半价新空调硬座客快速票价：148.5 × 50% = 74.25 = 74.5（元）

软、硬座票价差：235.5 – 74.5 = 161.0（元）

2. 补卧

任丘—长春　1160 km

新空调软卧上铺票价：163.0 元

手续费：5.0 元

合计：161.0 + 163.0 + 5.0 = 329.0（元）

方法二：

处理事由：变座、补卧

1. 变座

任丘—长春　1160 km

全价新空调硬座客快速票价：148.5 元

半价新空调硬座客快速票价：148.5 × 50% = 74.25 ≈ 74.5（元）

全、半价票价差：148.5 – 74.5 = 74.0（元）

全价新空调软座客快速票价：235.5 元

全价新空调硬座客快速票价：148.5 元

软、硬座票价差：235.5 – 148.5 = 87.0（元）

小计：74.0 + 87.0 = 161.0（元）

2. 补卧

任丘—长春　1160 km

新空调软卧上铺票价：163.0 元

手续费：5.0 元

合计：161.0 + 163.0 + 5.0 = 329.0（元）

除列车移动补票机故障外，不得手工填发代用票，见票例 1-32。

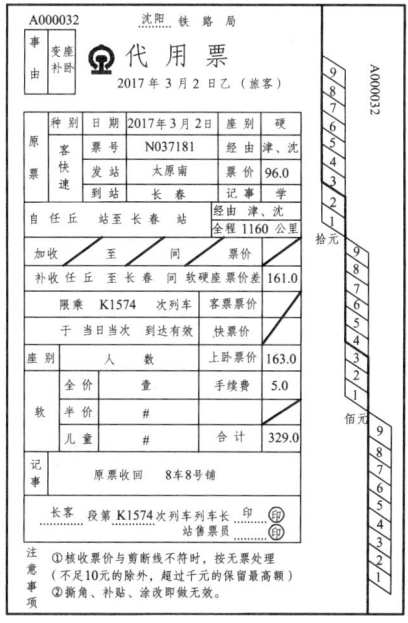

票例 1-32

三、残疾军人持残疾军人票要求办理软卧的处理

2017年3月2日,Z4516次列车(新空调直快,南京—哈尔滨,经由京沪线、天津站、京哈线,哈尔滨铁路局哈尔滨客运段担当乘务工作),徐州站开车后,旅客李××持南京站至长春站的新空调硬座残疾军人票要求办理软卧,票号A030529(见车票票样1-17),经查验中华人民共和国残疾军人证是本人的,列车有能力安排8车7号铺,问列车如何处理?

车票票样1-17

解:

一、查找里程

(一)通过《客运运价里程接算站示意图》计算徐州至长春间里程。

1. 通过《北南方客运运价里程接算站示意图》(图1-27),计算徐州至山海关间里程。

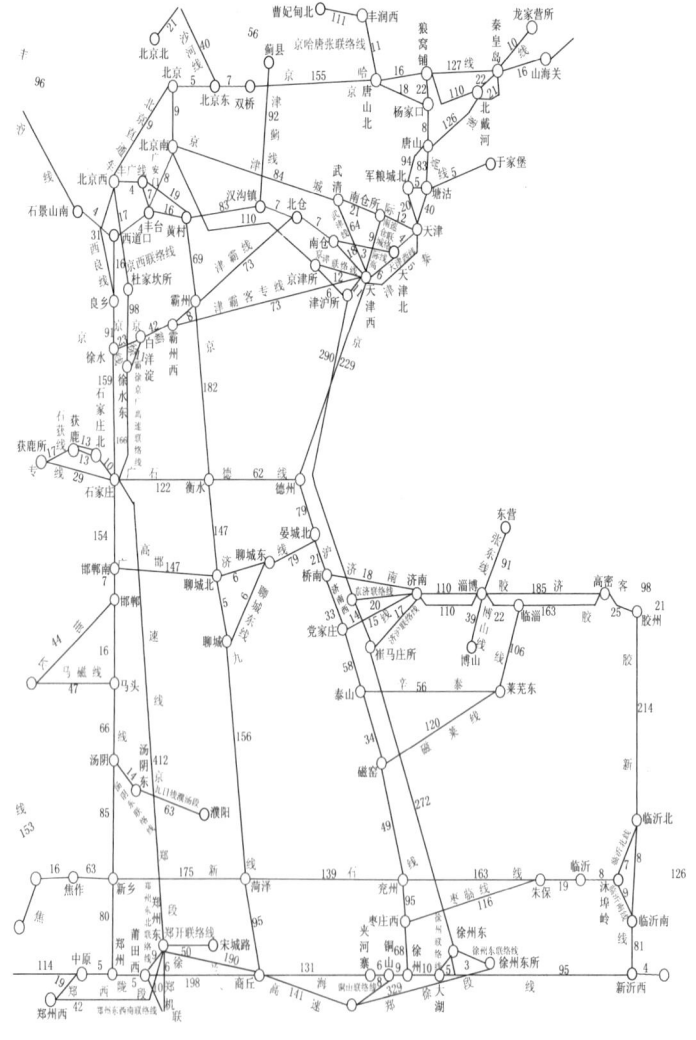

图 1-27

徐州 _68_ 枣庄西 _95_ 兖州 _49_ 磁窑 _34_ 泰山 _58_ 党家庄 _33_ 桥南 _21_ 晏城北 _79_ 德州 _229_ 天津西 _10_ 天津 _40_ 塘沽 _83_ 唐山 _30_ 狼窝铺 _132_ 秦皇岛 _16_ 山海关

徐州至山海关间里程：68 + 95 + 49 + 34 + 58 + 33 + 21 + 79 + 229 + 10 + 40 + 83 + 30 + 132 + 16 = 977（km）

2. 通过《东北客运运价里程接算站示意图》（图 1-28），计算山海关至长春间里程。

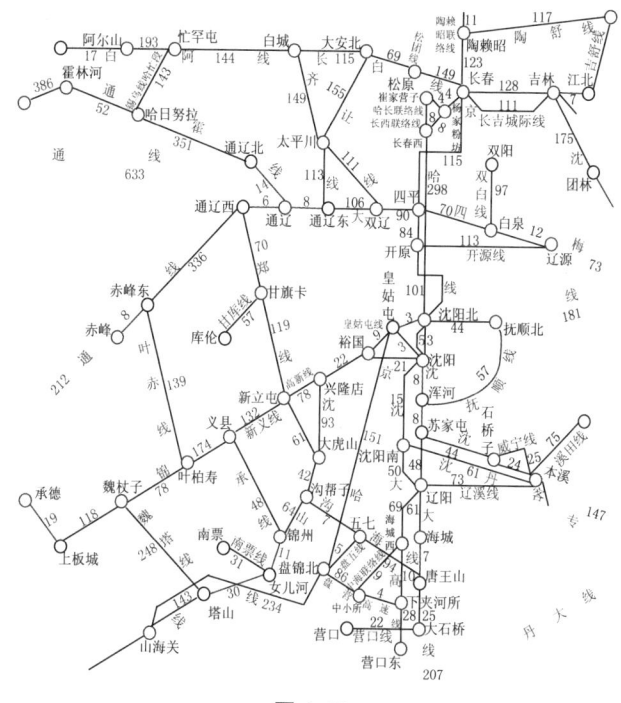

图 1-28

山海关 _234_ 盘锦北 _151_ 皇姑屯 _3_ 沈阳北 _101_ 开原 _84_ 四平 _115_ 长春

山海关至长春间里程：234 + 151 + 3 + 101 + 84 + 115 = 688（km）

徐州至长春间里程：977 + 688 = 1665（km）

（二）通过《铁路客运运价里程表》计算徐州至长春间里程。

1. 通过《铁路客运运价里程表》中"线名音序索引表"第 39 页查找"京沪线"在"里程表"第 1 页，在第 1 页和第 2 页计算出徐州至天津西间里程 666 km。

2. 通过《铁路客运运价里程表》中"线名音序索引表"第 41 页查找"天津西线"在"里程表"第 5 页，在第 5 页查出天津西至天津间里程 10 km。

3. 通过《铁路客运运价里程表》中"线名音序索引表"第 39 页查找"津山线"在"里程表"第 169 页，在第 169 页查出天津至山海关间里程 296 km，因该列车经由北戴河，所以狼窝铺至秦皇岛间里程按 132 km 计算，则天津至山海关间里程 301 km。

4. 通过《铁路客运运价里程表》中"线名音序索引表"第 39 页查找"京哈线"在"里程表"第 166 页，在第 167 页和第 168 页计算出山海关至长春间里程 688 km。

徐州至长春间里程：666 + 10 + 301 + 688 = 1665（km）

二、处理过程

处理事由：变座、补卧

1. 变座

徐州—长春　1665 km

半价新空调软座票价：236.0×50%＝118.0（元）

半价新空调硬座票价：120.0×50%＝60.0（元）

软、硬座票价差：118.0－60.0＝58.0（元）

2. 补卧

徐州—长春　1665 km

全价新空调软卧下铺票价：238.0元

半价新空调软卧下铺票价：238.0×50%＝119.0（元）

手续费：5.0元

合计：58.0＋119.0＋5.0＝182.0（元）

除列车移动补票机故障外，不得手工填发代用票，见票例1-33。

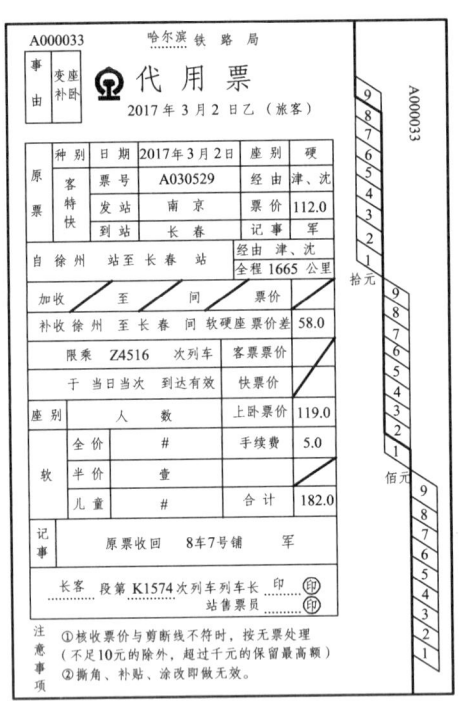

票例1-33

四、成人旅客持软座车票要求办理硬卧的处理

2017年4月21日，K7426次列车（非空，吉林—沈阳，经由沈吉线、抚顺线，沈阳铁路局吉林客运段担当乘务工作），梅河口站开车后，旅客丁××持磐石站至沈阳站的软卧代软座车票要求办理硬卧，票号J035297（见车票票样1-18），列车有能力安排11车8号中铺，问列车如何处理？

车票票样 1-18

解：

一、查找里程

1. 通过《铁路客运运价里程表》中"线名音序索引表"第 40 页查找"沈吉线"在"里程表"第 194 页，在第 194 页和第 195 页计算出磐石至抚顺城（现改为抚顺北）间里程 255 km，在第 194 页和第 195 页查出梅河口至抚顺城（现改为抚顺北）间里程 181 km。

2. 通过《铁路客运运价里程表》中"线名音序索引表"第 38 页查找"抚顺线"在"里程表"第 186 页，在第 186 页查出抚顺城（现改为抚顺北）至沈阳间里程 65 km。

磐石至沈阳间里程：255 + 65 = 320（km）

梅河口至沈阳间里程：181 + 65 = 246（km）

二、处理过程

方法一：

处理事由：变座、补卧

原票：磐石—沈阳　320 km

软座客快速票价：43.5 元

1. 变座

梅河口—沈阳　246 km

软座票价：29.5 元

硬座票价：16.5 元

软、硬座票价差：16.50 − 29.5 = − 13.0（元）

2. 补卧

梅河口—沈阳　246 km

硬卧中铺票价：37.0 元

手续费：5.0 元

合计：37.0 − 13.0 + 5.0 = 29.0（元）

除列车移动补票机故障外，不得手工填发代用票，见票例 1-34。

方法二：

处理事由：补价

原票：磐石—沈阳　320 km

软座客快速票价：43.5 元

梅河口—沈阳　246 km

硬座客快速卧中铺票价：22.5 + 37.0 = 59.5（元）

软座客快速票价：35.5 元

差额：59.5 – 35.5 = 24.0（元）

手续费：5.0 元

合计：24.0 + 5.0 = 29.0（元）

除列车移动补票机故障外，不得手工填发代用票，见票例 1-35。

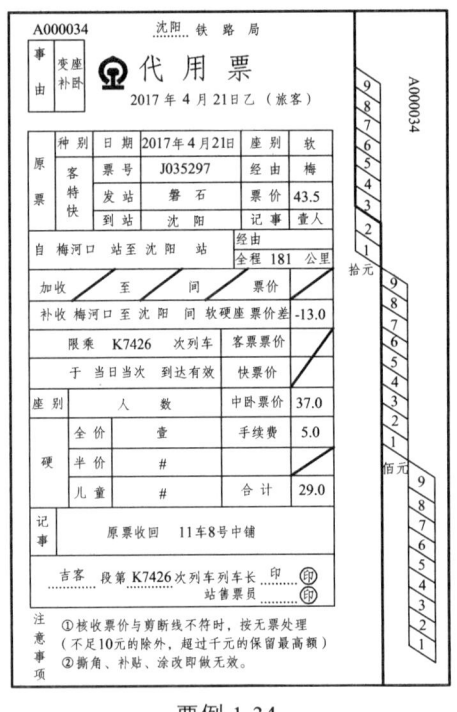

票例 1-34　　　　　　　　　票例 1-35

【注解】

1. 旅客要求由硬座变软卧时，首先补收变更区间的软、硬座票价差，然后核收软卧票价及手续费。

2. 学生购买学生票只能享受半价硬座车票，要求乘坐软卧时，首先将半价硬座车票变成全价硬座车票或者用全价软座车票减去半价硬座车票，再核收全价软卧票价和手续费。

3. 残疾军人持硬座车票要求办理软卧时，享受半价车票。

4. 填发代用票时，事由栏填记"变座、补卧"，记事栏内注明"原票收回、车厢号和铺位号"。

【任务六】越站、补卧

相关理论知识

1. 《铁路旅客运输规程》第三十八条规定，旅客在车票到站前要求越过到站继续乘车时，在有运输能力的情况下列车应予以办理。核收越站区间的票价和手续费。

2. 《铁路旅客运输办理细则》第三十四条规定，旅客在到站前要求越过到站继续旅行时，在列车有能力的情况下应予以办理。办理时核收越站区间的票价，不足起码里程时，按起码里程计算；旅客同时提出变更座别、铺别和越站时，应先办理越站，后办理变更，使用一张代用票，核收一次手续费。遇有下列情况不能办理越站：

（1）列车严重超员；

（2）乘坐卧铺的旅客买的是给中途站预留的卧铺；

（3）乘坐的回转车，途中需要甩车。

3. 《铁路旅客运输规程》第三十五条规定，旅客办理中转签证或在列车上办理补签、变更席（铺）位时，签证或变更后的车次、席（铺）位票价高于原票价时，核收票价差额；签证或变更后的车次、席（铺）位票价低于原票价时，票价差额部分不予退还。

4. 《铁路旅客运输办理细则》第三十二条规定，旅客在列车上要求办理变更座位、铺位时，在列车有能力的情况下应当予以办理。需补收差价时，发售一张补价票，随同原票使用有效。

5. 《铁路旅客运输办理细则》第十七条规定，学生持学生票超过减价优待证上记载的区间乘车时，对超过区间按一般旅客办理，核收全价。

6. 《铁路旅客运输规程》第二十一条规定，中国人民解放军和中国人民武装警察部队因伤致残的军人凭"中华人民共和国残疾军人证"、因公致残的人民警察凭"中华人民共和国伤残人民警察证"购买优待票（以下简称残疾军人票）。

任务与指导

一、成人旅客要求越站的同时办理卧铺的处理

2017年3月8日，2052次列车（新空调普快，牡丹江—大连，经由哈尔滨、长春、沈阳，沈阳铁路局沈阳客运段担当乘务工作），沈阳站开车后，旅客王××持四平站至瓦房店站的新空调硬座车票（见车票票样1-19）要求越站至大连并办理硬卧，通过站车无线交互系统查出列车有剩余卧铺8车8号下铺，问列车如何办理？（用分票种和联合票两种方法计算）

- 75 -

车票票样 1-19

解：
一、查找里程

1. 通过《东北客运运价里程接算站示意图》(图 1-29)，计算出沈阳至大石桥间里程、四平至大石桥间里程。

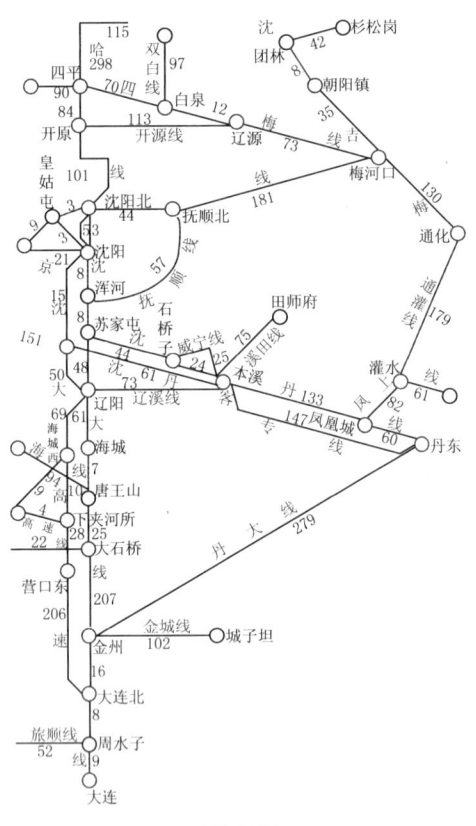

图 1-29

四平 _84_ 开原 _101_ 沈阳北 _3_ 沈阳 _8_ 浑河 _8_ 苏家屯 _48_ 辽阳 _61_ 海城 _7_ 唐王山 _25_ 大石桥

沈阳至大石桥间里程：$8+8+48+61+7+25=157$（km）

四平至大石桥间里程：$84+101+3+8+8+48+61+7+25=345$（km）

- 76 -

2. 《铁路客运运价里程表》计算大石桥至瓦房店间里程、查出瓦房店至大连间里程。

通过《铁路客运运价里程表》中"站名首字音序索引表"第 23 页查找"瓦房店"首字"瓦"字拼音"Wa"第一个字母"W",再找到"瓦"字,"瓦"字在"站名索引表"第 72 页,在第 72 页找到"瓦房店"在"里程表"第 184 页,在第 184 页计算出大石桥至瓦房店间里程 135 km;瓦房店至大连间里程 105 km.。

四平至瓦房店间里程:345 + 135 = 480(km)

沈阳至大连间里程:157 + 135 + 105 = 397(km)

二、处理过程

1. 按分票种计算

处理事由:越站、补卧

原票:四平—瓦房店　480 km

新空调硬座普快票价:61.0 元

越站:瓦房店—大连　105 km

新空调硬座票价:9.5 元

普速加快票价:2.0 元

空调票价:3.0 元

小计:9.5 + 2.0 + 3.0 = 14.5(元)

补卧:沈阳—大连　397 km

新空调硬卧下铺票价:54.0 元

手续费:5.0 元

合计:14.5 + 54.0 + 5.0 = 73.5(元)

除列车移动补票机故障外,不得手工填发代用票,见票例 1-36。

2. 按联合票价计算

处理事由:越站、补卧

原票:四平—瓦房店　480 km

新空调硬座普快票价:61.0 元

越站:瓦房店—大连　105 km

新空调硬座普快票价:14.5 元

补卧:沈阳—大连　397 km

新空调硬座客快卧下票价:102.5 元

新空调硬座客快票价:48.5 元

新空调硬卧下铺票价:102.5 − 48.5 = 54.0(元)

手续费:5.0 元

合计:14.5 + 54.0 + 5.0 = 73.5(元)

除列车移动补票机故障外,不得手工填发代用票,见票例 1-37。

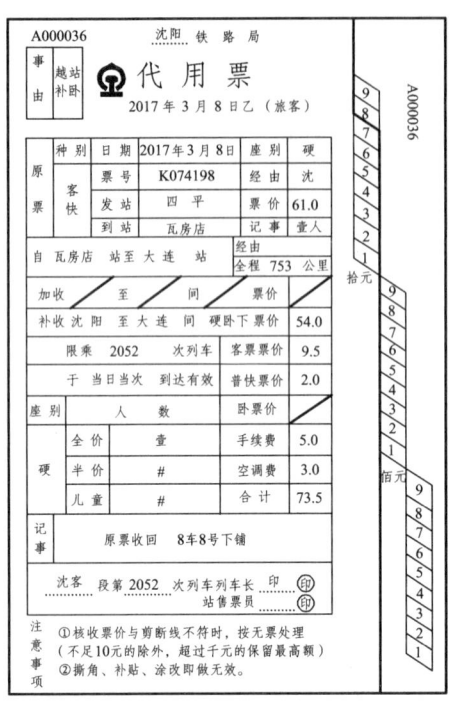
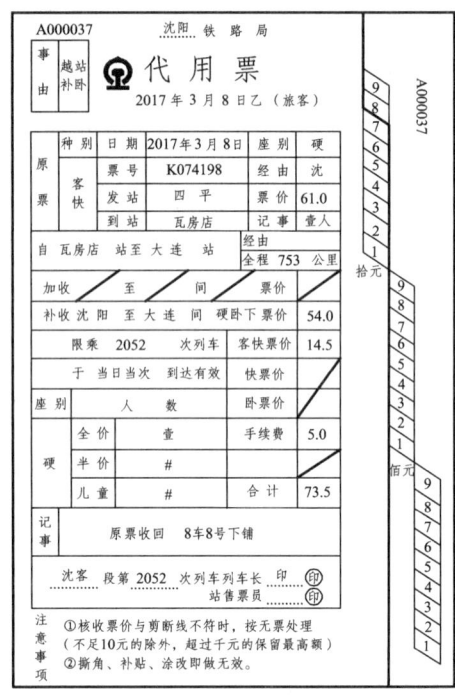

票例 1-36　　　　　　　　　　票例 1-37

二、学生持学生票要求越站并办理卧铺的处理

2017年3月2日，Z112次列车（新空调直快，海口—哈尔滨，阜阳至哈尔滨间停车站：菏泽、天津、唐山、锦州、沈阳、沈阳北、长春、哈尔滨西、哈尔滨，哈尔滨铁路局哈尔滨客运段担当乘务工作），锦州站开车后，旅客王××持阜阳站至长春站的学生票，票号J044431（见车票票样1-20），持有长春农业大学学生证，要求越站至哈尔滨，并要求办理硬卧，通过站车无线交互系统查出列车有剩余卧铺9车8号下铺，问列车如何办理？

车票票样 1-20

解：

一、查找里程

（一）通过《铁路客运运价里程表》查出长春至哈尔滨间里程。

1. 通过《铁路客运运价里程表》中"线名音序索引表"第39页查出"京哈线"在"里程表"第166页，在第167页和第168页计算出沈阳北至长春间里程300 km，在第168页查出长春至哈尔滨间里程是 246 km。

2. 通过《铁路客运运价里程表》中"线名音序索引表"第 40 页查出"沈山线"在"里程表"第 170 页，在第 170 页查出锦州至沈阳间里程是 242 km。

3. 通过《铁路客运运价里程表》中"线名音序索引表"第 40 页查出"沈大线"在"里程表"第 184 页，在第 185 页查出沈阳至沈阳北间里程是 3 km。

锦州至哈尔滨间里程：242 + 3 + 300 + 246 = 791（km）

（二）通过《东北客运运价里程接算站示意图》(图 1-30)，计算锦州至哈尔滨、长春至哈尔滨间里程。

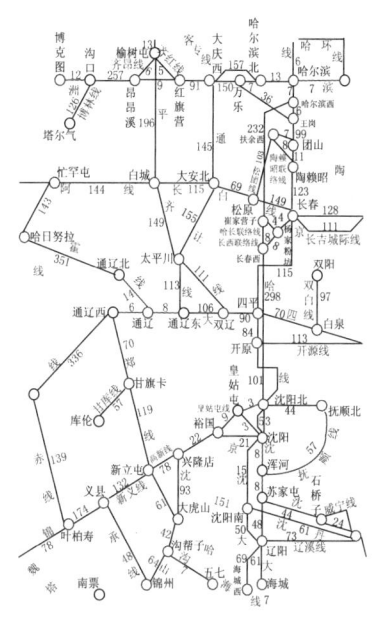

图 1-30

锦州 _64_ 沟帮子 _42_ 大虎山 _93_ 兴隆店 _22_ 裕国 _21_ 沈阳 _3_ 沈阳北 _101_ 开原 _84_ 四平 _115_ 长春 _123_ 陶赖昭 _11_ 团山 _99_ 王岗 _6_ 哈尔滨西 _7_ 哈尔滨

锦州至哈尔滨间里程：64 + 42 + 93 + 22 + 21 + 3 + 101 + 84 + 115 + 123 + 11 + 99 + 6 + 7 = 791（km）

长春至哈尔滨间里程：123 + 11 + 99 + 6 + 7 = 246（km）

二、处理过程

1. 按分票种计算

处理事由：越站、补卧

原票：阜阳—长春　1875 km

半价新空调硬座快速票价：106.5 元

越站：长春—哈尔滨　246 km

新空调硬座票价：24.5 元

快速加快票价：10.0 元

空调票价：6.0元

小计：24.5 + 10.0 + 6.0 = 40.5（元）

补卧：锦州—哈尔滨　791 km

新空调硬卧下铺票价：91.0元

手续费：5.0元

合计：　40.5 + 91.0 + 5.0 = 136.5（元）

除列车移动补票机故障外，不得手工填发代用票，见票例1-38。

2. 按联合票价计算

处理事由：越站、补卧

原票：阜阳—长春　1875 km

半价新空调硬座客快速票价：106.5元

越站：长春—哈尔滨　246 km

新空调硬座客快速票价：40.5元

补卧：锦州—哈尔滨　791 km

新空调硬座客快速卧票价：196.0元

新空调硬座客快速票价：105.0元

新空调硬卧下铺票价：196.0 – 105.0 = 91.0（元）

手续费：5.0元

合计：40.5 + 91.0 + 5.0 = 136.5（元）

除列车移动补票机故障外，不得手工填发代用票，见票例1-39。

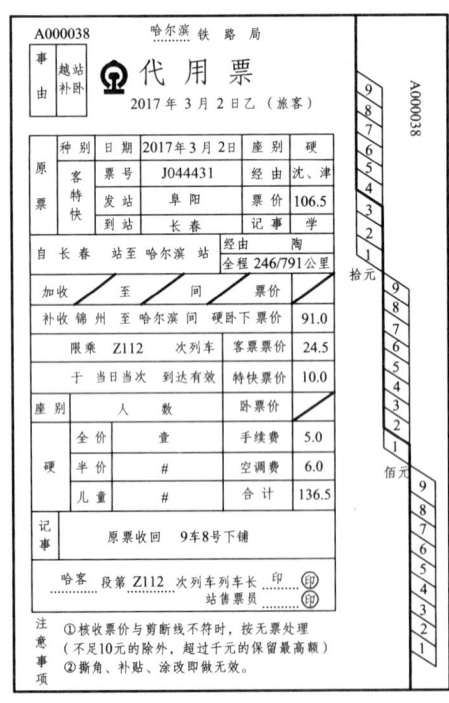

票例 1-38

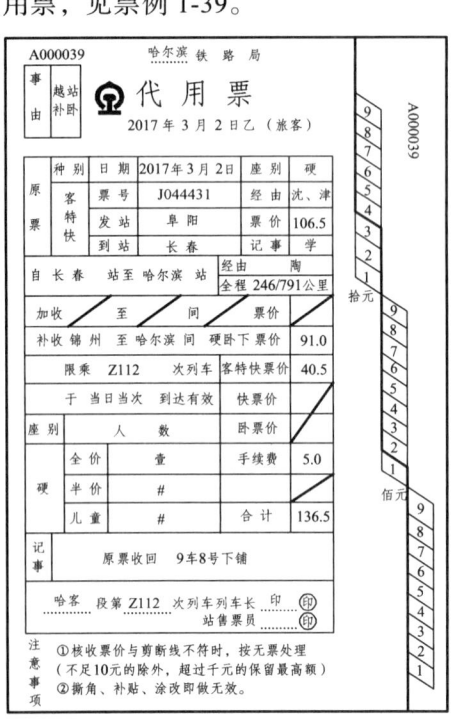

票例 1-39

三、残疾军人持残疾军人票要求越站并办理卧铺的处理

2017年3月8日，K265次列车（新空调快速，北京—佳木斯，经由京哈线、滨北线、绥佳线，哈尔滨铁路局牡丹江客运段担当乘务工作），山海关站开车后，旅客陈××持北京站至长春站的半价新空调硬座车票要求越站到佳木斯站并且使用硬卧，票号A027132（见车票票样1-21），持有残疾军人证，列车有能力安排3车9号中铺，问列车如何处理？

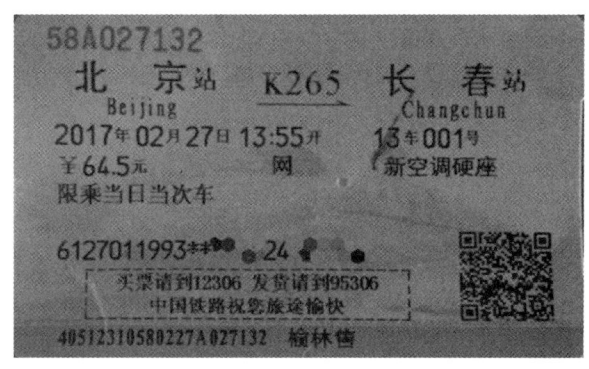

车票票样1-21

解：

一、查找里程

（一）通过《铁路客运运价里程表》计算长春至佳木斯间里程。

1. 通过《铁路客运运价里程表》中"线名音序索引表"第39页查找"京哈线"在"里程表"第166页，在第168页查出长春至哈尔滨间里程246 km。

2. 通过《铁路客运运价里程表》中"线名音序索引表"第38页查找"滨北线"在"里程表"第216页，在第216页查出哈尔滨至绥化间里程125 km。

3. 通过《铁路客运运价里程表》中"线名音序索引表"第41页查找"绥佳线"在"里程表"第218页，在第218页查出绥化至佳木斯间里程382 km。

长春至佳木斯间里程：246 + 125 + 382 = 753（km）。

（二）通过《东北客运运价里程接算站示意图》(图1-31)，计算长春至佳木斯间里程。

长春 <u>123</u> 陶赖昭 <u>11</u> 团山 <u>99</u> 王岗 <u>6</u> 哈尔滨西 <u>7</u> 哈尔滨 <u>6</u> 太平桥 <u>119</u> 绥化 <u>229</u> 南岔 <u>141</u> 莲江口 <u>12</u> 佳木斯

长春至佳木斯间里程：123 + 11 + 99 + 6 + 7 + 6 + 119 + 229 + 141 + 12 = 753（km）

（三）通过《东北客运运价里程接算站示意图》(图1-32)，计算山海关至长春间里程。

山海关 <u>234</u> 盘锦北 <u>151</u> 皇姑屯 <u>3</u> 沈阳北 <u>101</u> 开原 <u>84</u> 四平 <u>115</u> 长春

山海关至长春间里程：688 km

山海关至佳木斯间里程：688 + 753 = 1441（km）

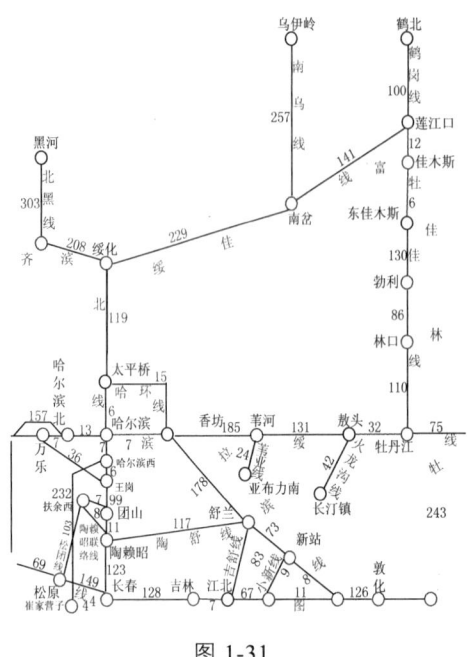

图 1-31　　　　　　　　　　　　图 1-32

二、处理过程

1. 按分票种计算

处理事由：越站、补卧

越站：长春—佳木斯　753 km

全价新空调硬座票价：63.0 元

半价新空调硬座票价：63.0 × 50% = 31.5（元）

全价快速加快票价：24.0 元

半价快速加快票价：24.0 × 50% = 12.0（元）

全价空调票价：15.0 元

半价空调票价：15.0 × 50% = 7.5（元）

小计：31.5 + 12.0 + 7.5 = 51.0（元）

补卧：山海关—佳木斯　1441 km

半价硬卧中铺票价：133.0 × 50% = 66.5（元）

手续费：5.0 元

合计：51.0 + 66.5 + 5.0 = 122.5（元）

除列车移动补票机故障外，不得手工填发代用票，见票例 1-40。

2. 按联合票价计算

处理事由：越站

越站：长春—佳木斯　753 km

全价新空调硬座快速票价：102.0 元

半价新空调硬座快速票价：102.0 × 50% = 51.0（元）

补卧：山海关—佳木斯　1441 km

半价新空调硬座快速卧票价：306.5 × 50% = 153.25 ≈ 153.5（元）

半价新空硬座快速票价：173.5 × 50% = 86.75 ≈ 87.0（元）

新空调硬卧中铺票价：153.5 − 87.0 = 66.5（元）

手续费：5.0 元

合计：51.0 + 66.5 + 5.0 = 122.5（元）

除列车移动补票机故障外，不得手工填发代用票，见票例 1-41。

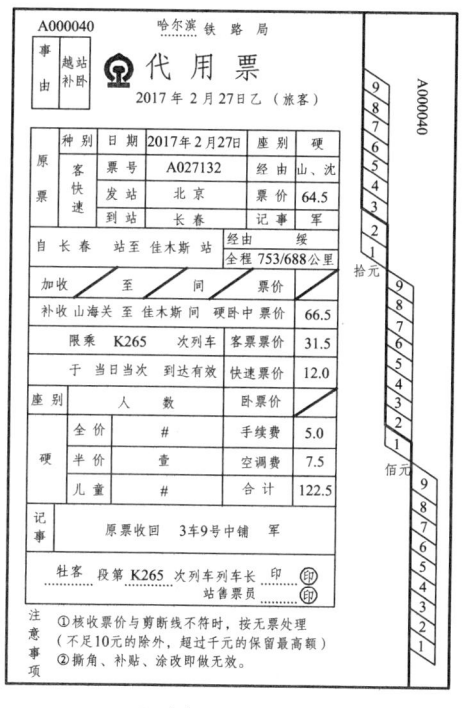

票例 1-40

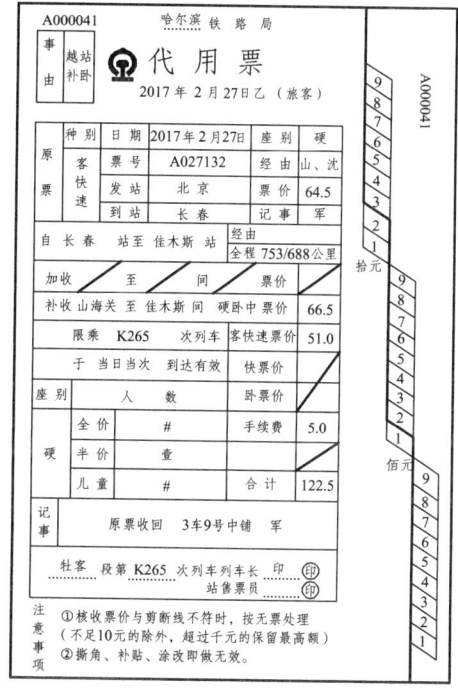

票例 1-41

【注解】

1. 旅客同时提出办理越站和补卧时先办理越站，后办理补卧，核收手续费。

2. 填写代用票时，乘车区间栏填记越站区间；事由栏填记"越站、补卧"；记事栏内注明"原票收回，车厢号和铺位号"。

3. 学生持有效学生证时，只享受硬座车票的 50%，硬卧票按全价计算，学生票要求越站超过减价优待证记载的区间乘车时，超过部分补收全价，核收手续费。

4. 残疾军人持有效残疾军人证时，所有车票全部按全价票的 50% 计算。

【任务七】越站、变座、补卧

相关理论知识

1.《铁路旅客运输规程》第二十一条规定，中国人民解放军和中国人民武装警察部队因伤致残的军人凭"中华人民共和国残疾军人证"、因公致残的人民警察凭"中华人民共和国伤残人民警察证"购买优待票（以下简称残疾军人票）。

2.《铁路旅客运输规程》第三十五条规定，旅客办理中转签证或在列车上办理补签、变更席（铺）位时，签证或变更后的车次、席（铺）位票价高于原票价时，核收票价差额；签证或变更后的车次、席（铺）位票价低于原票价时，票价差额部分不予退还。

3.《铁路旅客运输规程》第三十八条规定，旅客在车票到站前要求越过到站继续乘车时，在有运输能力的情况下列车应予以办理。核收越站区间的票价和手续费。

4.《铁路旅客运输办理细则》第十七条规定，学生持学生票超过减价优待证上记载的区间乘车时，对超过区间按一般旅客办理，核收全价。

5.《铁路旅客运输办理细则》第三十二条规定，旅客在列车上要求办理变更座位、铺位时，在列车有能力的情况下应当予以办理。需补收差价时，发售一张补价票，随同原票使用有效。

6.《铁路旅客运输办理细则》第三十四条规定，旅客在到站前要求越过到站继续旅行时，在列车有能力的情况下应予以办理。办理时核收越站区间的票价，不足起码里程时，按起码里程计算；旅客同时提出变更座别、铺别和越站时，应先办理越站，后办理变更，使用一张代用票，核收一次手续费。遇有下列情况不能办理越站：

（1）列车严重超员；

（2）乘坐卧铺的旅客买的是给中途站预留的卧铺；

（3）乘坐的回转车，途中需要甩车。

任务与指导

一、成人旅客持硬座车票要求越站的同时办理软卧

2017年3月8日，2052次列车（新空调普快，牡丹江—大连，经由哈尔滨、长春、沈阳，沈阳铁路局沈阳客运段担当乘务工作），沈阳站开车后，旅客王××持四平站至瓦房店站的新空调硬座车票，票号 K074198（见车票票样 1-22），要求乘车到大连站并办理软卧，通过站车无线交互系统查出列车有剩余卧铺9车6号铺，问列车如何办理？（用分票种和联合票两种方法计算）

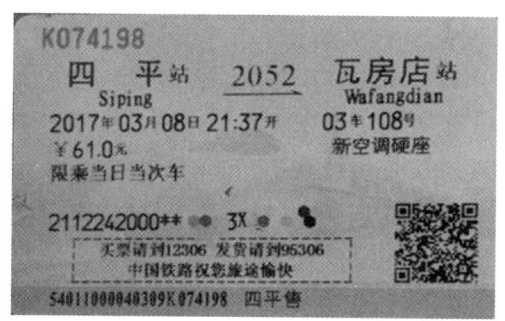

车票票样 1-22

解:

一、查找里程

1. 通过《东北客运运价里程接算站示意图》(图 1-33),计算出沈阳至大石桥间里程、四平至大石桥间里程。

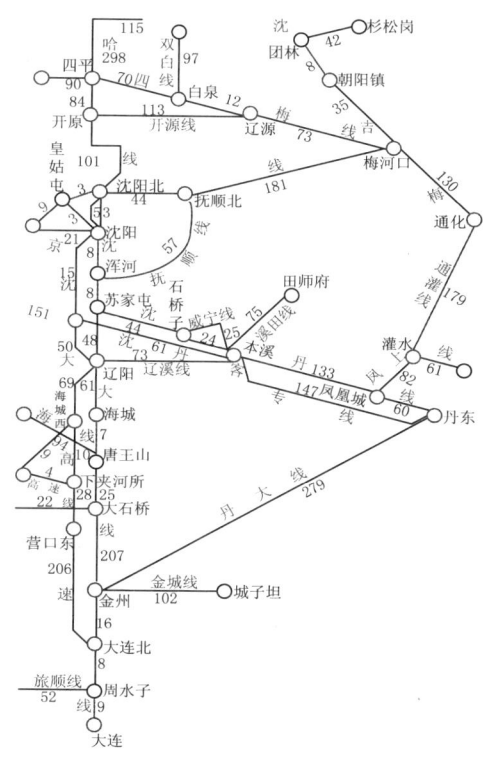

图 1-33

四平 _84_ 开原 _101_ 沈阳北 _3_ 沈阳 _8_ 浑河 _8_ 苏家屯 _48_ 辽阳 _61_ 海城 _7_ 唐王山 _25_ 大石桥

沈阳至大石桥间里程:$8 + 8 + 48 + 61 + 7 + 25 = 157$(km)

四平至大石桥间里程:$84 + 101 + 3 + 8 + 8 + 48 + 61 + 7 + 25 = 345$(km)

2. 通过《铁路客运运价里程表》计算大石桥至瓦房店间里程、查出瓦房店至大连间里程。

通过《铁路客运运价里程表》中"站名首字音序索引表"第 23 页查找"瓦房店"首字"瓦"字拼音"Wa"第一个字母"W",再找到"瓦"字,"瓦"字在"站名索引表"第 72 页,在第 72 页找到"瓦房店"在"里程表"第 184 页,在第 184 页计算出大石桥至瓦房店间里程 135 km;瓦房店至大连间里程 105 km。

四平至瓦房店间里程:345 + 135 = 480(km)。

沈阳至大连间里程:157 + 135 + 105 = 397(km)

二、处理过程

1. 按分票种计算

处理事由:越站、变座、补卧

原票:四平—瓦房店　480 km

新空调硬座普快票价:61.0 元

越站:瓦房店—大连　105 km

新空调硬座票价:9.5 元

普速加快票价:2.0 元

空调票价:3.0 元

小计:9.5 + 2.0 + 3.0 = 14.5(元)

变座、补卧:

沈阳—大连　397 km

软座票价:66.5 元

硬座票价:34.5 元

软、硬座票价差:66.5 – 34.5 = 32.0(元)

软卧上铺票价:69.0 元

手续费:5.0 元

合计:14.5 + 32.0 + 69.0 + 5.0 = 120.5(元)

除列车移动补票机故障外,不得手工填发代用票,见票例 1-42。

2. 按联合票价计算

处理事由:越站、变座、补卧

原票:四平—瓦房店　480 km

新空调硬座普快票价:61.0 元

越站:瓦房店—大连　105 km

新空调硬座普快票价:14.5 元

变座、补卧:

沈阳—大连　397 km

新空调软座普快票价:80.5 元

新空调硬座普快票价:48.5 元

软、硬座票价差:80.5 – 48.5 = 32.0(元)

新空调软座普快卧票价:149.5 元

新空调软座普快票价：80.5 元

新空调软卧下铺票价：149.5 － 80.5 ＝ 69.0（元）

手续费：5.0 元

合计：14.5 ＋ 32.0 ＋ 69.0 ＋ 5.0 ＝ 120.5（元）

除列车移动补票机故障外，不得手工填发代用票，见票例 1-43。

票例 1-42　　　　　　　　　　　票例 1-43

二、学生持硬座车票要求越站的同时办理软卧

2017 年 3 月 2 日，K702 次列车（新空调快速，青岛北—哈尔滨，经由胶济线、京沪线、津山线、沈山线、京哈线，哈尔滨铁路局哈尔滨客运段担当乘务工作），德州站开车后，旅客刘××持青岛北站至长春站的学生票要求乘车到列车终点站并办理软卧，票号 G055394，持有青岛大学的有效学生证，（见车票票样 1-23），列车有剩余卧铺 7 车 33 号铺，问列车如何办理？

车票票样 1-23

解：

一、查找里程

（一）通过《铁路客运运价里程表》查出德州至哈尔滨间里程。

1. 通过《铁路客运运价里程表》中"线名音序索引表"第39页查找"京沪线"在"里程表"第1页，在第1页和第2页计算出德州至天津西间里程229 km。

2. 通过《铁路客运运价里程表》中"线名音序索引表"第41页查找"天津西线"在"里程表"第5页，在第5页查出天津西至天津间里程10 km。

3. 通过《铁路客运运价里程表》中"线名音序索引表"第39页查找"津山线"在"里程表"第169页，在第169页计算出天津至狼窝铺间里程153 km。

4. 通过《铁路客运运价里程表》中"线名音序索引表"第39页查找"京哈线"在"里程表"第166页，在第166页和第167页计算出狼窝铺至山海关间里程148 km。

5. 通过《铁路客运运价里程表》中"线名音序索引表"第40页查找"沈山线"在"里程表"第170页，在第170页和第171页计算出山海关至沈阳西（现改为裕国）间里程405 km。

6. 通过《铁路客运运价里程表》中"线名音序索引表"第39页查找"皇姑屯线"在"里程表"第182页，在第182页查出沈阳西（现改为裕国）至皇姑屯间里程9 km。

7. 通过《铁路客运运价里程表》中"线名音序索引表"第39页查找"京哈线"在"里程表"第166页，在第167页查出皇姑屯至哈尔滨间里程549 km。

德州至哈尔滨间里程：229 + 10 + 153 + 148 + 405 + 9 + 549 = 1503（km）

（二）通过《客运运价里程接算站示意图》计算德州至哈尔滨间里程。

1. 通过《北南方客运运价里程接算站示意图》（图1-34），计算德州至山海关间里程。

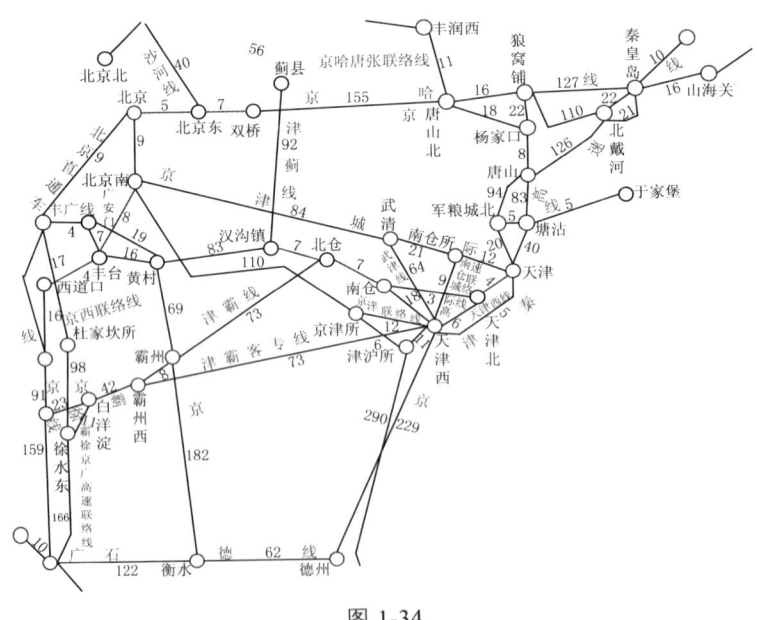

图1-34

德州 _229_ 天津西 _6_ 天津北 _4_ 天津 _40_ 塘沽 _83_ 唐山 _8_ 杨家口 _22_ 狼窝铺 _132_ 秦皇岛 _16_ 山海关

德州至山海关间里程：229 + 6 + 4 + 40 + 83 + 8 + 22 + 132 + 16 = 540（km）

2. 通过《东北客运运价里程接算站示意图》(图1-35)，计算山海关至哈尔滨间里程。

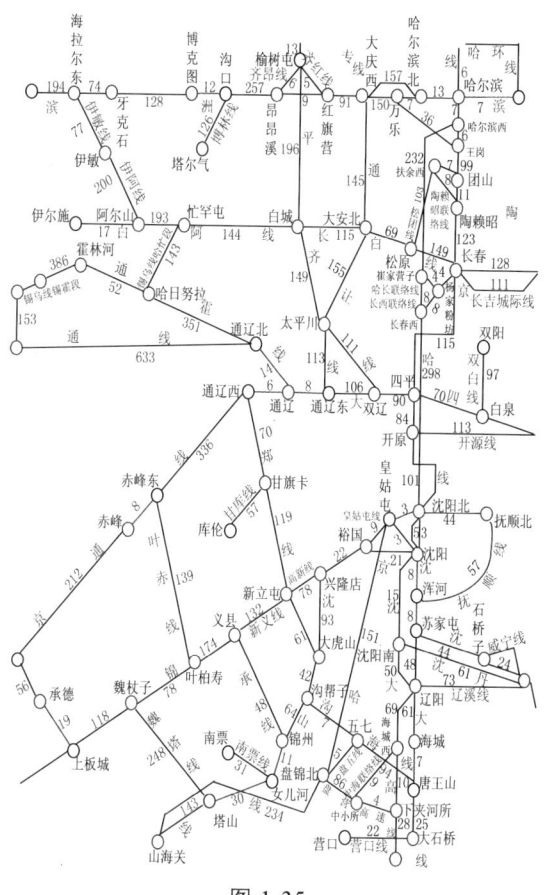

图 1-35

山海关_143_塔山_30_女儿河_11_锦州_64_沟帮子_42_大虎山_93_兴隆店_22_裕国_9_皇姑屯_3_沈阳北_101_开原_84_四平_115_长春_123_陶赖昭_11_团山_99_王岗_6_哈尔滨西_7_哈尔滨

山海关至长春间里程：143 + 30 + 11 + 64 + 42 + 93 + 22 + 9 + 3 + 101 + 84 + 115 + = 717（km）

山海关至哈尔滨间里程：143 + 30 + 11 + 64 + 42 + 93 + 22 + 9 + 3 + 101 + 84 + 115 + 123 + 11 + 99 + 6 + 7 = 963（km）

长春至哈尔滨间里程：123 + 11 + 99 + 6 + 7 = 246（km）

德州至长春间里程：540 + 717 = 1257（km）

德州至哈尔滨间里程：540 + 963 = 1503（km）

二、处理过程

1. 按分票种计算

处理事由：越站、变座、补卧

越站：长春—哈尔滨　246 km

新空调硬座票价：24.5元

快速加快票价：10.0元

空调票价：6.0元

变座、补卧：

德州—长春　1257 km

新空调硬座票价：96.5元

半价新空调硬座票价：96.5×50%＝48.25≈48.5（元）

快速加快票价：36.0元

半价快速加快票价：36.0×50%＝18.0（元）

空调票价：24.0元

半价空调票价：24.0×50%＝12.0元

小计：48.5＋18.0＋12.0＝78.5（元）

全半价票价差：（96.5＋36.0＋24.0）－78.5＝78.0（元）

德州—哈尔滨　1503 km

新空调软座票价：218.5元

新空调硬座票价：111.5元

软、硬座票价差：218.5－111.5＝107.0（元）

新空调软卧上铺票价：222.0元

手续费：5.0元

合计：　40.5＋78.0＋107.0＋222.0＋5.0＝452.5（元）

除列车移动补票机故障外，不得手工填发代用票，见票例1-44。

2. 按联合票计算

处理事由：越站、变座、补卧

越站：长春—哈尔滨　246 km

新空调硬座客快速票价：40.5元

变座、补卧：

德州—长春　1257 km

新空调硬座客快速票价：156.5元

半价新空调硬座客快速票价：156.5×50%＝78.5（元）

全半价票价差：156.5－78.5＝78.0（元）

德州—哈尔滨　1503 km

新空调软座客快速票价：287.5元

新空调硬座客快速票价：180.5元

软、硬座票价差：287.5－180.5＝107.0（元）

新空调软座客快速卧下铺票价：497.5 元

新空调软座客快速票价：287.5 元

差额：509.5 – 287.5 = 222.0（元）

手续费：5.0 元

合计：40.5 + 78.0 + 107.0 + 222.0 + 5.0 = 452.5（元）

除列车移动补票机故障外，不得手工填发代用票，见票例 1-45。

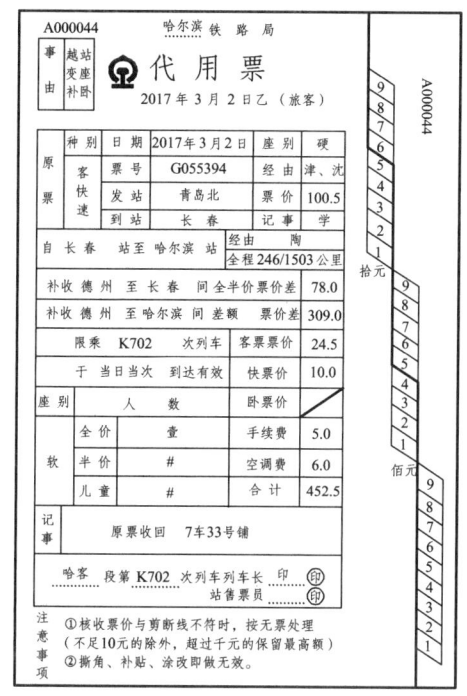 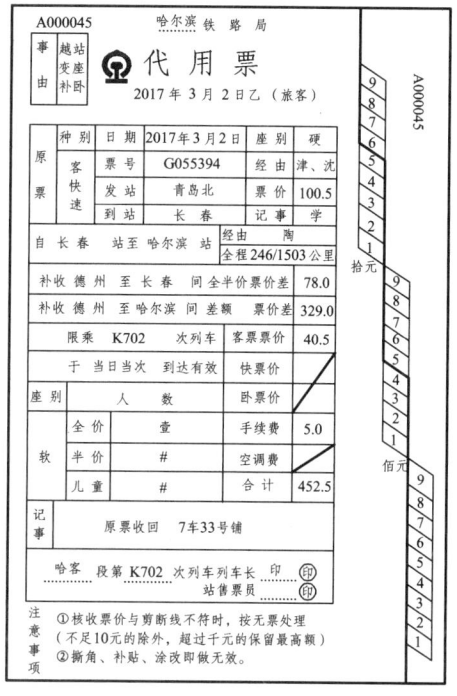

票例 1-44　　　　　　　　　　票例 1-45

三、残疾军人持硬座车票要求越站的同时办理软卧

2017 年 3 月 9 日，K549 次列车（新空调快速，大连—齐齐哈尔，经由沈大线、京哈线、平齐线，沈阳铁路局长春客运段担当乘务工作），金州站到站前，旅客汪××持大连站至瓦房店站的残疾军人票要求乘车到齐齐哈尔站并办理软卧，票号 K032856（见车票票样 1-24），持中华人民共和国残疾军人证，列车有剩余卧铺 8 车 17 号铺，问列车如何办理？

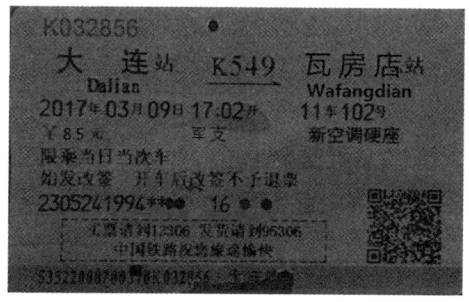

车票票样 1-24

解：

一、查找里程

（一）通过《铁路客运运价里程表》计算瓦房店至齐齐哈尔间里程、金州至齐齐哈尔间里程。

1. 通过《铁路客运运价里程表》中"线名音序索引表"第 40 页查找"沈大线"在"里程表"第 184 页，在第 184 查出瓦房店至沈阳北间里程 295 km；金州至沈阳北间里程 367 km。

2. 通过《铁路客运运价里程表》中"线名音序索引表"第 39 页查找"京哈线"在"里程表"第 166 页，在第 167 页计算出沈阳北至四平间里程 185 km。

3. 通过《铁路客运运价里程表》中"线名音序索引表"第 40 页查找"平齐线"在"里程表"第 225 页，在第 225 页查出四平至齐齐哈尔间里程 571 km。

瓦房店至齐齐哈尔间里程：295 + 185 + 571 = 1051（km）

金州至齐齐哈尔间里程：367 + 185 + 571 = 1123（km）

（二）通过《东北客运运价里程接算站示意图》（图 1-36），计算大连至齐齐哈尔、金州至齐齐哈尔间里程。

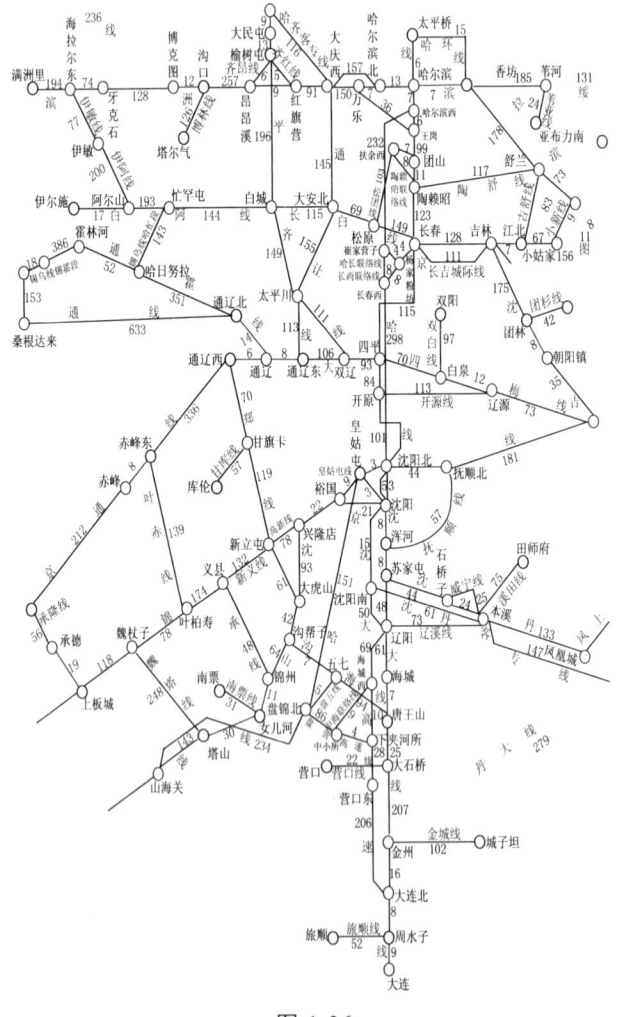

图 1-36

金州 __207__ 大石桥 __25__ 唐王山 __7__ 海城 __61__ 辽阳 __48__ 苏家屯 __8__ 浑河 __8__ 沈阳 __3__ 沈阳北 __101__ 开原 __84__ 四平 __93__ 双辽 __111__ 太平川 __149__ 白城 __196__ 榆树屯 __13__ 大民屯 __9__ 齐齐哈尔

大石桥至齐齐哈尔间里程：25 + 7 + 61 + 48 + 8 + 8 + 3 + 101 + 84 + 93 + 111 + 149 + 196 + 13 + 9 = 916（km）

金州至齐齐哈尔间里程：207 + 25 + 7 + 61 + 48 + 8 + 8 + 3 + 101 + 84 + 93 + 111 + 149 + 196 + 13 + 9 = 1123（km）

通过《铁路客运运价里程表》中"线名音序索引表"第40页查找"沈大线"在"里程表"第184页，在第184页查出瓦房店至大石桥间里程135 km。

瓦房店至齐齐哈尔间里程：916 + 135 = 1051（km）

二、处理过程

1. 按分票种计算

处理事由：越站、变座、补卧

越站：瓦房店—齐齐哈尔　1051 km

半价新空调硬座票价：81.5 × 50% = 40.75 ≈ 41.0（元）

半价快速加快票价：34.0 × 50% = 17.0（元）

半价空调票价：20.0 × 50% = 10.0（元）

变座、补卧：

变座：

金州—齐齐哈尔　1123 km

半价新空调软座票价：169.5 × 50% = 84.75 ≈ 85.0（元）

半价新空调硬座票价：86.5 × 50% = 43.25 ≈ 43.5（元）

软、硬座票价差：85.0 - 43.5 = 41.5（元）

补卧：

软卧下铺票价：174.0 × 50% = 87.0（元）

手续费：5.0元

合计：41.0 + 17.0 + 10.0 + 41.5 + 87.0 + 5.0 = 201.5（元）

除列车移动补票机故障外，不得手工填发代用票，见票例1-46。

2. 按联合票计算

处理事由：越站、变座、补卧

越站：瓦房店—齐齐哈尔　1051 km

新空调硬座客快速票价：135.5 × 50% = 67.75 ≈ 68.0（元）

变座、补卧：

变座：

金州—齐齐哈尔　1123 km

半价新空调软座客快速票价：224.5 × 50% = 112.25 ≈ 112.5（元）

半价新空调硬座客快速票价：141.5 × 50% = 70.75 ≈ 71.0（元）

软、硬座票价差：112.5 - 71.0 = 41.5（元）

补卧：

半价新空调软座客快速卧下铺票价：398.5 × 50% = 199.25 ≈ 199.5（元）

半价新空调软座客快速票价：224.5 × 50% = 112.25 ≈ 112.5（元）

差额：199.5 - 112.5 = 87.0（元）

手续费：5.0 元

合计：68.0 + 41.5 + 87.0 + 5.0 = 201.5（元）

除列车移动补票机故障外，不得手工填发代用票，见票例 1-47。

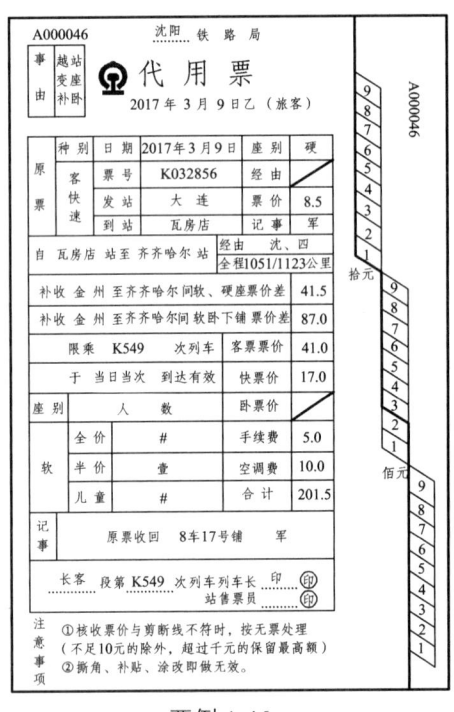

票例 1-46 票例 1-47

【注解】

1. 越站是旅客由于旅行计划的变更，要求超过原票到站到新的到站叫越站，如果超过原票到站提出的按无票处理。

2. 硬卧票价按联合票价计算时，用客快卧联合票价减去客快联合票价。

3. 填写代用票时，乘车区间栏填写越站区间；事由栏填记"越站、变座、补卧"；记事栏内注明"原票收回、车厢号和铺位号"。

4. 旅客持用硬座车票，要求变更软卧时，首先补收变更区间的软座与硬座票价差额，再核收软卧票价和手续费。

5. 学生持有效学生证时，只享受硬座车票票价的 50%，软卧票按全价计算，学生票要求越站超过减价优待证记载的区间乘车时，超过部分补收全价，核收手续费。

6. 残疾军人持有效残疾军人证时，所有车票按全价的 50% 计算。

【任务八】变　铺

相关理论知识

1. 《铁路旅客运输规程》第三十五条规定，旅客办理中转签证或在列车上办理补签、变更席（铺）位时，签证或变更后的车次、席（铺）位票价高于原票价时，核收票价差额；签证或变更后的车次、席（铺）位票价低于原票价时，票价差额部分不予退还。

2. 《铁路旅客运输办理细则》第三十二条规定，旅客在列车上要求办理变更座位、铺位时，在列车有能力的情况下应当予以办理。需补收差价时，发售一张补价票，随同原票使用有效。

3. 《关于客运运价里程计算接算点等有关问题的通知》铁运电[2004]64号文件规定：

（1）旅客列车运行跨及两线时，列车不经由连接两线接算站的，该列车旅客票价和行李的运价里程，在两线连接点车站接算。包裹的运价里程和发售通票时尚未确定车次的区段旅客票价、行李运价里程应按接算站接算。

（2）旅客列车折返（含环线）运行，折返运行区段不是折返区间（即接算站示意图上标示为红线）的，通过旅客的票价和行李运价里程不包括折返里程。

任务与指导

一、旅客持硬卧要求办理软卧

2016年6月13日，2126次列车（新空调普快，齐齐哈尔—丹东，海伦至沈阳北间停车站：海伦、呼兰、哈尔滨、扶余、德惠、长春、铁岭、沈阳北，哈尔滨铁路局齐齐哈尔站担当乘务工作），绥化站开车后，旅客刘××持海伦站至沈阳北站的新空调硬卧中铺车票要求办理软卧，票号F019430（见车票票样1-25），通过站车无线交互系统查出列车有剩余卧铺10车7号铺，问列车如何办理？

车票票样1-25

解：

一、查找里程

（一）通过《铁路客运运价里程表》计算绥化至沈阳北间里程。

1. 通过《铁路客运运价里程表》中"站名首字音序索引表"查找"绥化"在第22页，在第22页查找"绥化"首字"绥"字拼音"Sui"第一个字母"S"，再找到"绥"字，"绥"字在"站名索引表"第67页，在第67页找到"绥化"在"里程表"第216、218页，最后在第216页查出绥化至哈尔滨间里程125 km。

2. 通过《铁路客运运价里程表》中"线名音序索引表"第39页查出"京哈线"在"里程表"第166页，在第167页查出哈尔滨至沈阳北间里程是546（km）。

绥化至沈阳北间里程：125 + 546 = 671（km）

（二）通过《东北客运运价里程接算站示意图》（图1-37），计算绥化至沈阳北间里程。

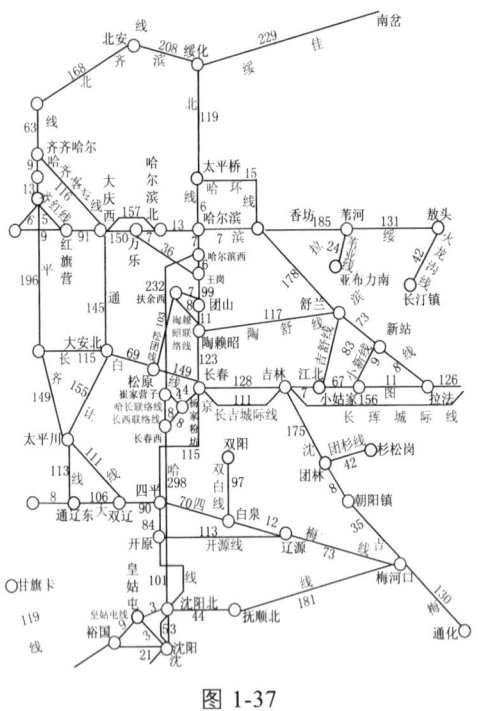

图1-37

绥化_119_太平桥_6_哈尔滨_7_哈尔滨西_6_王岗_99_团山_11_陶赖昭_123_长春_115_四平_84_开原_101_沈阳北

绥化至沈阳北间里程：119 + 6 + 7 + 6 + 99 + 11 + 123 + 115 + 84 + 101 = 671（km）

二、处理过程

方法一：

处理事由：变铺

原票：海伦—沈阳北　773 km

新空调硬座普快卧中铺票价：172.0元

变铺：绥化—沈阳北　671 km

新空调软座票价：110.0 元

新空调硬座票价：57.0 元

软、硬座票价差：110.0 – 57.0 = 53.0（元）

新空调软卧下铺票价：117.0 元

新空调硬卧中铺票价：75.0 元

软、硬卧票价差：117.0 – 75.0 = 42.0（元）

手续费：2.0 元

合计： 53.0 + 42.0 + 2.0 = 97.0（元）

除列车移动补票机故障外，不得手工填发代用票，见票例 1-48。

方法二：

处理事由：变铺

原票：海伦—沈阳北　773 km

新空调硬座普快卧中铺票价：172.0 元

变铺：绥化—沈阳北　671 km

新空调软座客快卧下铺票价：252.0 元

新空调硬座客快卧中铺票价：157.0 元

差额：252.0 – 157.0 = 95.0（元）

手续费：2.0 元

合计： 95.0 + 2.0 = 97.0（元）

除列车移动补票机故障外，不得手工填发代用票，见票例 1-49。

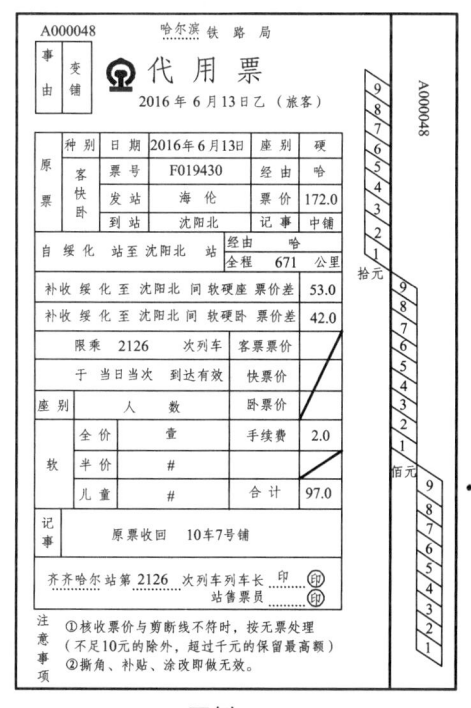

票例 1-48

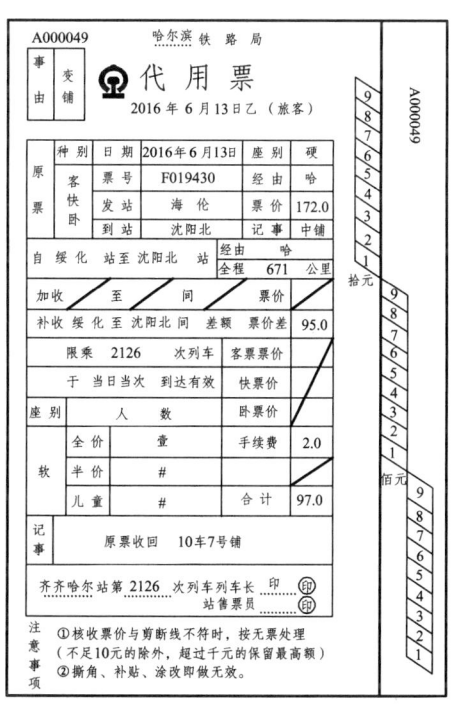

票例 1-49

二、旅客持硬卧上铺要求办理硬卧下铺

2017年3月8日，T367次列车（新空调特快，广州—大连，经由京广线、津霸线、津山线、沈山线、沈大线，沈阳铁路局大连客运段担当乘务工作），天津站开车后，旅客黄××持天津站至瓦房店站的新空调硬卧上铺，因为身体不舒服要求办理硬卧下铺，票号W016667（见车票票样1-26），列车有能力安排YW10车6号下铺，问如何办理？

车票票样1-26

解：

一、查找里程

（一）通过《铁路客运运价里程表》计算天津至瓦房店间里程。

1. 通过《铁路客运运价里程表》中"线名音序索引表"第39页查找"津山线"在"里程表"第169页，在第169页查出天津至山海关间里程296 km。

2. 通过《铁路客运运价里程表》中"线名音序索引表"第40页查找"沈山线"在"里程表"第170页，在第170页查出山海关至沟帮子间里程248 km。

3. 通过《铁路客运运价里程表》中"线名音序索引表"第38页查找"沟海线"在"里程表"第179页，在第179页查出沟帮子至唐王山间里程101 km。

4. 通过《铁路客运运价里程表》中"线名音序索引表"第40页查找"沈大线"在"里程表"第184页，在第184页计算出唐王山至瓦房店间里程160 km。

天津至瓦房店间里程：296 + 248 + 101 + 160 = 805（km）

（二）通过《客运运价里程接算站示意图》计算天津至大石桥间里程。

1. 通过《北南方客运运价里程接算站示意图》（图1-38），计算天津至山海关间里程。

天津_40_塘沽_83_唐山_8_杨家口_22_狼窝铺_127_秦皇岛_16_山海关

天津至山海关间里程：40 + 83 + 8 + 22 + 127 + 16 = 296（km）

2. 通过《东北客运运价里程接算站示意图》（图1-39），计算山海关至大石桥间里程。

山海关_143_塔山_30_女儿河_11_锦州_64_沟帮子_7_五七_94_唐王山_25_大石桥

山海关至大石桥间里程：143 + 30 + 11 + 64 + 7 + 94 + 25 = 374（km）

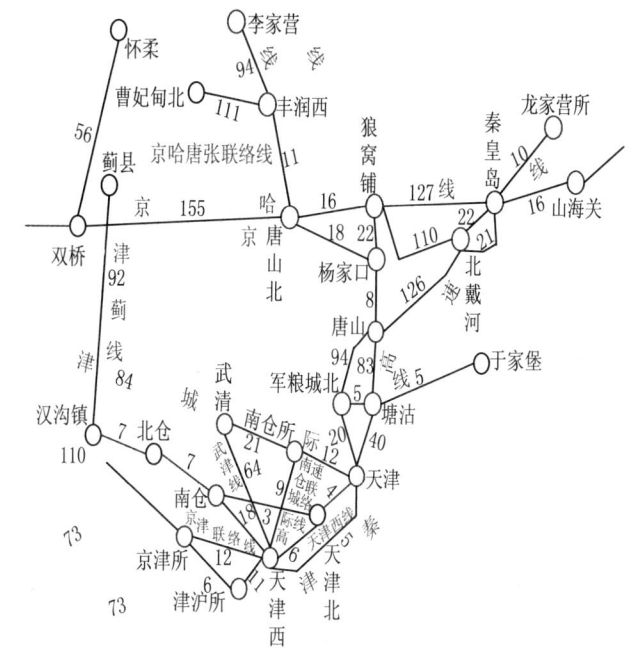

图 1-38

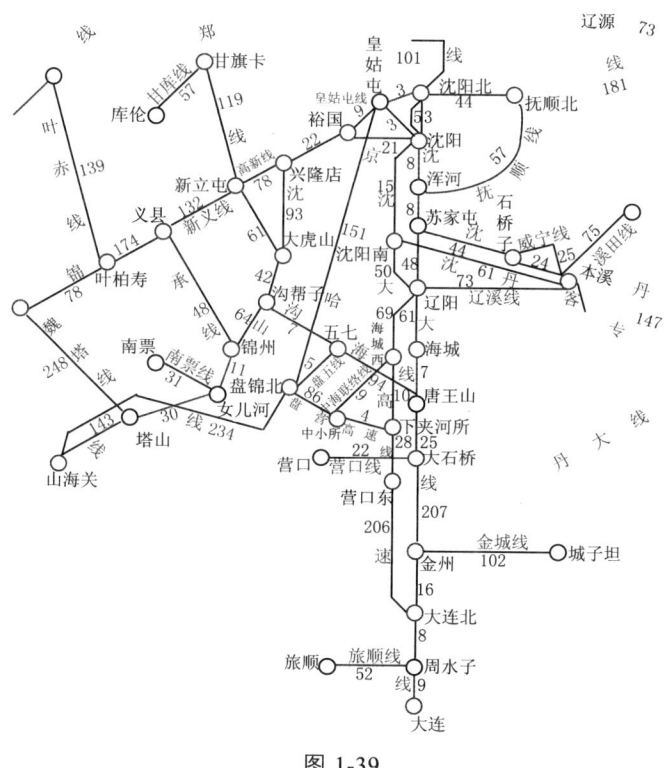

图 1-39

3. 通过《铁路客运运价里程表》中"站名首字音序索引表"第 23 页查找"瓦房店"首字"瓦"字拼音"Wa"第一个字母"W",再找到"瓦"字,"瓦"字在"站名索引表"第 72

页,在第 72 页找到"瓦房店"在"里程表"第 184 页,在第 184 页计算出大石桥至瓦房店间里程 135 km。

天津至瓦房店间里程:296 + 374 + 135 = 805(km)

二、处理过程

处理事由:变铺

原票:天津—瓦房店　805 km

新空调硬座快速卧上铺票价:184.0 元

变铺:天津—瓦房店　805 km

新空调硬座快速卧下铺票价:196.0 元

新空调硬座快速卧上铺票价:184.0 元

差额:196.0 – 184.0 = 12.0(元)

手续费:2.0 元

合计:12.0 + 2.0 = 14.0(元)

除列车移动补票机故障外,不得手工填发代用票,见票例 1-50。

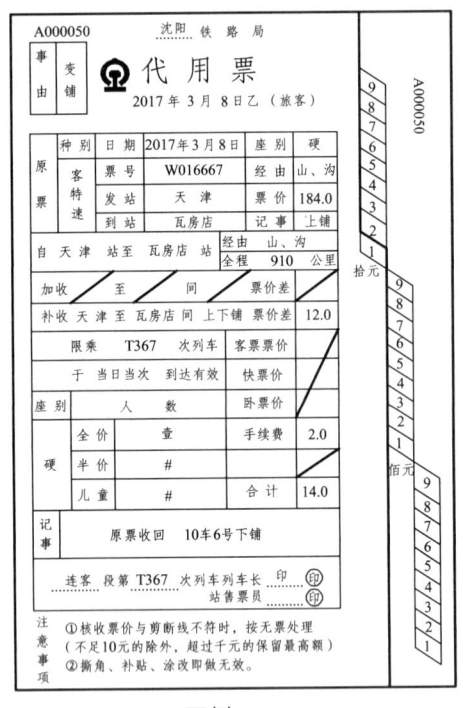

票例 1-50

三、旅客持硬席乘车证要求乘坐软卧

2017 年 4 月 12 日,K577 次列车(新空调快速,长沙—成都东,经由株洲、沪昆线、渝怀线,广铁集团广州客运段担当乘务工作),株洲站开车后,长沙房产段的工程师李××持长沙至重庆北的硬席临时定期乘车证要求办理软卧,票号公 YLd490008(见乘车证票样 1-2),通过站车无线交互系统查出列车有剩余卧铺 8 车 7 号铺,问列车如何办理?

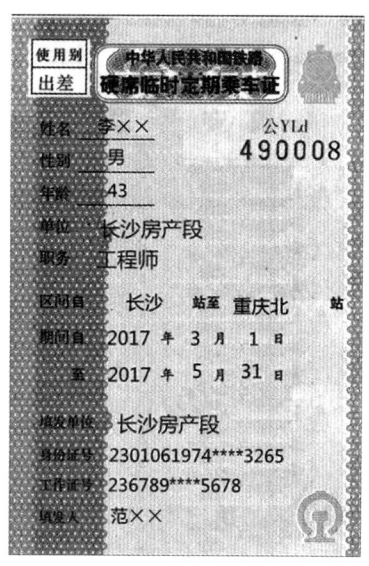

乘车证票样 1-2

一、查找里程

（一）通过《铁路客运运价里程表》计算株洲至重庆北间里程。

1. 通过《铁路客运运价里程表》中"线名音序索引表"第 39 页查找"沪昆线"在"里程表"第 21 页，在第 23 页计算出株洲至怀化间里程 **440 km**。

2. 通过《铁路客运运价里程表》中"线名音序索引表"第 41 页查找"渝怀线"在"里程表"第 130-3 页，在第 130-3 页查出怀化至重庆北间里程 **602 km**。

株洲至重庆北间里程：440 + 602 = 1042（km）

（二）通过《北南方客运运价里程接算站示意图》（图 1-40），计算株洲至重庆北间里程。

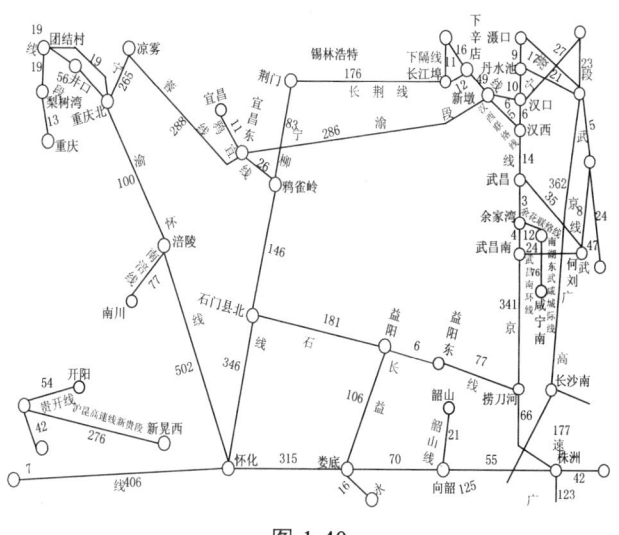

图 1-40

<u>株洲</u> 55 <u>向韶</u> 70 <u>娄底</u> 315 <u>怀化</u> 502 <u>涪陵</u> 100 <u>重庆北</u>

株洲至重庆北间里程：55 + 70 + 315 + 502 + 100 = 1042（km）

— 101 —

二、处理过程

方法一：

处理事由：变铺

变铺：株洲—重庆北　1042 km

新空调软座票价：158.5 元

新空调硬座票价：81.5 元

软、硬座票价差：158.5 – 81.5 = 77.0（元）

新空调软卧下铺票价：165.0 元

新空调硬卧中铺票价：105.0 元

软、硬卧票价差：165.0 – 105.0 = 60.0（元）

手续费：2.0 元

合计：77.0 + 60.0 + 2.0 = 139.0（元）

除列车移动补票机故障外，不得手工填发代用票，见票例 1-51。

方法二：

处理事由：变铺

株洲—重庆北　1042 km

新空调软座快速卧下铺票价：377.5 元

新空调硬座快速卧中铺票价：240.5 元

软、硬卧票价差额：377.5 – 240.5 = 137.0（元）

手续费：2.0 元

合计：137.0 + 2.0 = 139.0（元）

除列车移动补票机故障外，不得手工填发代用票，见票例 1-52。

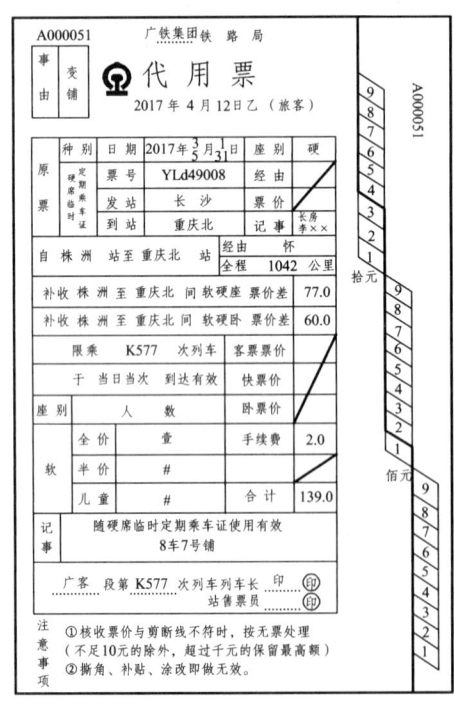

票例 1-51

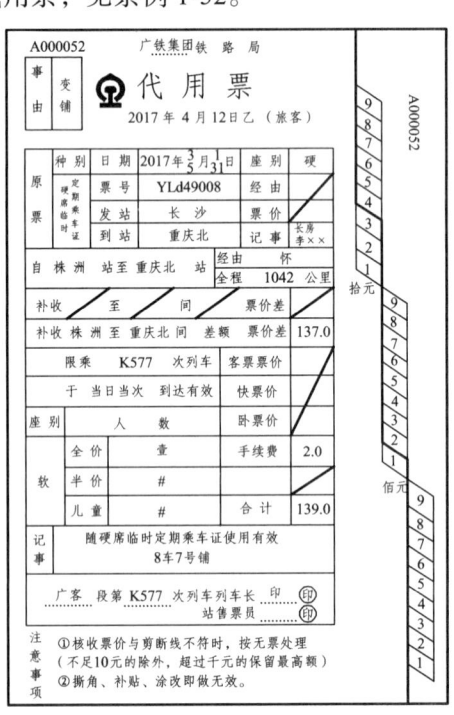

票例 1-52

【注解】

1. 旅客持用硬卧车票要求变更软卧时，首先补收变更区间的软座与硬座票价差额，再核收软硬卧票价差额和手续费，核收手续费2.0元。

2. 持铁路乘车证变更座别、铺别时，比照一般旅客办理，要求乘坐软卧时，乘车证按硬卧中铺（如已签证按实际铺位办理），核收手续费2.0元。

3. 持铁路乘车证要求乘坐软卧填写代用票时，原票转记，不收回，事由栏填记"变铺"；记事栏内注明"随乘车证使用有效　车厢号和铺位号"。

【任务九】分乘、越站、补卧

相关理论知识

1. 《铁路旅客运输规程》第三十九条规定，两名以上旅客共持一张代用票要求办理分票手续时，站、车应予以办理。办理时按分票的张数核收手续费。

2. 《铁路旅客运输规程》第三十五条规定，二人以上旅客使用一张代用票，要求分开乘车时，应收回原票，换发代用票。分乘与旅行变更同时发生时，按变更人数核收一次手续费。

3. 《铁路旅客运输规程》第二十一条规定，中国人民解放军和中国人民武装警察部队因伤致残的军人凭"中华人民共和国残疾军人证"、因公致残的人民警察凭"中华人民共和国伤残人民警察证"购买优待票（以下简称残疾军人票）。

4. 《铁路旅客运输规程》第三十五条规定，旅客办理中转签证或在列车上办理补签、变更席（铺）位时，签证或变更后的车次、席（铺）位票价高于原票价时，核收票价差额；签证或变更后的车次、席（铺）位票价低于原票价时，票价差额部分不予退还。

5. 《铁路旅客运输规程》第三十八条规定，旅客在车票到站前要求越过到站继续乘车时，在有运输能力的情况下列车应予以办理。核收越站区间的票价和手续费。

任务与指导

一、两名旅客持一张代用票要求分开乘车的处理

2017年4月7日，K78次列车（新空调快速，长春—宁波，经由沈吉线、京哈线、津山线、沈吉线，沈阳铁路局吉林客运段担当乘务工作），梅河口站开车后，旅客刘××、王××共持一张吉林站至沈阳站的代用票，票号A000126（见车票票样1-27），其中刘××在磐石站下车，王××继续乘车至到站，问列车如何处理？

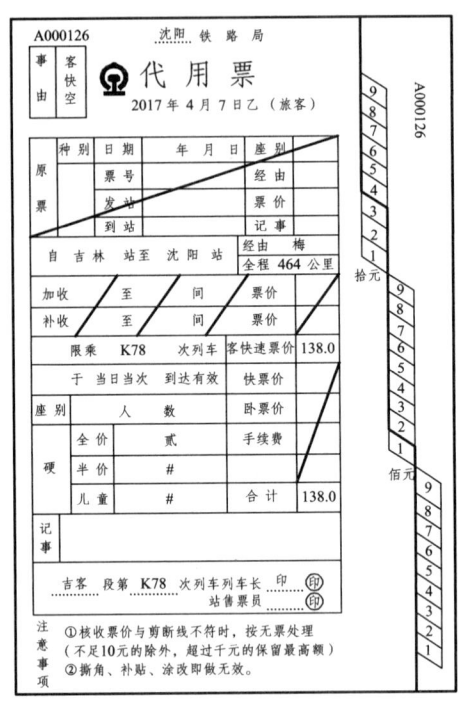

车票票样 1-27

解：

一、查找里程

（一）通过《铁路客运运价里程表》计算吉林至沈阳间里程

1. 通过《铁路客运运价里程表》中"线名音序索引表"第 40 页查到"沈吉线"在"里程表"第 194 页，在第 194 页查到吉林至抚顺城（现改为抚顺北）间里程是 399 km。

2. 通过《铁路客运运价里程表》中"线名音序索引表"第 38 页查出"抚顺线"在"里程表"第 186 页，在第 186 页查出抚顺城（现改为抚顺北）至沈阳间里程是 65 km。

吉林至沈阳间里程：399 + 65 = 464（km）

（二）通过《东北客运运价里程接算站示意图》（图 1-41），计算吉林至沈阳间里程。

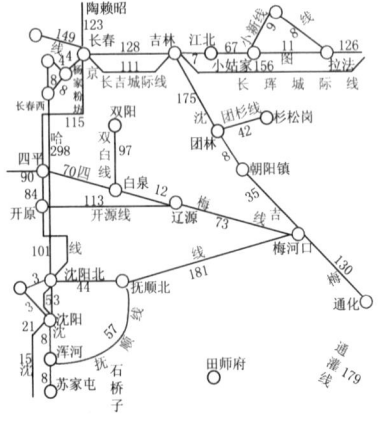

图 1-41

- 104 -

吉林 _175_ 团林 _8_ 朝阳镇 _35_ 梅河口 _181_ 抚顺北 _57_ 浑河 _8_ 沈阳

吉林至沈阳间里程：175 + 8 + 35 + 181 + 57 + 8 = 464（km）

二、处理过程

处理事由：分乘

原票：吉林—沈阳　464 km

新空调硬座快速票价：138.0 元

1. 分乘

填发第一张代用票 A000054，见票例 1-53。

原票照抄，人数栏填写"壹人"，记事栏内注明："原票收回，与代用票 A000055 号分乘，壹人票价 69.0 元，核收手续费 2.0 元"。

2. 填发第二张代用票 A000055，见票例 1-54。

原票栏填写原票的种别、日期、号码，其他划斜线取消，人数栏填写"壹人"，记事栏内注明："原票附在 A000054 报告页上，壹人票价 69.0 元，核收手续费 2.0 元"。

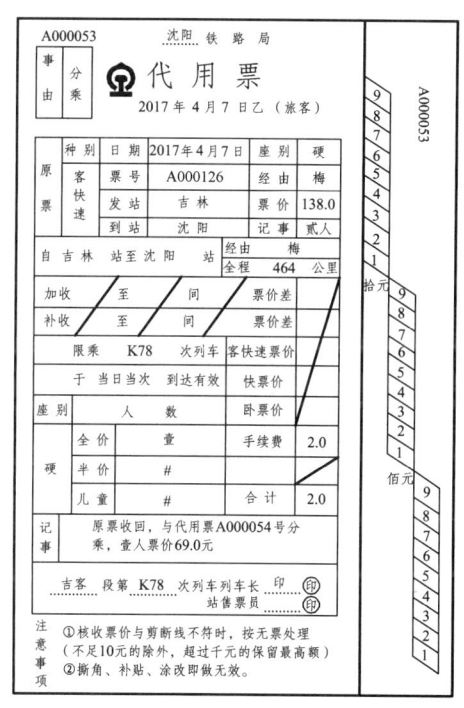

票例 1-53

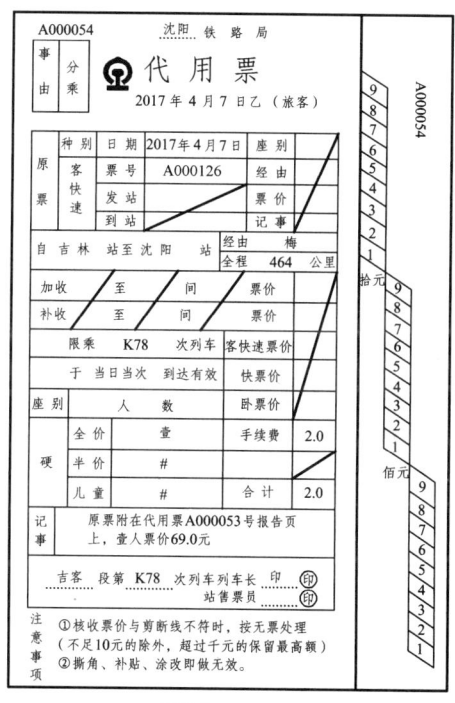

票例 1-54

二、三名旅客要求分开乘车并且要求越站乘车的处理

2017 年 4 月 8 日，4344 次列车（非空调普快，图们—吉林，经由长图线，沈阳铁路局吉林客运段担当乘务工作），敦化站开车后，旅客黄××、李××、王××共持一张图们站至蛟河站的代用票，票号 A000127（见车票票样 1-28），其中一人在蛟河站下车，另两名旅客要求到吉林站下车，问列车如何办理？

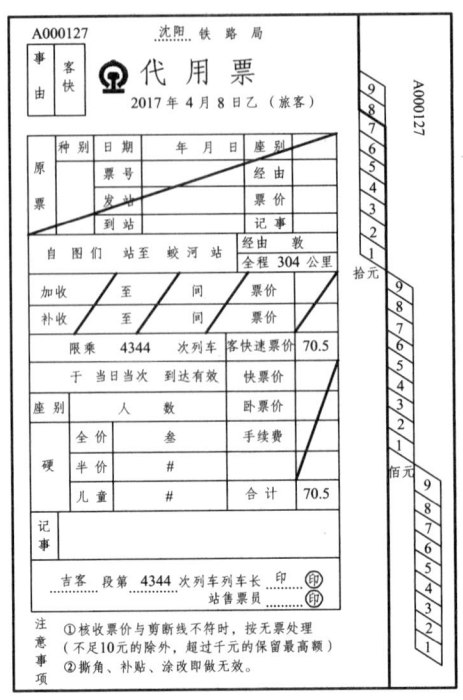

车票票样 1-28

解：

一、查找里程

通过《铁路客运运价里程表》中"站名首字音序索引表"第 21 页查找"蛟河"首字"蛟"字拼音"Jiao"第一个字母"J"，再找到"蛟"字，"蛟"字在"站名索引表"第 34 页，在第 34 页找到"蛟河"在"里程表"第 202 页，在第 202 页查出图们至蛟河间里程 304 km，蛟河至吉林间里程 97 km。

二、处理过程

处理事由：分乘、越站

原票：图们—蛟河　304 km

硬座普快票价：70.5 元

1. 分乘

填发第一张代用票 A000055，见票例 1-55。

事由栏填写"分乘"，原票照抄，人数栏填写"壹人"，记事栏内注明："原票收回，与代用票 A000056 号分乘，壹人票价 23.5 元，核收手续费 2.0 元"。

2. 分乘、越站

填发第二张代用票 A000056，见票例 1-56。

越站：蛟河—吉林　97 km

硬座普快票价：7.5 元

2 人票价：7.5 × 2 = 15.0（元）

手续费：4.0 元

合计：15.0 + 4.0 = 19.0（元）

事由栏填写"分乘、越站",原票栏填写原票的种别、日期、号码,其他划斜线取消,人数栏填写"壹人",记事栏内注明:"原票附在 A000055 报告页上,贰人票价 47.0 元"。

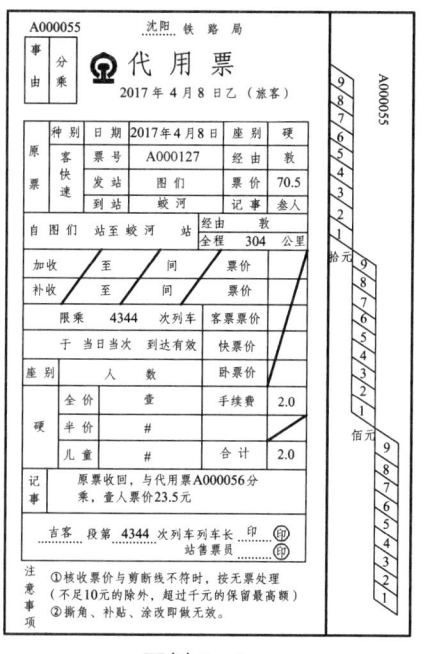

票例 1-55

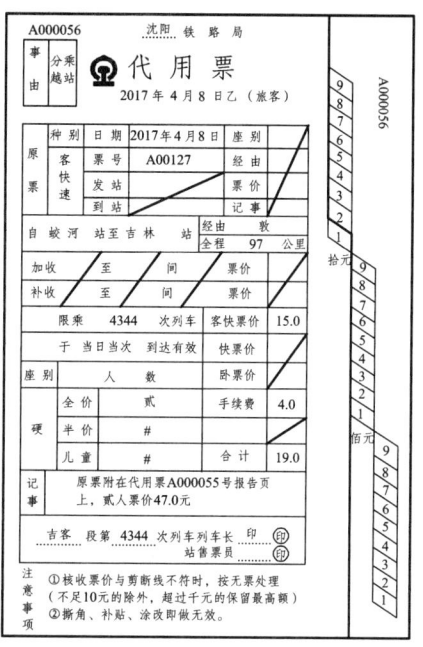

票例 1-56

三、三名旅客持一张代用票要求越站的同时办理卧铺的处理

2017 年 4 月 8 日,4344 次列车(非空调普快,图们—吉林,经由长图线,沈阳铁路局吉林客运段担当乘务工作),敦化开车后,旅客黄××、李××、王××持一张图们站至蛟河站的代用票,票号 A000128,(见车票票样 1-29),其中一人在蛟河站下车,另两名旅客要求到吉林站下车,并且要求补办卧铺,列车有能力安排,7 车 8、9 号下铺,问列车如何办理?

解:

一、查找里程

通过《铁路客运运价里程表》中"站名首字音序索引表"第 21 页查找"蛟河"首字"蛟"字拼音"Jiao"第一个字母"J",再找到"蛟"字,"蛟"字在"站名索引表"第 34 页,在第 34 页找到"蛟河"在"里程表"第 202 页,在第 202 页查出图们至蛟河间里程 304 km;蛟河至吉林间里程 97 km;敦化至吉林间里程 210 km。

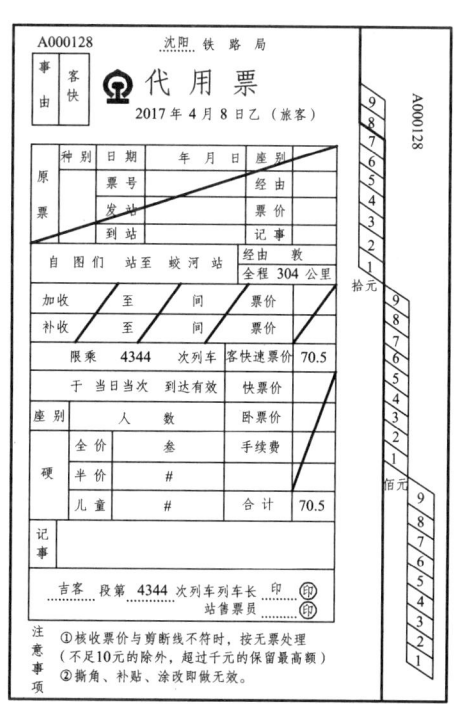

车票票样 1-29

二、处理过程

处理事由：分乘、越站、补卧

原票：图们—蛟河　304 km

硬座普快票价：70.5元

1. 分乘

填发第一张代用票A000057，见票例1-57。

事由栏填写"分乘"，原票照抄，人数栏填写"壹人"，记事栏内注明："原票收回，与代用票A000058号分乘，壹人票价23.5元，核收手续费2.0元"。

2. 分乘、越站、补卧

填发第二张代用票A000058，见票例1-58。

越站：蛟河—吉林　97 km

硬座普快票价：7.5元

2人票价：7.5×2=15.0（元）

敦化—吉林　210 km

硬卧下铺票价：39.0元

2人票价：39.0×2=78.0（元）

手续费：10.0元

合计：15.0+78.0+10.0=103.0（元）

事由栏填写"分乘、越站、补卧"，原票栏填写原票的种别、日期、号码，其他划斜线取消，人数栏填写"壹人"，记事栏内注明："原票附在A000057报告页上，贰人票价47.0元。"

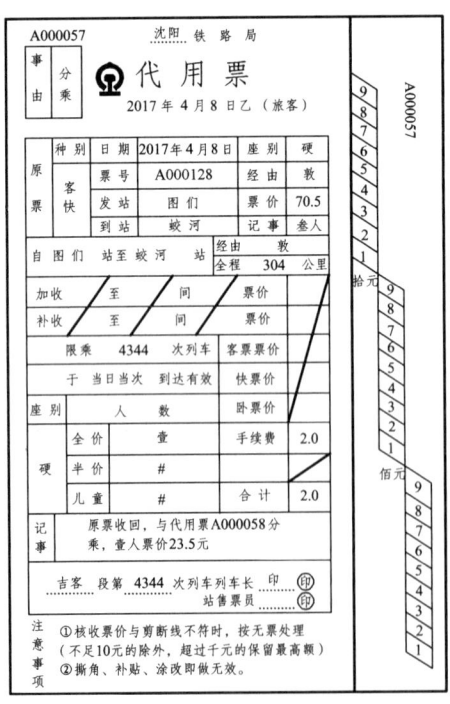

票例1-57

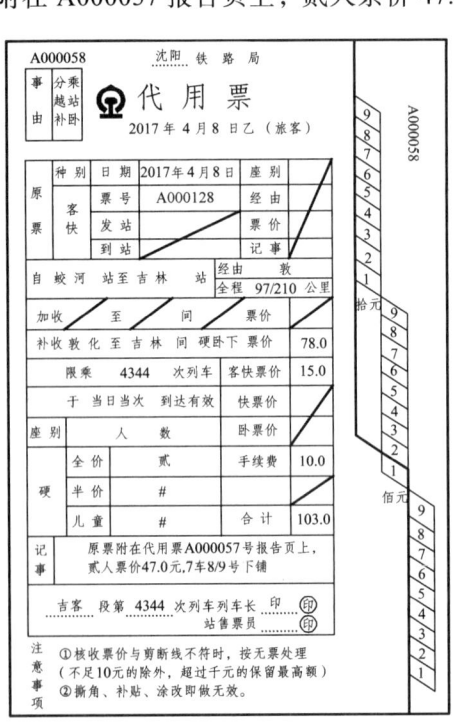

票例1-58

【注解】

1. 两名以上旅客持用一张代用票要求分开乘车时，填发第一张代用票，原票照抄，人数栏填写代用票记载的总人数，用大写填记。记事栏内注明"原票收回，与代用票（也就是分开乘车人员填发的代用票）分乘，票号××××××，×人票价××元"。

2. 填发第二张代用票时，原票栏填写原票种别、日期、票号，其他略；记事栏内注明"原票附在代用票（填写的第一张代用票）上，票号××××××，×人票价××元"

3. 分乘与旅行变更同时发生时，先办理分乘，后办理变更，按变更的人数核收一次手续费。

【任务十】误售、误购

相关理论知识

1. 《铁路旅客运输规程》第四十条规定，发生车票误售、误购时，在发站应换发新票。在中途站、原票到站或列车内应补收票价时，换发代用票，补收票价差额。应退还票价时，站、车应编制客运记录交旅客，作为乘车至正当到站要求退还票价差额的凭证，并应以最方便的列车将旅客运送至正当到站，均不收取手续费或退票费。

2. 《铁路旅客运输规程》第四十一条规定，旅客因误售、误购、误乘或坐过了站需送回时，列车长应编制客运记录交前方停车站。车站应在车票背面注明"误乘"并加盖站名戳，指定最近列车免费返回。

3. 《铁路旅客运输办理细则》第三十六条规定，因站名相似或口音不同发生误售、误购时，站、车均应积极主动处理。应补收时，补收正当到站票价与已收票价的差额，收回原票，换发代用票。应退还时，凭原票和客运记录乘车至到站退款。

4. 《铁路旅客运输办理细则》第三十七条规定，旅客因误售、误购、误乘或坐过了站需送回时，列车长应编制客运记录交前方停车站。车站应在车票背面注明"误乘"并加盖站名戳，指定最近列车免费返回。在免费送回区间，站车均应告之旅客不得自行中途下车。如中途下车，对往返乘车的免费区间，按返程所乘列车等级分别核收往返区间的票价，核收一次手续费。

5. 《铁路旅客运输规程》第三十五条规定，旅客办理中转签证或在列车上办理补签、变更席（铺）位时，签证或变更后的车次、席（铺）位票价高于原票价时，核收票价差额；签证或变更后的车次、席（铺）位票价低于原票价时，票价差额部分不予退还。

6. 《铁路旅客运输办理细则》第三十二条规定，旅客在列车上要求办理变更座位、铺位时，在列车有能力的情况下应当予以办理。需补收差价时，发售一张补价票，随同原票使用有效。

7.《铁路旅客运输规程》第十九条规定,承运人一般不接受儿童单独旅行(乘火车通学的学生和承运人同意在旅途中监护的除外)。随同成人旅行身高 1.2~1.5 m 的儿童,应当购买儿童票。

任务与指导

一、误购车票的处理

1.2017 年 4 月 16 日,K75 次列车(新空调快速,长春至宁波,经长图线、沈吉线、京哈线、津山线、天津西线、京沪线、杭甬线,沈阳铁路局吉林客运段担当乘务工作),天津站开车后,旅客王××持天津站至沧州站的新空调硬座车票声称误购,其实际到站是常州站,票号 U042196(见车票票样 1-30),问列车如何处理?

车票票样 1-30

解:

一、查找里程

通过《铁路客运运价里程表》计算天津至沧州间里程、天津至常州间里程。

1. 通过《铁路客运运价里程表》中"线名音序索引表"第 41 页查出"天津西线"在"里程表"第 5 页,在第 5 页查出天津至天津西间里程 10 km。

2. 通过《铁路客运运价里程表》中"线名音序索引表"第 39 页查出"京沪线"在"里程表"第 1 页,在第 1 页和第 2 页计算出天津西至沧州间里程 116 km,在第 1 页和第 3 页计算出天津西至常州间里程 1150 km。

天津至沧州间里程:10 + 116 = 126(km)

天津至常州间里程:10 + 1150 = 1160(km)

二、处理过程

处理事由:误购

天津—沧州 126 km

新空调硬座客快速票价:19.5 元

天津—常州 1160 km

新空调硬座客快速票价:148.5 元

差额:148.5 - 19.5 = 129.0(元)

不收手续费

合计：129.0 元

列车填发代用票，见票例 1-59。

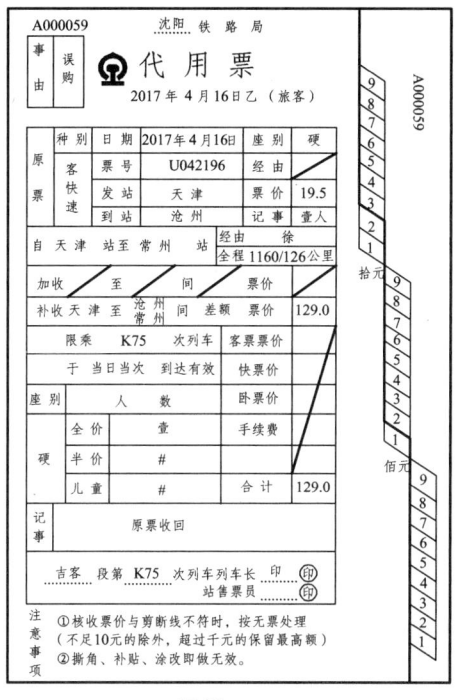

票例 1-59

2. 2017 年 4 月 16 日，1363 次列车（虚拟，非空普快，北京—上海，经京广线、石德线、京沪线，北京铁路局北京客运段），石家庄到站前验票发现旅客王××持北京站至晋州站本次列车车票，声称误购，其实际到站是靖州站，设列车交石家庄站，石家庄站安排旅客乘坐当日 T57 次列车（虚拟，新空，北京—柳州，经京广线、陇海线、焦柳线，北京铁路局北京客运段）送回，站车如何处理？（要求列车编制客运记录，误购车票由车站处理。）

解：

一、查找里程

通过《铁路客运运价里程表》计算北京至晋州间里程、石家庄至靖州间里程、北京至靖州间里程。

1. 通过《铁路客运运价里程表》中"线名音序索引表"第 39 页查出"京广线"在"里程表"第 45 页，在第 46 页查出北京至石家庄间里程 283 km；在第 47 页查出北京至郑州间里程 695 km；在第 47 页查出石家庄至郑州间里程 412 km。

2. 通过《铁路客运运价里程表》中"站名首字音序索引"第 21 页查找"晋州"首字"晋"字拼音"Jin"第一个字母"J"，再找到"晋"字，"晋"字在"站名索引表"第 35 页，在第 35 页查到"晋州"在"里程表"第 54 页，在第 54 页查出石家庄至晋州间里程 50 km。

北京至晋州间里程：$283 + 50 = 333$（km）

3. 通过《铁路客运运价里程表》中"线名音序索引表"第 40 页查出"陇海线"在"里程表"第 95 页，在第 96 页计算出郑州至洛阳东间里程 119 km。

4. 通过《铁路客运运价里程表》中"线名音序索引表"第 39 页查出"焦柳线"在"里程表"第 67 页，在第 67 页和第 71 页计算出洛阳东至靖州间里程 1208 km。

石家庄至靖州间里程：412 + 119 + 1208 = 1739（km）

北京至靖州间里程：695 + 119 + 1208 = 2022（km）

二、处理过程

处理事由：误购

1.1363 次列车的处理：列车编制客运记录将旅客移交石家庄站处理。（略）

2. 石家庄站处理误购

北京—晋州　333 km

硬座客快票价：24.5 元

北京—靖州　2022 km

硬座客快票价：111.0 元

差额：111.0 – 24.5 = 86.5（元）

石家庄—靖州　1739 km

新空调硬座客特快票价：201.0 元

硬座客快票价：98.0 元

差额：201.0 – 98.0 = 103.0（元）

小计：86.5 + 103.0 = 189.5（元）

列车填发代用票，见票例 1-60。

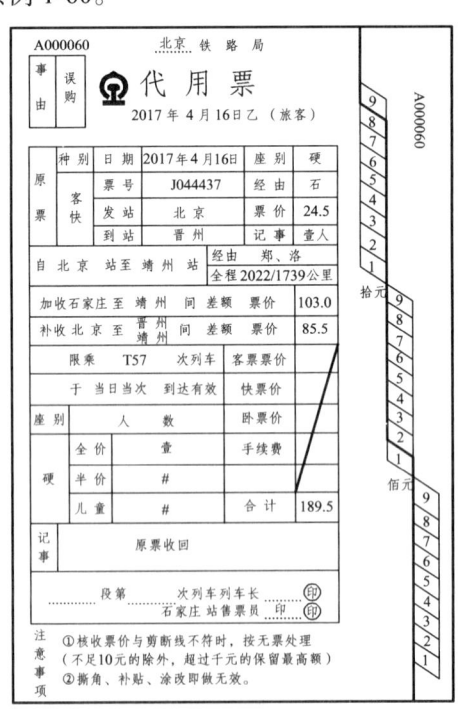

票例 1-60

二、旅客误购车票，携带儿童超高的处理

2017年4月16日，北京至上海列车1363次列车（虚拟，非空调普快，北京—上海，经由京广线、石德线、京沪线，北京铁路局北京客运段），石家庄到站前，验票发现旅客王××持北京站至晋州站本次列车车票，声称误购，其实际到站是靖州站，同时携带一名身高1.2 m儿童无票，列车如何处理？设列车交石家庄站，石家庄站安排旅客乘坐当日新空客特快T57次列车（虚拟，新空调特快，北京—柳州，经京广线、陇海线、焦柳线，北京铁路局北京客运段）送回，车站如何处理？（要求列车编制客运记录，误购车票由车站处理。）

解：

一、查找里程

通过《铁路客运运价里程表》计算北京至晋州间里程、石家庄至靖州间里程、北京至靖州间里程。

1. 在《铁路客运运价里程表》中"站名首字音序索引表"第21页查找"晋州"首字"晋"字拼音"Jin"第一个字母"J"，再查找出"晋"字，"晋"字在"站名索引表"第35页，在第35页查找出"晋州"在"里程表"第54页，在第54页查出石家庄至晋州间里程50 km。

2. 通过《铁路客运运价里程表》中"线名音序索引表"第39页查出"京广线"在"里程表"第45页，在第46页查出北京至石家庄间里程283 km；在第47页查出北京至郑州间里程695 km；在第47页查出石家庄至郑州间里程412 km。

北京至晋州间里程：50 + 283 = 333（km）

3. 通过《铁路客运运价里程表》中"线名音序索引表"第40页查出"陇海线"在"里程表"第95页，在第96页计算出郑州至洛阳东间里程119 km。

4. 通过《铁路客运运价里程表》中"线名音序索引表"第39页查出"焦柳线"在"里程表"第67页，在第67页和第71页计算出洛阳东至靖州间里程1208 km。

石家庄至靖州间里程：412 + 119 + 1208 = 1739（km）

北京至靖州间里程：695 + 119 + 1208 = 2022（km）

二、处理过程

处理事由：误购、超高

1.1363次列车的处理：列车编制客运记录将旅客移交石家庄站处理。（略）

1363次列车补儿童票：

北京—靖州　2022 km

半价硬座普客票价：93.0 × 50% = 46.5（元）

北京—石家庄　283 km

半价硬座普客票价：18.5 × 50% = 9.25 ≈ 9.5（元）

半价硬座客快票价：21.5 × 50% = 10.75 ≈ 11.0（元）

差额：11.0 − 9.5 = 1.5（元）

手续费：2.0元

合计：46.5 + 1.5 + 2.0 = 50.0（元）

列车填发代用票，见票例 1-61。

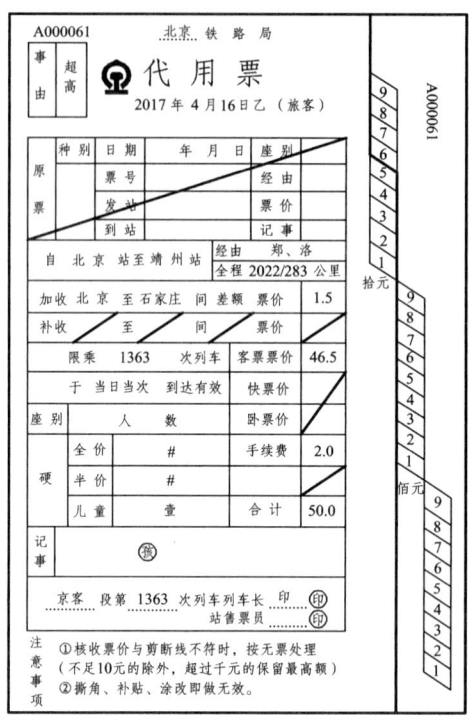

票例 1-61

2. 石家庄站处理误购：

北京—晋州　333 km

硬座客快票价：24.5 元

北京—靖州　2022 km

硬座客快票价：111.0 元

差额：111.0 − 24.5 = 86.5 元

石家庄—靖州　1739 km

新空调硬座客特快票价：201.0 元

硬座客快票价：98.0 元

差额：201.0 − 98.0 = 103.0（元）

小计：86.5 + 103.0 = 189.5（元）

填发代用票，见票例 1-62。

儿童：石家庄—靖州　1739 km

半价硬座普客票价：41.0 元

半价新空调硬座特快票价：201.0 × 50% = 100.5（元）

差额：100.5 − 41.0 = 59.5（元）

不收手续费

列车填发代用票，见票例 1-63。

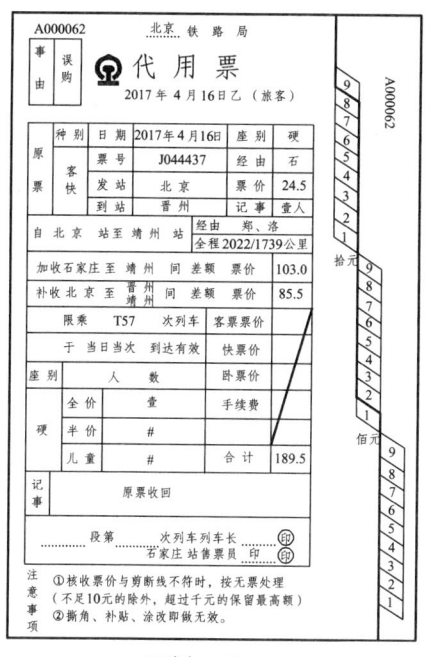
票例 1-62

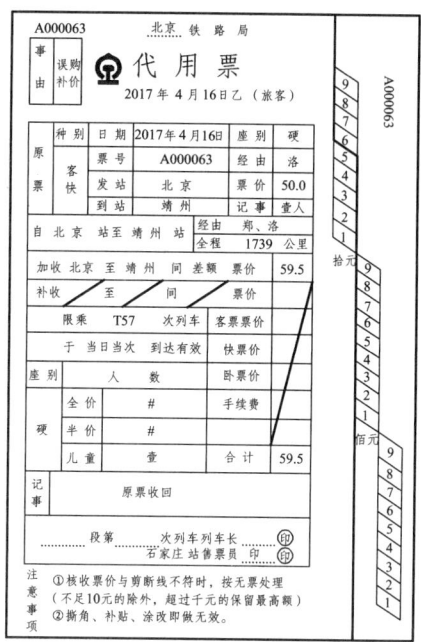
票例 1-63

三、旅客持低等级误购车票乘坐高等级列车，并且要求办理卧铺的处理

2017 年 4 月 16 日，K451 次列车（虚拟，新空调快速，乌鲁木齐—成都，经由兰新线、兰青线、陇海线、宝成线，成都铁路局成都客运段担当乘务工作），列车到达略阳站前在硬座车发现旅客李××持 4 月 17 日嘉峪关至略阳客快车票声称误购车票（非空普快，硬座普快到底，票号 U000213），其实际到站是洛阳，站车如何处理？旅客在略阳站要求乘次日成都至郑州的 K890 次（新空调快速，经由宝成线、陇海线，成都铁路局成都客运段担当乘务工作）硬卧 8 车 19 号下铺去洛阳站，问如何处理？（要求列车编制客运记录，误购车票由车站处理。）

解：

一、查找里程

1. 通过《铁路客运运价里程表》中"线名音序索引表"第 39 页查出"兰新线"在"里程表"第 104 页，在第 105 页查出嘉峪关至兰州间里程 770 km。

2. 通过《铁路客运运价里程表》中"线名音序索引表"第 40 页查出"陇海线"在"里程表"第 95 页，在第 96 页和第 98 页计算出兰州至洛阳间里程 1063 km。

3. 通过《铁路客运运价里程表》中"线名音序索引表"第 38 页查出"宝成线"在"里程表"第 126 页，在第 126 页查出宝鸡至略阳间里程 215 km。

嘉峪关至略阳间里程：770 + 503 + 215 = 1488（km）

嘉峪关至洛阳间里程：770 + 1063 = 1833（km）

略阳至洛阳间里程：560 + 215 = 775（km）

二、处理过程

处理事由：不符、误购、补卧

1. K451 次列车处理：列车长编制客运记录将旅客交略阳站和不符。

嘉峪关—略阳　1488 km

新空调硬座客快速票价：177.5 元
硬座普快票价：86.5 元
差额：177.0 − 86.5 = 91.0（元）
加收 50%票款：91.0 × 50% = 45.5（元）
手续费：2.0 元
合计：91.0 + 45.5 + 2.0 = 138.5（元）
填发代用票，见票例 1-64。

2. 略阳站处理：补收旅客正当到站与原票到站的差额。

原票：嘉峪关—略阳　1488 km
硬座客快票价：86.5 元
误购、补卧：
嘉峪关—洛阳　1833 km
硬座普快票价：100.0 元
嘉峪关—略阳　1488 km
硬座普快票价：86.5 元
差额：100.0 − 86.5 = 13.5（元）
补价：宝鸡—洛阳　560 km
新空调硬座客快速票价：78.0 元
硬座普快票价：38.0 元
差额：78.0 − 38.0 = 40.0（元）
补卧：略阳—洛阳　775 km
新空调硬卧下铺票价：88.0 元
合计：13.5 + 40.0 + 88.0 = 141.5（元）
列车填发代用票，见票例 1-65。

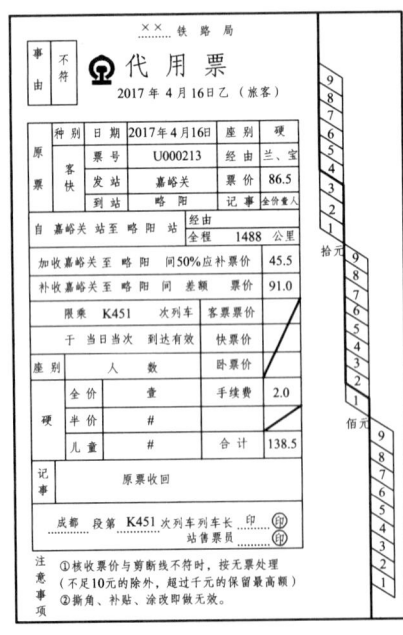

票例 1-64

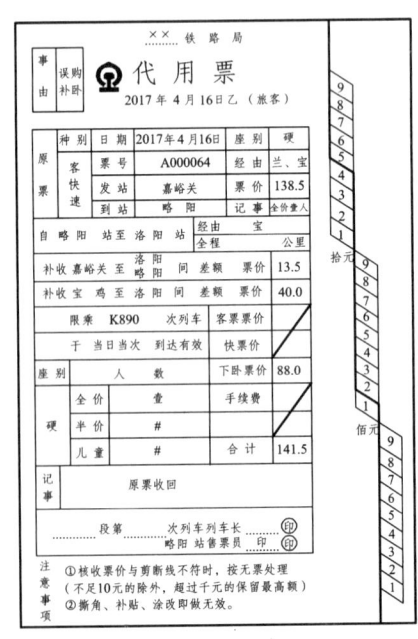

票例 1-65

四、旅客误购车票并越席乘车的处理

2017年4月18日，2487次列车（虚拟，非空调普快，郑州—温州，经京广线、沪昆线、金温线，站顺：郑州、信阳、汉口、株洲、萍乡，郑州铁路局郑州客运段）株洲站开车后验票发现软卧8车3号下铺，旅客王××持当日当次信阳至萍乡硬座车票一张声称误购车票，其实际到站是凭祥，票号Y003216，萍乡站指定K173次列车（虚拟，金华西—凭祥新空调快速，经沪昆，京广，湘桂线）送回，站车如何处理？（要求列车编制客运记录，处理越席，车站处理误购车票。加收票款以本站为准）

解：

一、查找里程

1. 通过《铁路客运运价里程表》中"线名音序索引表"第39页查出"京广线"在"里程表"第45页，在第48页查出信阳至株洲间里程648 km。

2. 通过《铁路客运运价里程表》中"线名音序索引表"第39页查出"沪昆线"在"里程表"第21页，在第23页计算出株洲至萍乡间里程81 km。

信阳至萍乡间里程：648 + 81 = 729（km）

3. 通过《铁路客运运价里程表》中"线名音序索引表"第39页查出"京广线"在"里程表"第45页，在第50页查出株洲至衡阳间里程134 km。

4. 通过《铁路客运运价里程表》中"线名音序索引表"第38页查出"宝成线"在"里程表"第116页，在第116页查出衡阳至凭祥间里程1013 km。

信阳至凭祥间里程：648 + 134 + 1013 = 1795（km）

株洲至凭祥间里程：134 + 1013 = 1147（km）

二、处理过程

（一）2487次列车处理

1. 越席

信阳—株洲　648 km

软座客快卧下票价：155.0元

硬座客快票价：44.0元

差额：155.0 – 44.0 = 111.0（元）

加收：信阳—株洲　648 km

软座客快卧下票价：155.0元

硬座客快票价：44.0元

差额：155.0 – 44.0 = 111.0（元）

加收50%票款：111 × 50% = 55.5（元）

手续费：5.0元

合计：111.0 + 55.5 + 5 = 171.5（元）

列车填发代用票，见票例1-66。

2. 2487次列车编制客运记录交萍乡站。

（二）萍乡站处理误售误购

信阳—萍乡　729 km

硬座客快票价：48.0元

信阳—凭祥　1795 km

硬座客快票价：100.0元

差额：100.0 – 48.0 = 52.0（元）

株洲—凭祥　1147 km

新空调客快速票价：141.5元

硬座客快票价：68.5元

差额：141.5 – 68.5 = 73.0（元）

73.0 + 52.0 = 125.0（元）

萍乡站收回原票，填发代用票，见票例1-67。

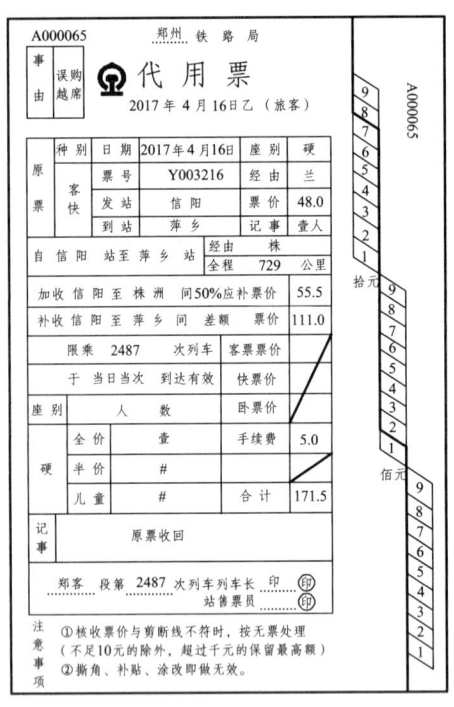

票例 1-66

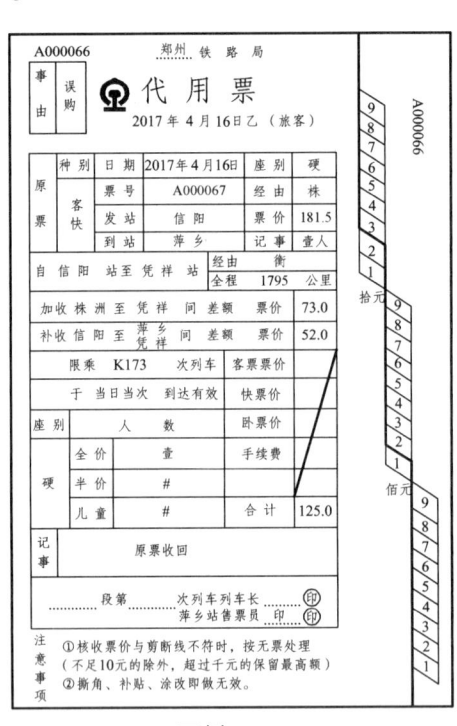

票例 1-67

五、旅客坐过站免费送回区间自行下车的处理

2017年3月4日，旅客张××持德惠站至长春站的新空调硬座车票（见车票票样1-31），长春站开车后该旅客找到列车长声称做过了站，列车长讲该旅客移交到公主岭站，公主岭站将该旅客安排6335次列车（非空调，公主岭—长春，沈阳铁路局长春客运段担当乘务工作）返回，大屯站到站前该旅客找到列车长要求下车，问列车如何处理？

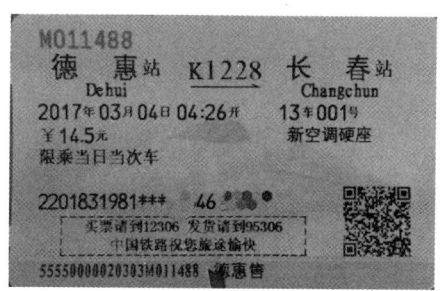

车票票样 1-31

解：

一、查找里程

通过《铁路客运运价里程表》中"线名音序索引表"第 39 页查出"京哈线"在"里程表"第 166 页，在第 167 页和第 168 页计算出长春至公主岭间里程 62 km，公主岭至大屯间里程 42 km。

二、处理过程

处理事由：中途下车

往程：长春—公主岭　　62 km

硬座票价：4.0 元

返程：公主岭—大屯　　42 km

硬座票价：3.0 元

手续费：2.0 元

合计：4.0 + 3.0 + 2.0 = 9.0（元）

列车填发代用票，见票例 1-68。

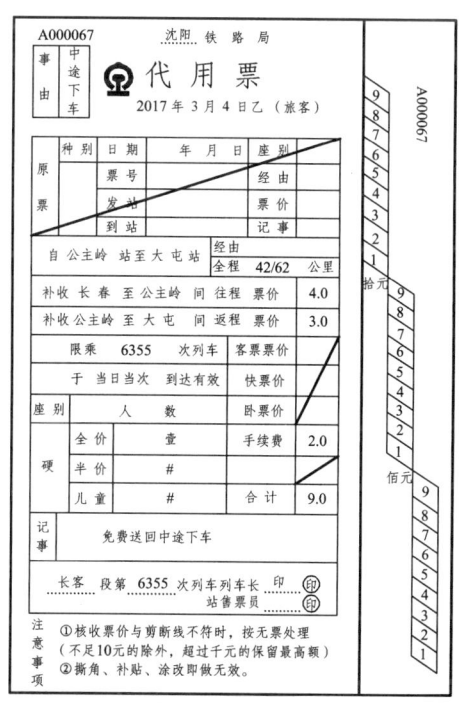

票例 1-68

【注解】

1. 误售、误购车票时均不收取手续费或退票费。

2. 免费送回中途下车时，补收时按返程所乘列车等级分别核收往返免费区间的票价，核收一次手续费。

3. 免费送回中途下车时，填发代用票时，事由栏填记"中途下车"；记事栏内注明"免费送回中途下车"。

【任务十一】减价不符

相关理论知识

《铁路旅客运输规程》第四十四条第5款规定，旅客持学生票、残疾军人票没有规定的减价凭证或不符合减价条件时，按照全价票价补收票价差额，核收手续费以外，铁路运输企业有权对其身份进行登记，并须加收已乘区间应补票价50%的票款。

任务与指导

一、学生持学生票学生证记载的区间不符无已乘区间的处理

2017年3月3日，T183次列车（新空调特快，汉口—哈尔滨西，由沈山线、京哈线，哈尔滨铁路局哈尔滨客运段担当乘务工作），葫芦岛站开车后，一名学生持葫芦岛站至长春站的学生票，票号L011280（见车票票样1-32），经查验学生证记载的区间为葫芦岛至天津，问列车如何办理？

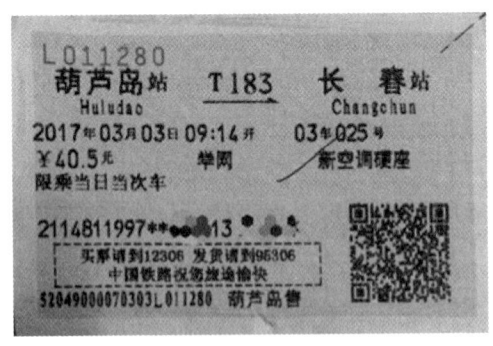

车票票样1-32

解：

一、查找里程

（一）通过《铁路客运运价里程表》计算葫芦岛至长春间里程。

1. 通过《铁路客运运价里程表》中"线名音序索引表"第40页查出"沈山线"在"里

程表"第 170 页，在第 170 页和第 171 页计算出葫芦岛至沈阳西（现改为裕国）间里程是 271 km。

2. 通过《铁路客运运价里程表》中"线名音序索引表"第 39 页查出"皇姑屯线"在"里程表"第 182 页，在第 182 页查出沈阳西（现改为裕国）至皇姑屯间里程是 9 km。

3. 通过《铁路客运运价里程表》中"线名音序索引表" 第 39 页查出"京哈线"在"里程表"第 166 页，在第 167 页和第 168 页计算出皇姑屯至长春间里程是 303 km。

葫芦岛至长春间里程：271 + 9 + 303 = 583（km）

（二）通过《铁路客运运价里程表》和《东北客运运价里程接算站示意图》计算葫芦岛至长春间里程。

1. 通过《铁路客运运价里程表》中"线名音序索引表" 第 40 页查出"沈山线"在"里程表"第 170 页，在第 170 页和第 171 页计算出葫芦岛至沈阳西(现改为裕国)间里程是 271 km。

2. 通过《东北客运运价里程接算站示意图》(图 1-42)，计算沈阳西（现改为裕国）至长春间里程。

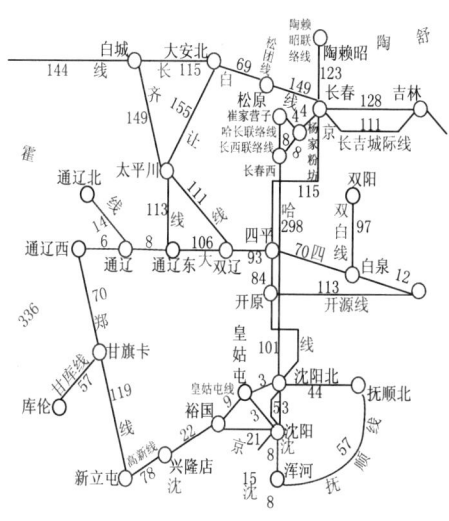

图 1-42

裕国 _9_ 皇姑屯 _3_ 沈阳北 _101_ 开原 _84_ 四平 _115_ 长春

裕国至长春间里程：9 + 3 + 101 + 84 + 115 = 312（km）

葫芦岛至长春间里程：271 + 312 = 583（km）

二、处理过程

处理事由：减价不符

原票：葫芦岛—长春　583 km

半价新空调硬座快速票价：40.5 元

减价不符：

葫芦岛—长春　583 km

全价新空调硬座快速票价：81.0 元

半价新空调硬座快速票价：40.5 元

全、半价票价差：81.0 – 40.5 = 40.5（元）

手续费：2.0 元

合计：40.5 + 2.0 = 42.5（元）

除列车补票机故障外，手工填发代用票，见票例 1-69。

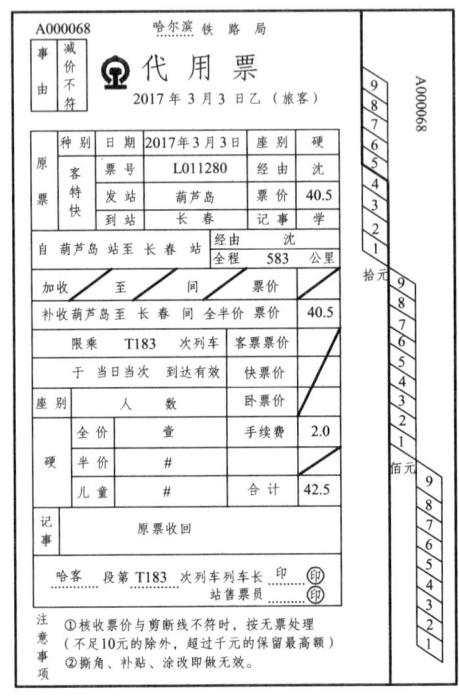

票例 1-69

二、学生持学生票学生证记载的区间不符有已乘区间的处理

2017 年 3 月 3 日，T183 次列车（新空调特快，汉口—哈尔滨西，经由沈山线、京哈线，哈尔滨铁路局哈尔滨客运段担当乘务工作），锦州站到站前，一名学生持葫芦岛站至长春站的车票，票号 L011280（见车票票样 1-33），经查验学生证记载的区间为葫芦岛至天津，问列车如何办理？

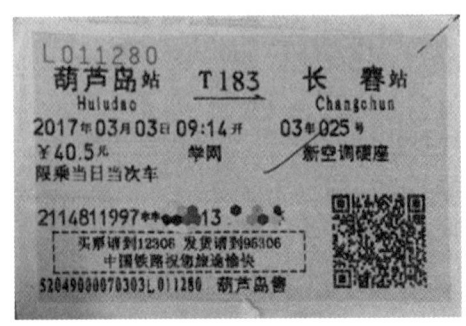

车票票样 1-33

解：

一、查找里程

（一）通过《铁路客运运价里程表》计算葫芦岛至长春间里程。

1. 通过《铁路客运运价里程表》中"线名音序索引表"第40页查出"沈山线"在"里程表"第170页，在第170页和第171页计算出葫芦岛至沈阳西（现改为裕国）间里程是271 km。

2. 通过《铁路客运运价里程表》中"线名音序索引表"第39页查出"皇姑屯线"在"里程表"第182页，在第182页查出沈阳西（现改为裕国）至皇姑屯间里程是9 km。

3. 通过《铁路客运运价里程表》中"线名音序索引表"第39页查出"京哈线"在"里程表"第166页，在第167页和第168页计算出皇姑屯至长春间里程是303 km。

葫芦岛至长春间里程：271 + 9 + 303 = 583（km）

（二）通过《铁路客运运价里程表》和《东北客运运价里程接算站示意图》计算葫芦岛至长春间里程。

1. 通过《铁路客运运价里程表》中"线名音序索引表"第40页查出"沈山线"在"里程表"第170页，在第170页和第171页计算出葫芦岛至沈阳西（现改为裕国）间里程是271 km；在第171页计算出葫芦岛至锦州间里程50 km。

2. 通过《东北客运运价里程接算站示意图》（图1-43），计算裕国至长春间里程。

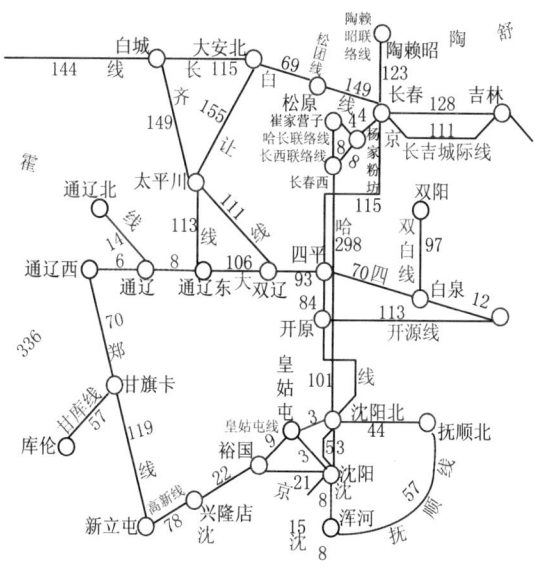

图 1-43

裕国 _9_ 皇姑屯 _3_ 沈阳北 _101_ 开原 _84_ 四平 _115_ 长春

裕国至长春间里程：9 + 3 + 101 + 84 + 115 = 312（km）

葫芦岛至长春间里程：271 + 312 = 583（km）

二、处理过程

处理事由：减价不符

原票：葫芦岛—长春　583 km

半价新空调硬座快速票价：40.5 元

减价不符：

葫芦岛—长春　583 km

全价新空调硬座快速票价：81.0 元

半价新空调硬座快速票价：40.5 元

全、半价票价差：81.0 – 40.5 = 40.5（元）

加收 50% 的票款：葫芦岛—锦州　50 km

全价新空调硬座快速票价：11.0 元

半价新空调硬座快速票价：11.0 × 50% = 5.5（元）

全、半价票价差：11.0 – 5.5 = 5.5（元）

加收 50%：5.5 × 50% = 2.75 ≈ 2.8（元）

手续费：2.0 元

合计：40.5 + 2.8 + 2.0 = 45.3（元）

除列车补票机故障外，手工填发代用票，见票例 1-70。

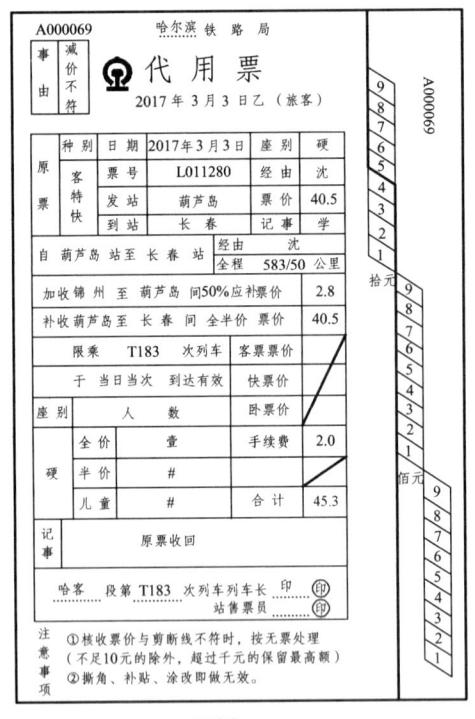

票例 1-70

三、残疾军人持残疾军人票无残疾军人证无已乘区间的处理

2017 年 2 月 27 日，Z113 次列车（新空调直快，海口—哈尔滨，哈尔滨铁路局哈尔滨客运段担当乘务工作），沈阳北站开车后，旅客王××持沈阳北站至长春站的半价新空调硬座车票，票号 C004288（见车票票样 1-34），经查验无残疾军人证，问列车如何办理？

车票票样 1-34

解：

一、查找里程

（一）通过《铁路客运运价里程表》计算沈阳北至长春间里程。

通过《铁路客运运价里程表》中"线名音序索引表"第 39 页查出"京哈线"在"里程表"第 166 页，在第 167 页和第 168 页计算出沈阳北至长春间里程是 300 km。

（二）通过《东北客运运价里程接算站示意图》（图 1-44），计算沈阳北至长春间里程。

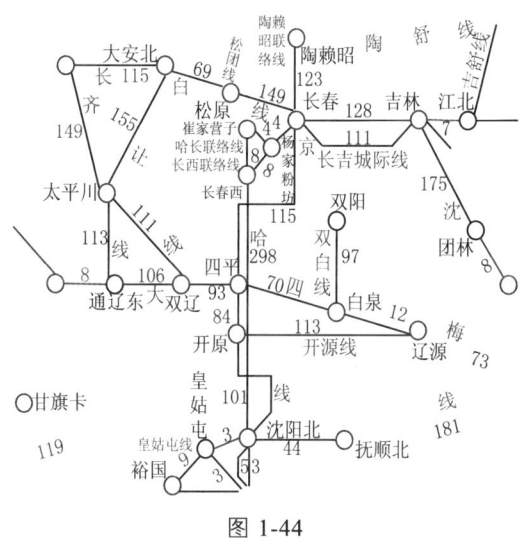

图 1-44

沈阳北 _101_ 开原 _84_ 四平 _115_ 长春

沈阳北至长春间里程：101 + 84 + 115 = 300（km）

二、处理过程

处理事由：减价不符

原票：沈阳北—长春　300 km

半价新空调硬座快速票价：22.0 元

减价不符：

沈阳北—长春　300 km

全价新空调硬座快速票价：43.5 元

半价新空调硬座快速票价：22.0 元

全、半价票价差：43.5 – 22.0 = 21.5（元）

手续费：2.0 元

合计：21.5 + 2.0 = 23.5（元）

除列车补票机故障外，手工填发代用票，见票例 1-71。

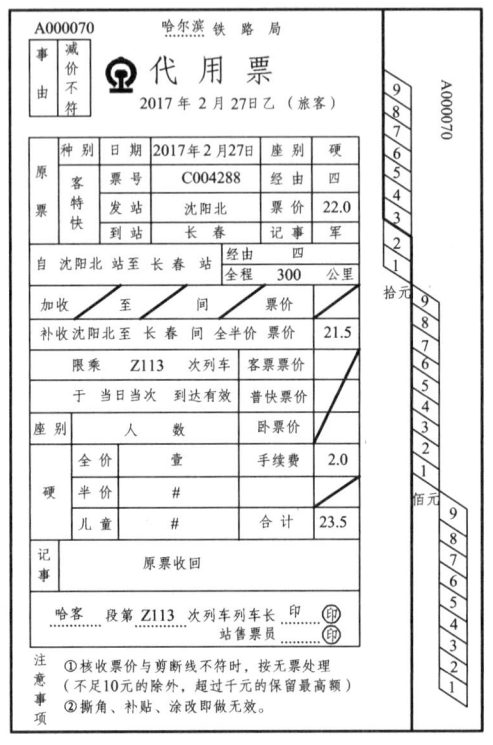

票例 1-71

四、残疾军人持残疾军人票无残疾军人证有已乘区间的处理

2017 年 2 月 27 日，Z113 次列车（新空调直快，海口—哈尔滨，哈尔滨铁路局哈尔滨客运段担当乘务工作），长春站到站前，旅客王××持沈阳北站至长春站的新空调硬座车票，票号 C004288（见车票票样 1-35），经查验无残疾军人证，问列车如何办理？

车票票样 1-35

解：

一、查找里程

（一）通过《铁路客运运价里程表》计算沈阳北至长春间里程。

通过《铁路客运运价里程表》中"线名音序索引表"第39页查出"京哈线"在"里程表"第166页，在第167页和第168页计算出沈阳北至长春间里程是300 km。

（二）通过《东北客运运价里程接算站示意图》（图1-45），计算沈阳北至长春间里程。

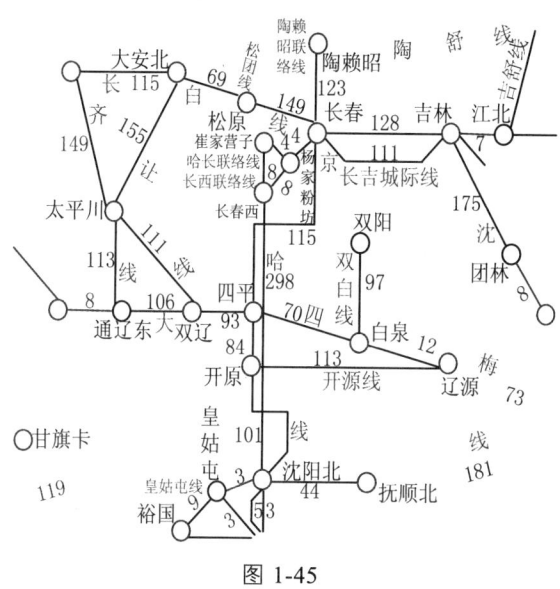

图 1-45

沈阳北 _101_ 开原 _84_ 四平 _115_ 长春

沈阳北至长春间里程：101 + 84 + 115 = 300（km）

二、处理过程

处理事由：减价不符

原票：沈阳北—长春　300 km

半价新空调硬座快速票价：22.0元

减价不符：

沈阳北—长春　300 km

全价新空调硬座快速票价：43.5元

半价新空调硬座快速票价：22.0元

全、半价票价差：43.5 – 22.0 = 21.5（元）

加收50%的票款：21.5 × 50% = 10.75 ≈ 10.8（元）

手续费：2.0元

合计：21.5 + 10.8 + 2.0 = 34.3（元）

除列车补票机故障外，手工填发代用票，见票例1-72。

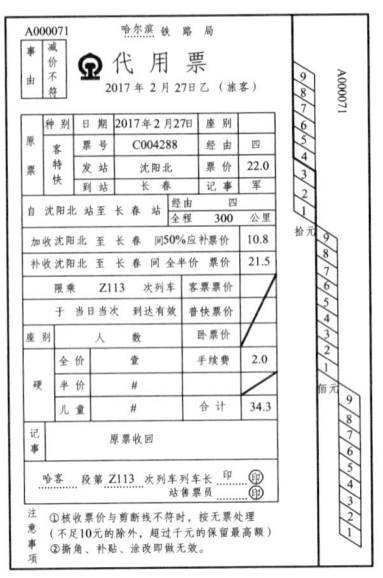

票例 1-72

【注解】

1. 列车刚开车发现（所持车票的发站刚开车）旅客持用半价票没有规定的减价凭证或不符合减价条件时，没有已乘区间，不加收。

2. ××站到站前发现旅客持用半价票没有规定的减价凭证或不符合减价条件时，加收××站至旅客正当到站区间 50% 的票款。

3. 加收票款按杂费计算，四舍五入保留至角。

4. 填发代用票时，事由栏填记"减价不符"；记事栏内注明"原票收回"。

【任务十二】越席、越站、补卧

相关理论知识

1. 《铁路旅客运输规程》第四十四条第 4 款规定，持用低等级的车票乘坐高等级列车、铺位、座位时，补收所乘区间的票价差额，核收手续费以外，铁路运输企业有权对其身份进行登记，并须加收已乘区间应补票价 50% 的票款。

2. 《铁路旅客运输规程》第三十八条规定，旅客在车票到站前要求越过到站继续乘车时，在有运输能力的情况下列车应予以办理。核收越站区间的票价和手续费。

3. 《铁路旅客运输办理细则》第三十四条规定，旅客在到站前要求越过到站继续旅行时，在列车有能力的情况下应予以办理。办理时核收越站区间的票价，不足起码里程时，按起码里程计算；旅客同时提出变更座别、铺别和越站时，应先办理越站，后办理变更，使用一张代用票，核收一次手续费。遇有下列情况不能办理越站：

（1）列车严重超员；

（2）乘坐卧铺的旅客买的是给中途站预留的卧铺；
（3）乘坐的回转车，途中需要甩车。

任务与指导

一、在硬卧车厢发现旅客持硬座车票的处理

2017年3月9日，2207次列车（新空调普快，齐齐哈尔—大连，经由齐北线、滨北线、京哈线、沈大线，哈尔滨铁路局齐齐哈尔站担当乘务工作），四方台站刚开车，在YW10车8号下铺发现旅客侯××持克山站至金州站的新空调硬座车票，票号B017225（见车票票样1-36），该旅客要求使用该铺至到站，列车有能力安排，问列车如何办理？

车票票样1-36

解：

一、查找里程

（一）通过《铁路客运运价里程表》计算克山至金州间里程。

1. 通过《铁路客运运价里程表》中"站名首字音序索引表"第22页查找"克山"首字"克"字拼音"Ke"第一个字母"K"，再找到"克"字，"克"字在"站名索引表"第37页，在第37页找到"克山"在"里程表"第224页，在第224页查出克山至北安间里程56 km。

2. 通过《铁路客运运价里程表》中"站名首字音序索引"第22页查找"四方台"首字"四"字拼音"Si"第一个字母"S"，再找到"四"字，"四"字在站名索引表66页，在"站名索引表"第66页找到"磐石"在"里程表"第217页，在第217页查出北安至四方台间里程176 km、四方台至哈尔滨间里程157 km。

克山至四方台间里程：56 + 176 = 232（km）

3. 通过《铁路客运运价里程表》中"线名音序索引表"第39页查出"京哈线"在"里程表"第166页，在第167页查出哈尔滨至沈阳北间里程是546 km。

4. 通过《铁路客运运价里程表》中"线名音序索引表"第40页查出"沈大线"在"里程表"第184页，在第184页查出沈阳北至金州间里程是367 km。

克山至金州间里程：232 + 157 + 546 + 367 = 1302（km）

（二）通过《铁路客运运价里程表》和《东北客运运价接算站示意图》计算克山至金州间里程。

1. 通过《铁路客运运价里程表》中"站名首字音序索引表"第22页查找"克山"首字"克"字拼音"Ke"第一个字母"K"，再找到"克"字，"克"字在"站名索引表"第37页，

在第37页找到"克山"在"里程表"第224页，在第224页查出克山至北安间里程56 km。

2. 通过《铁路客运运价里程表》中"站名首字音序索引表"第22页查找"四方台"首字"四"字拼音"Si"第一个字母"S"，再找到"四"字，"四"字在站名索引表66页，在"站名索引表"第66页找到"磐石"在"里程表"第217页，在第217页查出北安至四方台间里程176 km。

克山至四方台间里程：56 + 176 = 232（km）

3. 通过《东北客运运价里程接算站示意图》（图1-46），计算北安至金州间里程。

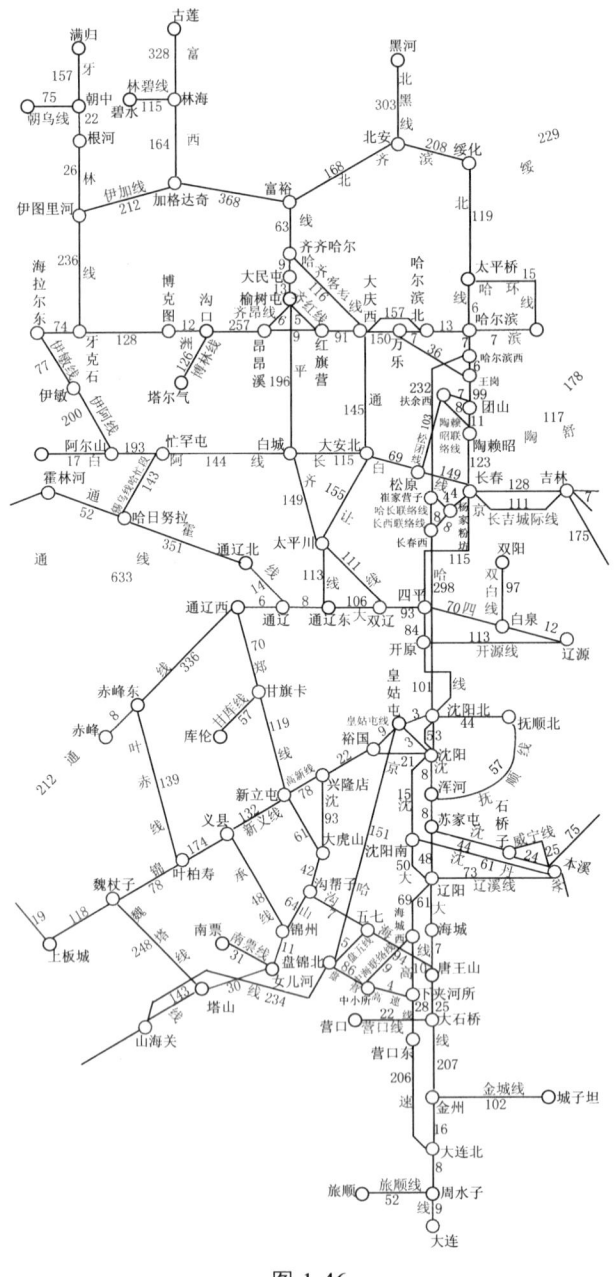

图1-46

北安 208 绥化 119 太平桥 6 哈尔滨 7 哈尔滨西 6 王岗 99 团山 11 陶赖昭 123 长春 115 四平 84 开原 101 沈阳北 3 沈阳 8 浑河 8 苏家屯 48 辽阳 61 海城 7 唐王山 25 大石桥 207 金州

北安至金州间里程：208＋119＋6＋7＋6＋99＋11＋123＋115＋84＋101＋3＋8＋8＋48＋61＋7＋25＋207＝1246（km）

克山至金州间里程：56＋1246＝1302（km）

二、处理过程

处理事由：越席

原票：克山—金州　1302 km

新空调硬座普速票价：143.5 元

越席：

克山—四方台　232 km

新空调硬卧下铺票价：54.0 元

加收 50%的票款：54.0×50%＝27.0（元）

克山—金州　1302 km

新空调硬卧下铺票价：136.0 元

手续费：5.0 元

合计：27.0＋136.0＋5.0＝168.0（元）

除列车移动补票机故障外，不得手工填发代用票，见票例 1-73。

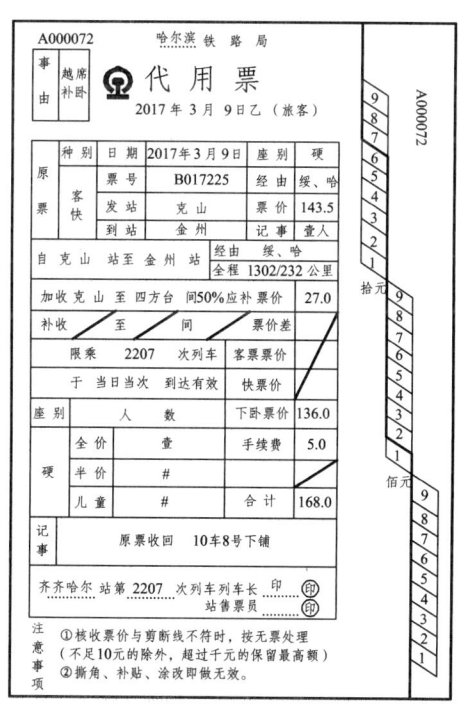

票例 1-73

二、在软卧车厢发现旅客持硬座车票的处理

2017 年 3 月 23 日,K215 次列车(新空调快速,北京—图们,经由京哈线、津山线、昌黎站、京哈线、沈吉线,沈阳铁路局吉林客运段担当乘务工作),山海关站到站前,在 RW7 车 9 号铺发现旅客张××持天津站至磐石站的车票,票号 N082579(见车票票样 1-37),列车无能力安排,该旅客立即离开回到硬座车厢自己的座位,问列车如何办理?

车票票样 1-37

解:

一、查找里程

(一)通过《铁路客运运价里程表》计算天津至山海关间里程。

1. 通过《铁路客运运价里程表》中"线名音序索引表"第 39 页查出"津山线"在"里程表"第 169 页,在第 169 页计算出天津至狼窝铺间里程是 153 km。

2. 通过《铁路客运运价里程表》中"线名音序索引表"第 39 页查出"京哈线"在"里程表"第 166 页,在第 166 页计算出狼窝铺至山海关间里程是 148 km。

天津至山海关间里程:153 + 148 = 301(km)

(二)通过《北南方客运运价里程接算站示意图》(图 1-47),计算天津至山海关间里程。

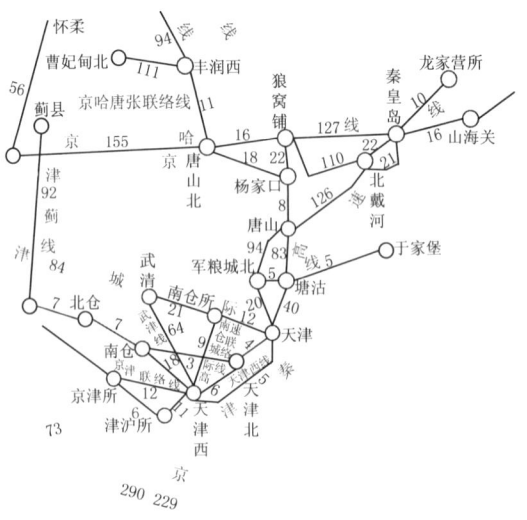

图 1-47

天津 40 塘沽 83 唐山 8 杨家口 22 狼窝铺 110 北戴河 22 秦皇岛 16 山海关

天津至山海关间里程：40＋83＋8＋22＋110＋22＋16＝301（km）

二、处理过程

处理事由：越席

原票：天津—磐石　1009 km

新空调硬座普速票价：128.5 元

越席：

天津—山海关　301 km

新空调软座票价：53.5 元

新空调硬座票价：28.5 元

软、硬座票价差：53.5－28.5＝25.0（元）

新空调软卧下铺票价：75.0 元

加收 50%的票款：（25.0＋75.0）×50%＝50.0（元）

手续费：5.0 元

合计：25.0＋75.0＋50.5＋5.0＝155.0（元）

除列车移动补票机故障外，不得手工填发代用票，见票例 1-74。

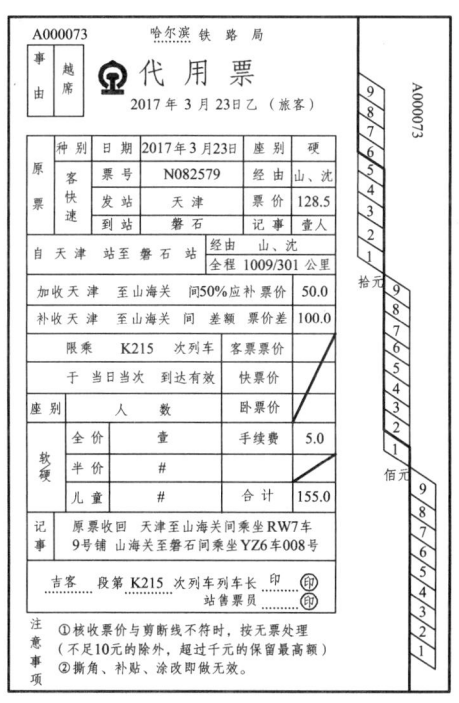

票例 1-74

三、在软卧车厢发现旅客持硬卧车票的处理

2017 年 3 月 9 日，2210 次列车（新空调普快，黑河—大连，经由滨北线、京哈线、沈大线，哈尔滨铁路局齐齐哈尔站担当乘务工作），绥棱站刚开车，在 RW9 车 10 号铺发现旅客张

××持北安站至大连站的新空调硬卧车票，票号 H002715（见车票票样 1-38），要求乘坐该铺至到站，列车有能力安排，问列车如何办理？

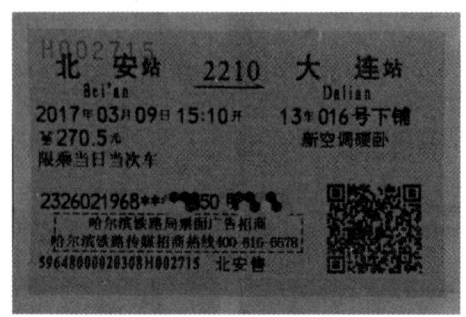

车票票样 1-38

解：
一、查找里程
（一）通过《铁路客运运价里程表》计算北安至大连间里程、北安至绥棱间里程。

1. 通过《铁路客运运价里程表》中"站名首字音序索引表"第 22 页查找"绥棱"首字"绥"字拼音"Sui"第一个字母"S"，再找到"绥"字，"绥"字在"站名索引表"第 67 页，在第 67 页找到"绥棱"在"里程表"第 217 页，在第 217 页查出绥棱至哈尔滨间里程 195 km，北安至绥棱间里程 138 km。

2. 通过《铁路客运运价里程表》中"线名音序索引表"第 39 页查出"京哈线"在"里程表"第 166 页，在第 167 页查出哈尔滨至沈阳北间里程是 546 km。

3. 通过《铁路客运运价里程表》中"线名音序索引表"第 40 页查出"沈大线"在"里程表"第 184 页，在第 185 页查出沈阳北至大连间里程是 400 km。

北安至大连间里程：138 + 195 + 546 + 400 = 1279（km）

北安至绥棱间里程：138 km

（二）通过《铁路客运运价里程表》查出北安至绥棱间里程和《东北客运运价里程接算站示意图》计算北安至大连间里程。

1. 通过《铁路客运运价里程表》中"站名首字音序索引"第 22 页查找"绥棱"首字"绥"字拼音"Sui"第一个字母"S"，再找到"绥"字，"绥"字在"站名索引表"第 67 页，在第 67 页找到"绥棱"在"里程表"第 217 页，在第 217 页查出北安至绥棱间里程 138 km。

2. 通过《东北客运运价里程接算站示意图》（图 1-48），计算北安至大连间里程。

北安_208_绥化_119_太平桥_6_哈尔滨_7_哈尔滨西_6_王岗_99_团山_11_陶赖昭_123_长春_115_四平_84_开原_101_沈阳北_3_沈阳_8_浑河_8_苏家屯_48_辽阳_61_海城_7_唐王山_25_大石桥_207_金州_16_大连北_8_周水子_9_大连

北安至大连间里程：208 + 119 + 6 + 7 + 6 + 99 + 11 + 123 + 115 + 84 + 101 + 3 + 8 + 8 + 48 + 61 + 7 + 25 + 207 + 16 + 8 + 9 = 1279（km）

北安至大连间里程：1279 km

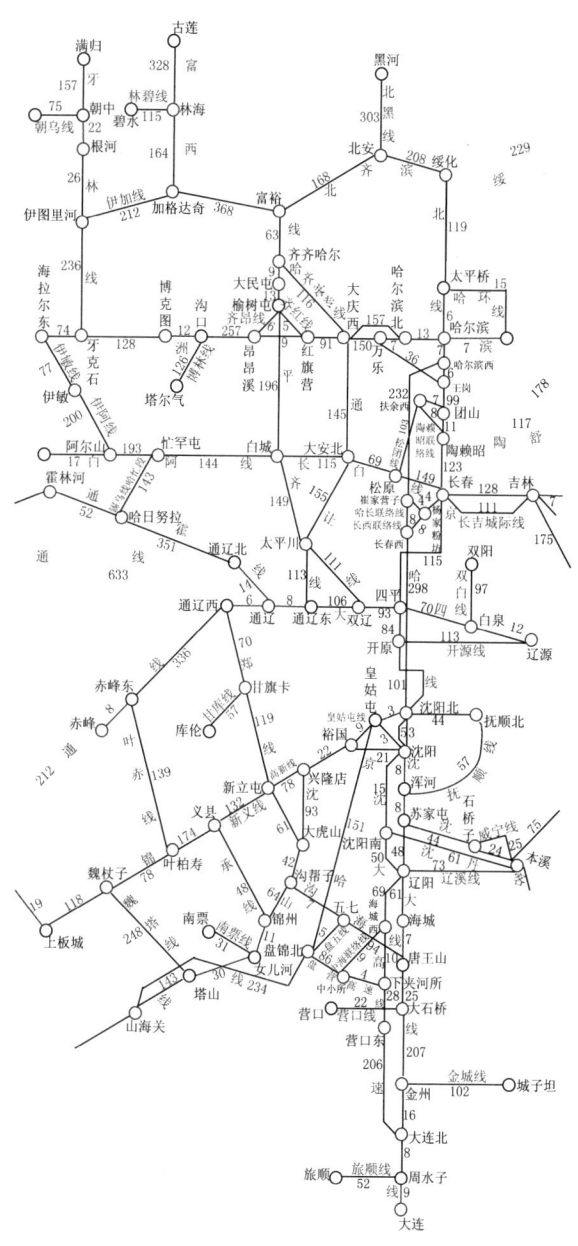

图 1-48

二、处理过程

处理事由：越席

原票：北安—大连　1279 km

新空调硬座普速票价：207.5 元

越席：

北安—绥棱　138 km

新空调软座票价：24.5 元

新空调硬座票价：12.5 元

软、硬座票价差：24.5 – 12.5 = 12.0（元）
新空调软卧上铺票价：69.0 元
新空调硬卧下铺票价：54.0 元
软、硬卧票价差：69.0 – 54.0 = 15.0（元）
加收 50%的票款：（12.0 + 15.0）× 50% = 13.5（元）
北安—大连 1279 km
新空调软座票价：188.5 元
新空调硬座票价：96.5 元
软、硬座票价差：188.5 – 96.5 = 92.0（元）
新空调软卧上铺票价：174.0 元
新空调硬卧下票价：132.0 元
软、硬卧票价差：174.0 – 132.0 = 42.0（元）
手续费：2.0 元
合计：13.5 + 92.0 + 42.0 + 2.0 = 149.5（元）

除列车移动补票机故障外，不得手工填发代用票，见票例 1-75。

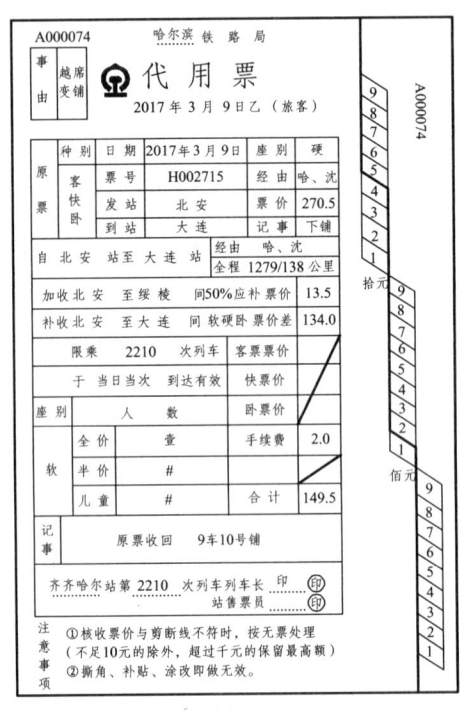

票例 1-75

四、在软座车厢发现学生持硬座车票的处理

2017 年 3 月 4 日，T297 次列车（新空调特快，北京—牡丹江，经由京哈线、沈山线，哈尔滨铁路局牡丹江客运段担当乘务工作），锦州站到站前，在 RZ9 车 18 号座位发现旅客李××持北京站至长春站的新空调硬座车票，票号 R001043（见车票票样 1-39），并持有效学生证，列车有能力安排，并乘坐该座位到站，问列车如何办理？

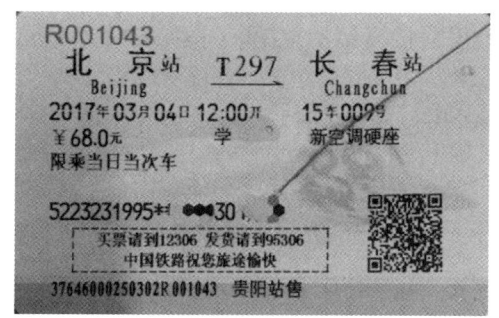

车票票样 1-39

解：
一、查找里程

（一）通过《铁路客运运价里程表》计算北京至锦州间里程、北京至长春间里程。

1. 通过《铁路客运运价里程表》中"线名音序索引表"第 39 页查出"京哈线"在"里程表"第 166 页，在第 167 页查出北京至山海关间里程是 315 km。

3. 通过《铁路客运运价里程表》中"线名音序索引表" 第 40 页查出"沈山线"在"里程表"第 170 页，在第 171 页查出山海关至锦州间里程是 184 km；在第 170 页查出山海关至沈阳西（现改为裕国）间里程 405 km.

4. 通过《铁路客运运价里程表》中"线名音序索引表" 第 39 页查出"皇姑屯线"在"里程表"第 182 页，在第 182 页查出沈阳西（现改为裕国）至皇姑屯间里程 9 km。

5. 通过《铁路客运运价里程表》中"线名音序索引表" 第 39 页查出"京哈线"在"里程表"第 166 页，在第 167 页和第 168 页计算出皇姑屯至长春间里程 303 km。

北京至锦州间里程：315 + 184 = 499（km）

北京至长春间里程：315 + 405 + 9 + 303 = 1032（km）

（二）通过《客运运价里程接算站示意图》计算北京至锦州间里程、北京至长春间里程。

1. 通过《北南方客运运价里程接算站示意图》(图 1-49)，计算北京至山海关间里程。

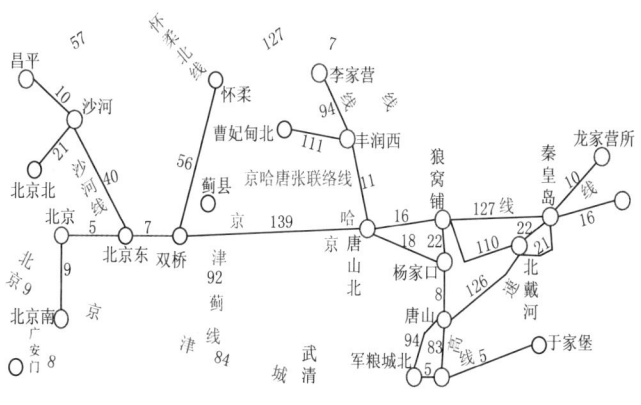

图 1-49

北京_5_北京东_7_双桥_139_唐山北_16_狼窝铺_110_北戴河_22_秦皇岛_16_山海关

北京至山海关间里程：5 + 7 + 139 + 16 + 110 + 22 + 16 = 315（km）

2. 通过《东北客运运价里程接算站示意图》(图 1-50)，计算山海关至长春间里程。

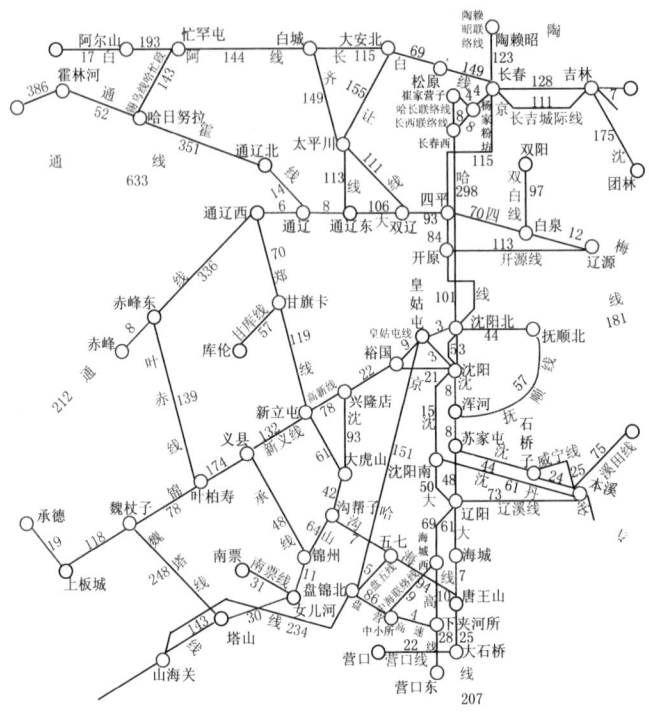

图 1-50

山海关 143 塔山 30 女儿河 11 锦州 64 沟帮子 42 大虎山 93 兴隆店 22 裕国 9 皇姑屯 3 沈阳北 101 开原 84 四平 115 长春

山海关至锦州间里程：143 + 30 + 11 = 184（km）

山海关至长春间里程：143 + 30 + 11 + 64 + 42 + 93 + 22 + 9 + 3 + 101 + 84 + 115 = 717（km）

北京至锦州间里程：315 + 184 = 499（km）

北京至长春间里程：315 + 717 = 1032（km）

二、处理过程

处理事由：越席、变座

原票：北京—长春　1032 km

半价新空调硬座特快票价：135.5 × 50% = 67.75 ≈ 68.0（元）

越席：

北京—锦州　499 km

全价新空调软座特快票价：113.0 元

半价新空调硬座特快票价：72.0 × 50% = 36.0（元）

软、硬座票价差：113.0 – 36.0 = 77.0（元）

加收 50% 的票款：77.0 × 50% = 38.5（元）

北京—长春　1032 km

全价新空调软座特快票价：212.5 元

半价新空调硬座特快票价：135.5×50% = 67.75 ≈ 68.0（元）

软、硬座票价差：212.5 – 68.0 = 144.5（元）

手续费：2.0元

合计：38.5 + 144.5 + 2.0 = 185.0（元）

除列车移动补票机故障外，不得手工填发代用票，见票例1-76。

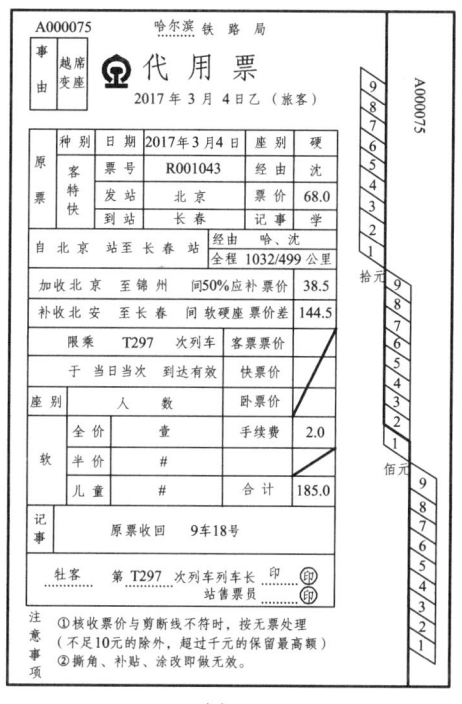

票例 1-76

五、在硬卧车厢发现旅客持硬座车票并越站乘车的处理

2017年3月9日，2207次列车（新空调普快，齐齐哈尔—大连，经由齐北线、滨北线、京哈线、沈大线，哈尔滨铁路局齐齐哈尔站担当乘务工作），四方台站刚开车，在YW10车8号下铺发现旅客侯××持克山至金州的新空调硬座车票，票号B017225（见车票票样1-40），该旅客要求使用该铺至列车到站，列车有能力安排，问列车如何办理？

车票票样 1-40

解：
一、查找里程

（一）通过《铁路客运运价里程表》计算克山至大连间里程。

1. 通过《铁路客运运价里程表》中"站名首字音序索引表"第 22 页查找"克山"首字"克"字拼音"Ke"第一个字母"K"，再找到"克"字，"克"字在"站名索引表"第 37 页，在第 37 页找到"克山"在"里程表"第 224 页，在第 224 页查出克山至北安间里程 56 km。

2. 通过《铁路客运运价里程表》中"站名首字音序索引表"第 22 页查找"四方台"首字"四"字拼音"Si"第一个字母"S"，再找到"四"字，"四"字在"站名索引表"第 66 页，在第 66 页找到"磐石"在"里程表"第 217 页，在第 217 页查出北安至四方台间里程 176 km；在第 217 页查出北安至哈尔滨间里程 333 km。

克山至四方台间里程：56 + 176 = 232（km）

3. 通过《铁路客运运价里程表》中"线名音序索引表"第 39 页查找"京哈线"在"里程表"第 166 页，在第 167 页查出哈尔滨至沈阳北间里程是 546 km。

4. 通过《铁路客运运价里程表》中"线名音序索引表"第 40 页查找"沈大线"在"里程表"第 184 页，在第 184 页查出沈阳北至金州间里程 367 km，沈阳北至大连间里程 400 km。

克山至金州间里程：56 + 333 + 546 + 367 = 1302（km）

克山至大连间里程：56 + 333 + 546 + 400 = 1335（km）

（二）通过《铁路客运运价里程表》和《东北客运运价接算站示意图》计算克山至大连间里程、金州至大连间里程。

1. 通过《铁路客运运价里程表》中"站名首字音序索引表"第 22 页查找"克山"首字"克"字拼音"Ke"第一个字母"K"，再找到"克"字，"克"字在"站名索引表"第 37 页，在第 37 页找到"克山"在"里程表"第 224 页，在第 224 页查出克山至北安间里程 56 km。

2. 通过《铁路客运运价里程表》中"站名首字音序索引表"第 22 页查找"四方台"首字"四"字拼音"Si"第一个字母"S"，再找到"四"字，"四"字在站名索引表 66 页，在"站名索引表"第 66 页找到"磐石"在"里程表"第 217 页，在第 217 页查出北安至四方台间里程 176 km。

克山至四方台间里程：56 + 176 = 232（km）

3. 通过《东北客运运价里程接算站示意图》(图 1-51)，计算北安至大连间里程、金州至大连间里程。

北安 208 绥化 119 太平桥 6 哈尔滨 7 哈尔滨西 6 王岗 99 团山 11 陶赖昭 123 长春 115 四平 84 开原 101 沈阳北 3 沈阳 8 浑河 8 苏家屯 48 辽阳 61 海城 7 唐王山 25 大石桥 207 金州 16 大连北 8 周水子 9 大连

北安至金州间里程：208 + 119 + 6 + 7 + 6 + 99 + 11 + 123 + 115 + 84 + 101 + 3 + 8 + 8 + 48 + 61 + 7 + 25 + 207 = 1246（km）

金州至大连间里程：16 + 8 + 9 = 33（km）

克山至金州间里程：56 + 1246 = 1302（km）

克山至大连间里程：56 + 1246 + 33 = 1335（km）

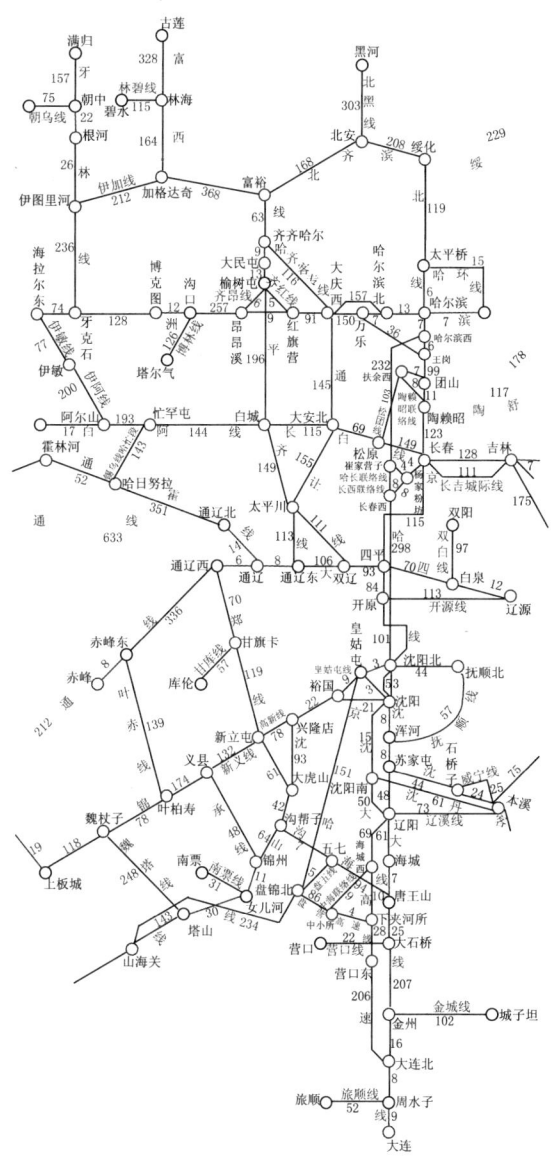

图 1-51

二、处理过程

处理事由：越席、越站、补卧

原票：克山—金州　1302 km

新空调硬座普速票价：143.5 元

越席：

克山—四方台　232 km

新空调硬卧下铺票价：54.0 元

加收 50% 的票款：54.0 × 50% = 27.0（元）

越站：金州—大连　33 km

新空调硬座客快票价：7.0 元

补卧：克山—大连　1335 km

新空调硬卧下铺票价：136.0 元

手续费：5.0 元

合计：27.0 + 7.0 + 136.0 + 5.0 = 175.0（元）

列车填发代用票，见票例 1-77。

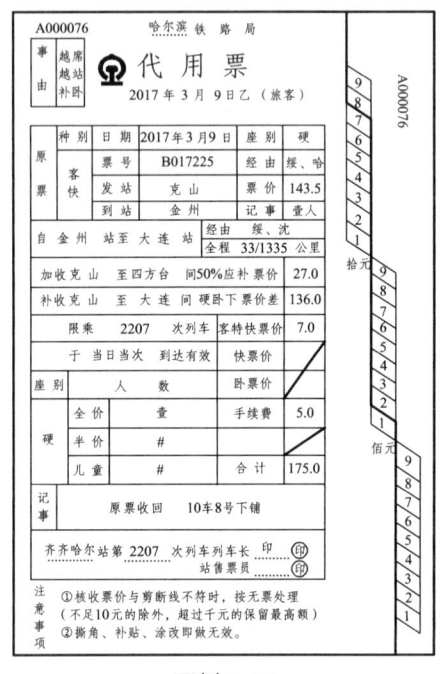

票例 1-77

六、在软卧车厢发现旅客持硬座车票并越站乘车的处理

2017 年 3 月 23 日，K215 次列车（新空调快速，北京—图们，经由京哈线、津山线、昌黎站、沈吉线，沈阳铁路局吉林客运段担当乘务工作），山海关站到站前，在 RW7 车 9 号铺发现旅客张××持天津站至磐石站的车票，票号 N082579（见车票票样 1-41），列车有能力安排，并越站到图们，问列车如何办理？

车票票样 1-41

解：

一、查找里程

1. 通过《铁路客运运价里程表》中"线名音序索引表"第 39 页查找 "津山线"在"里程表"第 169 页，在第 169 页计算出天津至狼窝铺间里程是 153 km。

2. 通过《铁路客运运价里程表》中"线名音序索引表"第 39 页查找"京哈线"在"里程表"第 166 页，在第 166 页和第 167 页计算出狼窝铺至山海关间里程是 148 km。

天津至山海关间里程：153 + 148 = 301（km）

3. 通过《铁路客运运价里程表》中"线名音序索引表" 第 40 页查找"沈吉线"在"里程表"第 194 页，在第 195 页查出磐石至吉林间里程是 144 km。

4. 通过《铁路客运运价里程表》中"线名音序索引表"第 38 页查找"长图线"在"里程表"第 201 页，在第 201 页查出吉林至图们间里程是 401 km。

磐石至图们间里程：144 + 401 = 545（km）

二、处理过程

处理事由：越席、越站、变座、补卧

原票：天津—磐石　1009 km

新空调硬座客快速票价：128.5 元

1. 越席：

天津—山海关　301 km

新空调软座票价：53.5 元

新空调硬座票价：28.5 元

软、硬座票价差：53.5 – 28.5 = 25.0（元）

新空调软卧下铺票价：75.0 元

加收 50%的票款：(25.0 + 75.0) × 50% = 50.0（元）

2. 越站

磐石—图们　545 km

新空调硬座客快速票价：75.0 元

3. 变座、补卧

天津—图们　1554 km

新空调软座票价：224.5 元

新空调硬座票价：114.5 元

软、硬座票价差：224.5 – 114.5 = 110.0（元）

新空调软卧下铺票价：228.0 元

手续费：5.0 元

合计：50.0 + 75.0 + 110.0 + 228.0 + 5.0 = 468.0（元）

列车填发代用票，见票例 1-78。

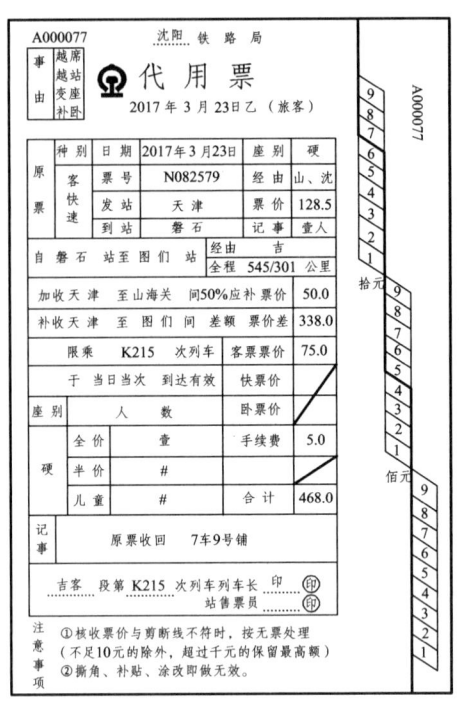

票例 1-78

【注解】

1. 旅客违章乘车时，先处理违章，后处理变更。

2. 填发代用票时，事由栏填记"越席、越站"，记事栏内注明"原票收回、车厢号和铺位号"。

【任务十三】过　期

相关理论知识

1.《铁路旅客运输规程》第三十三条规定，持通票的旅客在乘车途中有效期终了、要求继续乘车时，应自有效期终了站或最近前方停车站起，另行补票，核收手续费。定期票可按有效使用至到站。

2.《铁路旅客运输规程》第十九条规定，承运人一般不接受儿童单独旅行（乘火车通学的学生和承运人同意在旅途中监护的除外）。随同成人旅行身高 1.2～1.5 m 的儿童，应当购买儿童票。

3.《铁路旅客运输规程》第二十条五条规定，直达票当日当次有效，但下列情形除外：

（1）全程在铁路运输企业管内运行的动车组列车车票有效期由企业自定。

（2）有效期有不同规定的其他票种。

通票的有效期按乘车里程计算：1000 km 为 2 日，超过 1000 km 的，每增加 1000 km 增加 1 日，不足 1000 km 的尾数按 1 日计算；自指定乘车日起至有效期最后一日的 24 时止。

任务与指导

一、旅客持低等级车票乘坐高等级列车车票过期的处理

2017 年 4 月 12 日，K78 次列车（新空调快速，长春—宁波，长春 17:02—吉林 18:36—磐石 21:08—梅河口 22:12—清原 23:40—抚顺北 1:25—沈阳 2:44—绥中北 6:41—山海关 7:33—滦县 8:56—天津 11:30，经京沪线至宁波，沈阳铁路局吉林客运段担当乘务工作），沈阳开车后，在 YZ2 车验票发现旅客王××，持 4 月 10 日通化至天津（经由沈吉线、京哈线、津山线）非空普快到底的通票，问列车如何处理？（经查该旅客由梅河口站换乘本趟列车）

解：

一、查找里程

通过《铁路客运运价里程表》查找通化至天津间里程。

1. 通过《铁路客运运价里程表》中"线名音序索引表"第 40 页查找"梅集线"在"里程表"第 197 页，在第 197 页查出通化至梅河口间里程 130 km。
2. 通过《铁路客运运价里程表》中"线名音序索引表"第 40 页查找"沈吉线"在"里程表"第 194 页，在第 194 页查出梅河口至抚顺城（现改为抚顺北）间里程 181 km。
3. 通过《铁路客运运价里程表》中"线名音序索引表"第 39 页查找"抚顺线"在"里程表"第 186 页，在第 186 页查出抚顺城（现改为抚顺北）至沈阳间里程 65 km。
4. 通过《铁路客运运价里程表》中"线名音序索引表"第 39 页查找"皇姑屯线"在"里程表"第 182 页，在第 182 页查出沈阳至皇姑屯间里程 3 km。
5. 通过《铁路客运运价里程表》中"线名音序索引表" 第 39 页查找页"京哈线"在"里程表"第 166 页，在第 166 页和第 167 页计算出皇姑屯至狼窝铺间里程 533 km。
6. 通过《铁路客运运价里程表》中"线名音序索引表" 第 39 页查找"津山线"在"里程表"第 169 页，在第 169 页计算出狼窝铺至天津间里程 153 km。

通化至天津间里程：130 + 181 + 65 + 3 + 533 + 153 = 1065（km）

有效期为 3 天，有效期截止到 4 月 12 日的 24 点。该旅客乘坐 K78 次列车 1：25 到抚顺北，旅客的通票自抚顺北站开车失效。

梅河口至抚顺北间里程：181 km

抚顺北至天津间里程：65 + 3 + 533 + 153 = 754（km）

二、处理过程

不符、过期：

原票：通化—天津　1065 km

硬座客快票价：66.5 元

不符：梅河口—抚顺北　181 km

新空调硬座客快速票价：28.5 元

硬座客快票价：13.5 元

差额：28.5 – 13.5 = 15.0 元

加收 50%票款：15.0 × 50% = 7.5 元

过期：

抚顺北—天津　754 km

新空调硬座客快速票价：102.0 元

手续费：2.0 元

合计：15.0 + 7.5 + 102.0 + 2.0 = 126.5（元）

列车填发代用票，见票例 1-79。

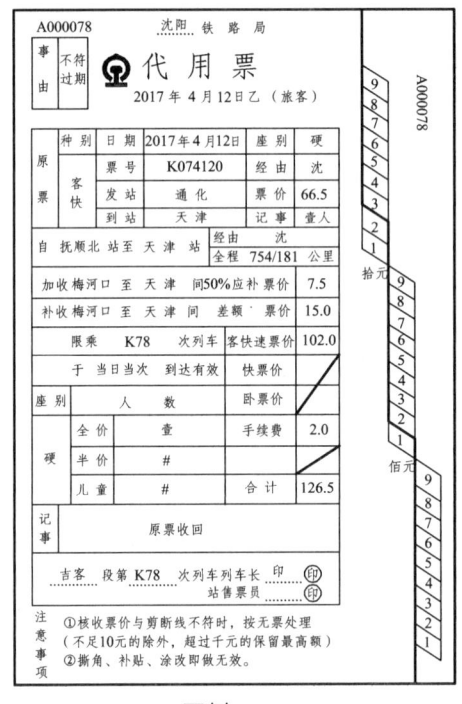

票例 1-79

二、旅客持低等级车票乘坐高等级列车车票过期并携带超高儿童的处理

2017 年 4 月 12 日，K78 次列车（新空，长春—宁波，长春 17：02—吉林 18：36—磐石 21：08—梅河口 22：12—清原 23：40—抚顺北 1：25—沈阳 2：44—绥中北 6：41—山海关 7：33—滦县 8：56—天津 11：30，经京沪线至宁波，沈阳铁路局吉林客运段担当乘务工作），沈阳开车后，验票在 YZ2 车发现旅客王××持 4 月 10 日通化至天津（经由沈吉线、京哈线、津山线）非空普快到底的通票，并携带 1.26 m 的儿童一名，问列车如何处理？（经查该旅客由梅河口站换乘本趟列车）

解：

一、查找里程

通过《铁路客运运价里程表》计算通化至天津间里程、梅河口至抚顺北间里程、抚顺北

至天津间里程。

1. 通过《铁路客运运价里程表》中"线名音序索引表"第 40 页查找"梅集线"在"里程表"第 197 页，在第 197 页查出通化至梅河口间里程 130 km。

2. 通过《铁路客运运价里程表》中"线名音序索引表"第 40 页查找"沈吉线"在"里程表"第 194 页，在第 194 页查出梅河口至抚顺城（现改为抚顺北）间里程 181 km。

3. 通过《铁路客运运价里程表》中"线名音序索引表"第 38 页查找"抚顺线"在"里程表"第 186 页，在第 186 页查出抚顺北（现改为抚顺北）至沈阳间里程 65 km。

4. 通过《铁路客运运价里程表》中"线名音序索引表"第 39 页查找"皇姑屯线"在"里程表"第 182 页，在第 182 页查出沈阳至皇姑屯间里程 3 km。

5. 通过《铁路客运运价里程表》中"线名音序索引表"第 39 页查找"京哈线"在"里程表"第 166 页，在第 166 页和第 167 页计算出皇姑屯至狼窝铺间里程 533 km。

6. 通过《铁路客运运价里程表》中"线名音序索引表"第 39 页查找"津山线"在"里程表"第 169 页，在第 169 页计算出狼窝铺至天津间里程 153 km。

通化至天津间里程：130 + 181 + 65 + 3 + 533 + 153 = 1065（km）

梅河口至抚顺北间里程：181 km

抚顺北至天津间里程：65 + 3 + 533 + 153 = 754（km）

二、处理过程

1. 处理成人不符、过期

原票：通化—天津　1065 km，有效期为 3 天，有效期截止到 4 月 12 日的 24 点。该旅客乘坐 K78 次列车 1:25 到抚顺北，旅客的通票自抚顺北站开车失效。

硬座客快票价：66.5 元

不符：梅河口—抚顺北　181 km

新空调硬座客快速票价：28.5 元

硬座客快票价：13.5 元

差额：28.5 – 13.5 = 15.0（元）

加收 50%票款：15.0 × 50% = 7.5（元）

过期：抚顺北—天津　754 km

新空调硬座客快速票价：102.0 元

手续费：2.0 元

合计：15.0 + 7.5 + 102.0 + 2.0 = 126.5（元）

列车填发代用票，见票例 1-80。

2. 处理儿童超高、不符

超高：通化—天津　1065 km

半价硬座客快票价：66.5 × 50% = 33.25 ≈ 33.5（元）

不符：梅河口—天津　935 km

半价新空调硬座客快速票价：119.0 × 50% = 59.5（元）

半价硬座客快票价：58.0 × 50% = 29.0（元）

差额：59.5 – 29.0 = 30.5（元）

手续费：2.0元

合计：33.5 + 30.5 + 2.0 = 66.0（元）

列车填发代用票，见票例 1-81。

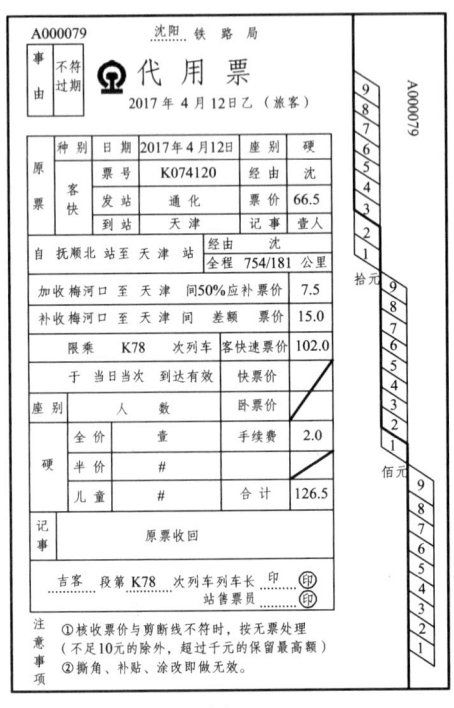

票例 1-80

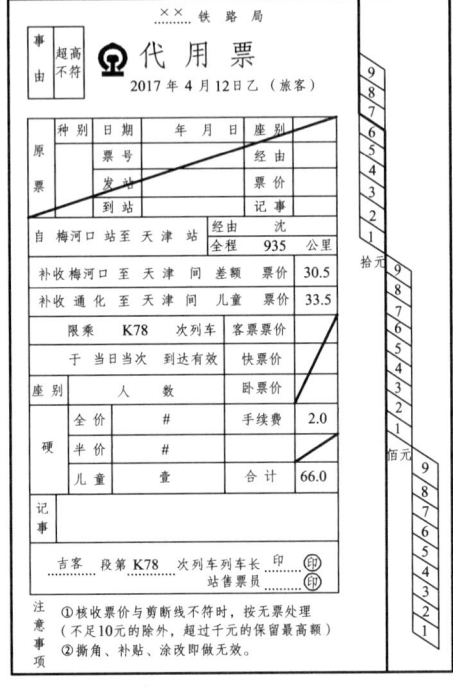

票例 1-81

三、旅客持过期车票越席乘车并携带儿童超高的处理

2017年4月17日1:00，2897次列车（虚拟列车，新空调普速，长春—南昌，沈阳铁路局长春客运段担当乘务工作，长春9:10经京哈线至北京18:10经丰台至衡水20:54—聊城22:00—菏泽23:25—阜阳0:51—麻城3:20—南昌7:49）阜阳开车后，验票发现硬卧9车12中旅客李××持4月15日天津—株洲（石德、京九）普客到底通票，并且要求使用卧铺至列车终到站，同时携带一名1.5 m儿童，问列车如何处理？（经查该旅客由衡水站换乘本趟列车）

解：

一、查找里程

通过《铁路客运运价里程表》计算天津至株洲间里程、衡水至阜阳间里程、阜阳至南昌间里程。

1. 通过《铁路客运运价里程表》中"线名音序索引表" 第41页查找"天津西线"在"里程表"第5页，在第5页查出天津至天津西间里程 10 km。

2. 通过《铁路客运运价里程表》中"线名音序索引表" 第39页查找"京沪线"在"里程表"第1页，在第1页和第2页计算出天津西至德州间里程 229 km。

3. 通过《铁路客运运价里程表》中"线名音序索引表"第 40 页查找"石德线"在"里程表"第 54 页，在第 54 页查出德州至衡水间里程 62 km。

4. 通过《铁路客运运价里程表》中"线名音序索引表"第 38 页查找"京九线"在"里程表"第 38 页，在第 38 页查出衡水至向塘间里程 1203 km、在第 40 页查出衡水至阜阳间里程 581 km，在第 40 页和第 42 页计算出阜阳至南昌间里程 594 km、在第 38 页查出衡水至向塘间里程 1203 km。

5. 通过《铁路客运运价里程表》中"线名音序索引表"第 41 页查找"向潭线"在"里程表"第 26 页，在第 26 页查出向塘至潭岗间里程 12 km。

6. 通过《铁路客运运价里程表》中"线名音序索引表"第 39 页查找 "沪昆线"在"里程表"第 21 页，在第 22 页和第 23 页计算出潭岗至株洲间里程 327 km。

天津至株洲间里程：10 + 229 + 62 + 1203 + 12 + 327 = 1843（km）

二、处理过程

解：越席、过期

天津—株洲 1843 km 有效期 3 天。有效期至 4 月 17 日 24 时止，在菏泽至阜阳间车票失效，应从阜阳站另行补票。

1.处理成人越席、过期、补卧

越席：

原票：天津—株洲 1843 km

硬座普客票价：86.0 元

衡水—阜阳 581 km

硬座普客票价：34.0 元

新空调客快硬卧中铺票价：139.0 元

差额：139.0 – 34.0 = 105.0（元）

加收 50%：105.0 × 50% = 52.5（元）

过期、补卧：阜阳—南昌 594 km

新空调硬座客快票价：72.0 元

硬卧中铺票价：67.0 元

手续费：5 元

合计：105.0 + 52.5 + 72.0 + 67.0 + 5.0 = 301.5（元）

列车填发代用票，见票例 1-82。

2. 儿童超高、不符、过期

天津—南昌 1476 km

半价硬座普客票价：72.5 × 50% = 36.25 ≈ 36.5（元）

衡水—南昌 1175 km

半价新空调硬座客快票价： 130.5 × 50% = 62.25 ≈ 62.5（元）

半价硬座普客： $59.5 \times 50\% = 29.75 \approx 30.0$（元）

差额：$62.5 - 30.0 = 32.5$（元）

手续费：2.0 元

合计：$36.5 + 30.0 + 2.0 = 71.0$（元）

列车填发代用票，见票例 1-83。

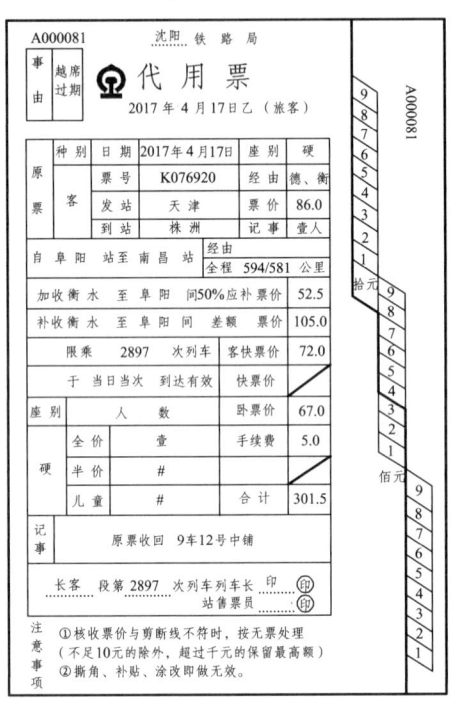

票例 1-82　　　　　　　　　　票例 1-83

【注解】

1. 只有通票才存在是否过期使用，因为直达票是当日当次使用有效，无须计算车票有效期，只有通票才计算车票有效期。

2. 处理过期车票时，时间是按北京时间计算，从零时期计算实行 24 小时制。

3. 处理过期车票时，如果旅客持用通票的到站正是 24 点在过期，在过期应该从该站起补票，如果有效期未到 24 点就过期应从最近前方停车站起另行补票。

【任务十四】变　径

相关理论知识

《铁路旅客旅客运输规程》第三十七规定，持通票的旅客在中转站和列车上要求变更径路时，必须在通票有效期能够到达到站时方可办理。办理时，原票价低于变径后的票价时，应补收新旧径路里程票价差额，核收手续费；原票价高于或相当于变更后的径路票价时，持原票乘车有效，差额部分（包括列车等级不符的差额）不予退还。

任务与指导

一、旅客要求变径的处理

2017 年 4 月 13 日，2677 次列次（虚拟，非空调普快，新乡至柳州，经由太新线、焦柳线，南宁铁路局柳州客运段担当乘务工作），新乡站开车后旅客王××持邯郸至柳州的客快通票（经由京广线、湘桂线），要求乘坐本趟列车到达到站，问列车如何处理？

解：

一、查找里程

（一）通过《铁路客运运价里程表》计算邯郸至柳州间里程。（经由京广线、湘桂线）

1. 通过《铁路客运运价里程表》中"线名音序索引表"第 39 页查找"京广线"在"里程表"第 45 页，在第 46 页查出邯郸至衡阳间里程 1331 km，在第 47 页查出新乡至衡阳间里程 1164 km。

2. 通过《铁路客运运价里程表》中"线名音序索引表"第 40 页查找"湘桂线"在"里程表"第 116 页，在第 116 页查出衡阳至柳州间里程 538 km。

邯郸至柳州间里程：1331 + 538 = 1869（km）

新乡至柳州间里程：1164 + 538 = 1702（km）

（二）通过《铁路客运运价里程表》计算新乡至柳州间里程。（经由太新线）

1. 通过《铁路客运运价里程表》中"线名音序索引表"第 41 页查找"太新线"在"里程表"第 57 页，在第 59 页查出新乡至月山间里程 79 km。

2. 通过《铁路客运运价里程表》中"线名音序索引表"第 39 页查找"焦柳线"在"里程表"第 67 页，在第 67 页查出月山至柳州间里程 1651 km。

新乡至柳州间里程：79 + 1651 = 1730（km）

二、处理过程

处理事由：变径

原票：邯郸—柳州　1869 km

硬座客快票价：103.0 元

新径路：

新乡　月　柳州　1730 km

硬座客快票价：98.0 元

旧径路：

新乡　衡　柳州　1702 km

硬座客快票价：96.0 元

新、旧径路里程票价差：98.0 − 96.0 = 2.0（元）

手续费：2.0 元

合计：2.0 + 2.0 = 4.0（元）

列车填发代用票，见票例 1-84。

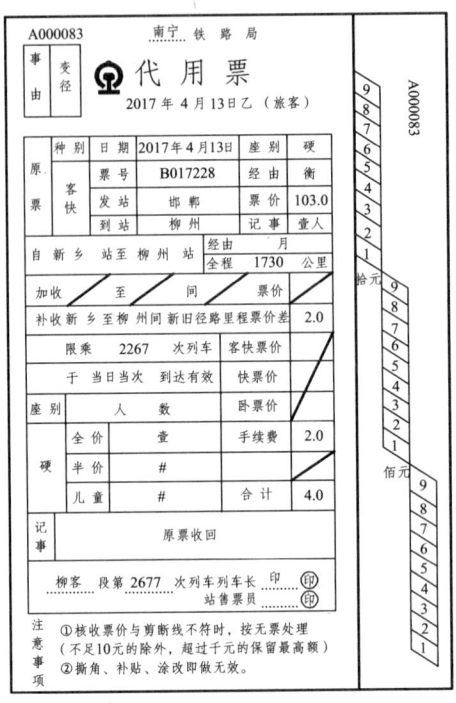

票例 1-84

二、旅客持低等级车票乘坐高等级列车变径的处理

2017 年 4 月 13 日，旅客王××持德州至西安的非空客快通票（经由石德线、石太线、南同蒲线、陇海线），在石家庄站找到列车长要求乘坐 T237 次列车（虚拟，北京西—成都，经由京广线、陇海线，北京铁路局北京客运段担当乘务工作），问列车如何处理？

一、查找里程

（一）通过《铁路客运运价里程表》计算德州至西安间里程。

1. 通过《铁路客运运价里程表》中"线名音序索引表"第 40 页查找"石德线"在"里程表"第 54 页，在第 54 页查出德州至石家庄间里程 180 km。

2. 通过《铁路客运运价里程表》中"线名音序索引表"第 40 页查找"石太线"在"里程表"第 53 页，在第 53 页查出石家庄至太原间里程 231 km。

3. 通过《铁路客运运价里程表》中"线名音序索引表"第 40 页查找"南同蒲线"在"里程表"第 91 页，在第 91 页查出太原至华山间里程 528 km。

4. 通过《铁路客运运价里程表》"中线名音序索引表"第 40 页查找"陇海线"在"里程表"第 95 页，在第 97 页查出华山至西安间里程 123 km。

德州至西安间里程：180 + 231 + 528 + 123 = 1062（km）

石家庄至西安间里程：231 + 528 + 123 = 882（km）

（二）通过《铁路客运运价里程表》计算石家庄至西安间里程。

1. 通过《铁路客运运价里程表》中"线名音序索引表"第 39 页查找"京广线"在"里

程表"第 45 页，在第 47 页查出石家庄至郑州间里程 412 km。

2. 通过《铁路客运运价里程表》中"线名音序索引表"第 40 页查找"陇海线"在"里程表"第 95 页，在第 96 页查出郑州至西安间里程 511 km。

石家庄至西安间里程：412 + 511 = 923（km）

二、处理过程

处理事由：变径、补价

原票：德州—西安　1062 km

硬座客快票价：66.5 元

新径路：

石家庄　郑　西安　923 km

硬座客快票价：58.0 元

旧径路：

石家庄　太　西安　882 km

硬座客快票价：56.0 元

新、旧径路里程票价差：58.0 − 56.0 = 2.0（元）

补价：石家庄　郑　西安　923 km

新空硬座客特快票价：119.0 元

硬座客快票价：58.0 元

差额：119.0 − 58.0 = 61.0（元）

手续费：2.0 元

合计：2.0 + 61.0 + 2.0 = 65.0（元）

列车填发代用票，见票例 1-85。

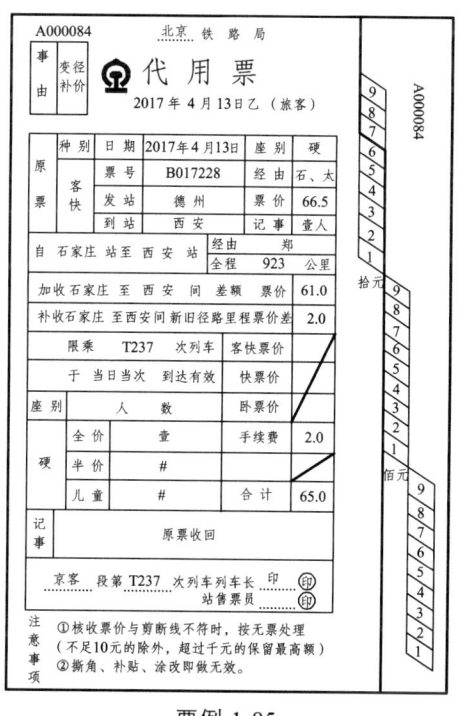

票例 1-85

【注解】

1. 变径是指发到站不变只是改变经过的线路。
2. 变径必须在通票有效期能够到达到站时方可办理。
3. 办理时，原票价低于变径后的票价时，应补收新旧径路里程票价差额，核收手续费；原票价高于或相当于变更后的径路票价时，持原票乘车有效，差额部分（包括列车等级不符的差额）不予退还。
4. 旅客同时提出变径和变座时，应先办理变径，后办理变座，使用一张代用票，核收一次手续费
5. 填写代用票时，记事栏内注明"原票收回"。

【任务十五】违章使用乘车证的处理

相关理论知识

《铁路乘车证管理办法》中规定：

1. 违章使用乘车证，如：在票面上加添、涂改、转借、超过有效期限或有效区间乘车，未持规定的有关证明、证件或持伪造证明、证件的均按无票处理，要查扣其乘车证及有关证件。
2. 违章使用乘车证均要按所乘旅客列车的等级、席别、铺别、区间（单程或往返）及票面填写人数，按照《铁路旅客运输规程》的规定补收和加收票款，全年定期乘车证从有效日期至发现违章日期止，票面填写的乘车区间在一个铁路局以内的，按每日乘车 50 km 计算票价；乘车区间跨铁路局的，按每日乘车 100 km 计算票价，计算后低于 50 元的按 50 元核收。
3. 发现其他违章行为的，均按《铁路旅客运输规程》的规定相应处理。
4. 乘车证使用过程中发现的违章事项，当时处理不了的，由站、车编制客运记录，连同查扣的乘车证及有关证件报本铁路局财务部门，由铁路局依据规定向违章职工单位发函并追补应收票款和罚款。

任务与指导

一、返程发现伪造使用硬席全年定期乘车证的处理

2017 年 3 月 1 日，2167 次列车（非空调普快，长春—牡丹江，经由长图线、牡图线，沈阳铁路局吉林客运段担当乘务工作），敦化站到站前查验车票，发现牡丹江供电段职工李××持 2017 年度牡丹江站至吉林站的硬席全年定期乘车证，公 YNj027938（见乘车证票样 1-3），经查验发现，乘车证票面铁路局系伪造，问列车如何处理？

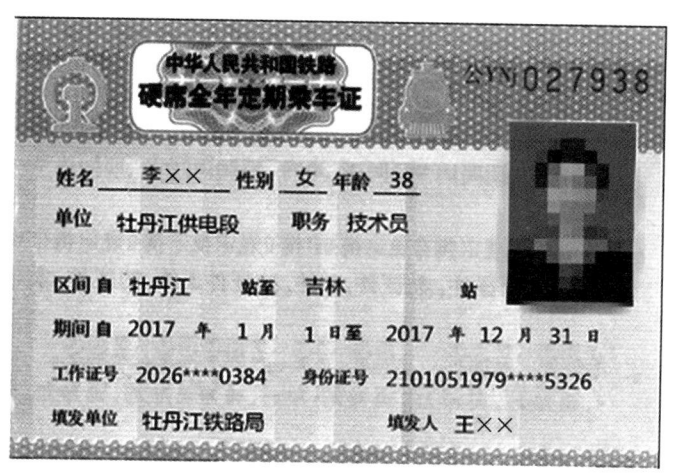

乘车证票样 1-3

【分析】

往程：

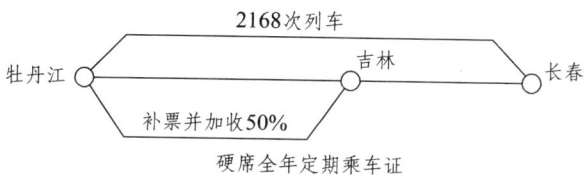

硬席全年定期乘车证

返程：

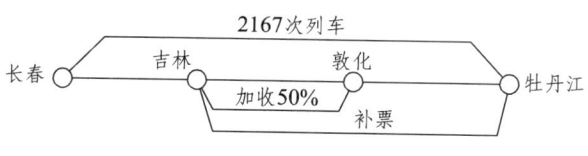

硬席全年定期乘车证

1. 2167 次列车是长春开往牡丹江方向，硬席全年定期乘车证的区间牡丹江至吉林，与乘车证填记区间方向相反，往程按无票处理。

2. 在哪个站发现的，敦化站到站前查验车票发现，无票加收到敦化站。

3. 往程没有确定车次时，按返程车次计算，罚款按客票票价计算。

解：

一、查找里程

（一）通过《铁路客运运价里程表》计算牡丹江至吉林、吉林至牡丹江、吉林至敦化间里程。

1. 通过《铁路客运运价里程表》中"线名音序索引表"第 38 页查找"长图线"在"里程表"第 201 页，在第 201 页查出吉林至图们间里程 401 km，在第 203 页查出吉林至敦化间里程 210 km。

2. 通过《铁路客运运价里程表》中"线名音序索引表"第 40 页查找"牡图线"在"里程表"第 211 页，在第 211 页查出图们至牡丹江间里程 248 km。

牡丹江至吉林间里程：248 + 401 = 649（km）

吉林至牡丹江间里程：401 + 248 = 649（km）

吉林至敦化间里程：210 km

（二）通过《东北客运运价里程接算站示意图》（图 1-52），计算牡丹江至吉林、吉林至牡丹江、吉林至敦化间里程。

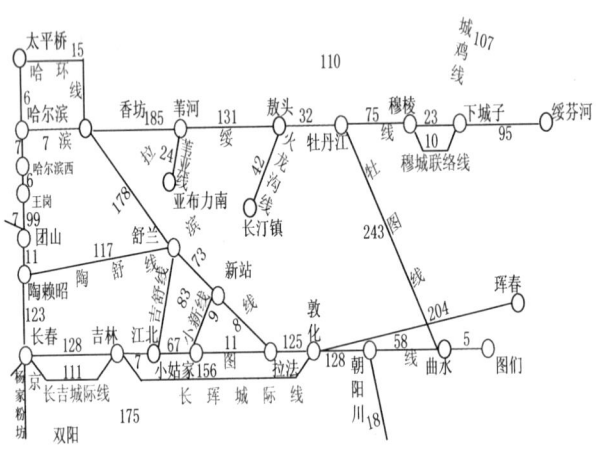

图 1-52

吉林 _7_ 江北 _67_ 小姑家 _11_ 拉法 _125_ 敦化 _128_ 朝阳川 _58_ 曲水 _5_ 图们 _5_ 曲水 _243_ 牡丹江

牡丹江至吉林间里程：243 + 5 + 5 + 58 + 128 + 125 + 11 + 67 + 7 = 649（km）

吉林至牡丹江间里程：7 + 67 + 11 + 125 + 128 + 58 + 5 + 5 + 243 = 649（km）

吉林至敦化间里程：7 + 67 + 11 + 125 = 210（km）

二、处理过程

处理事由：伪造

1. 无票

往程：牡丹江—吉林　649 km

硬座客快车票：44.0 元

加收 50% 的票款：44.0 × 50% = 22.0（元）

返程：吉林—牡丹江　649 km

硬座客快车票：44.0 元

吉林—敦化　210 km

硬座客快车票：16.5 元

加收 50% 的票款：16.5 × 50% = 8.25 ≈ 8.3（元）

2. 罚款：吉林属沈阳铁路局、牡丹江属哈尔滨铁路局，跨局按每日乘车 100 km 计算，客票票价：6.5 元，1 月 1 日至 3 月 1 日共计 60 天，60 × 6.5 = 390.0（元）。

手续费：2.0 元

合计：44.0 + 22.0 + 44.0 + 8.3 + 390.0 + 2.0 = 510.3（元）

列车编制记录上交乘车证（略）。

列车填发代用票，见票例1-86。

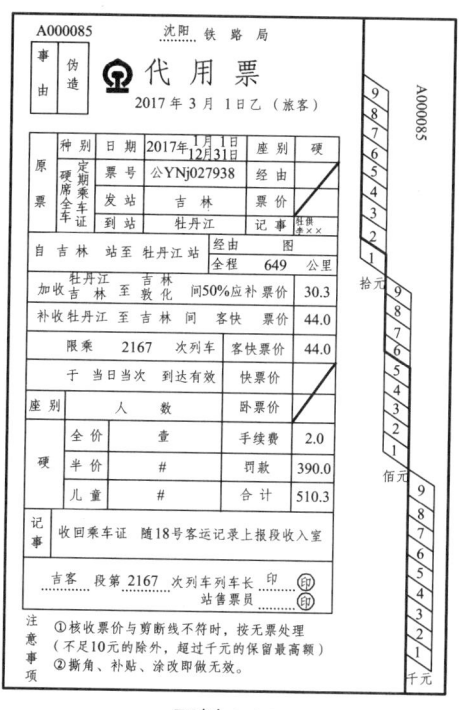

票例1-86

二、往程发现使用涂改硬席全年定期乘车证的处理

2017年3月1日，2167次列车（非空调普快，长春—牡丹江，经由长图线、牡图线，沈阳铁路局吉林客运段担当乘务工作），敦化站到站前查验车票，发现旅客刘××持2017年度吉林站至牡丹江站的硬席全年定期乘车证，票号公YNj027939（见乘车证票样1-4），经查验发现，乘车证票面日期涂改，问列车如何处理？

乘车证票样1-4

【分析】

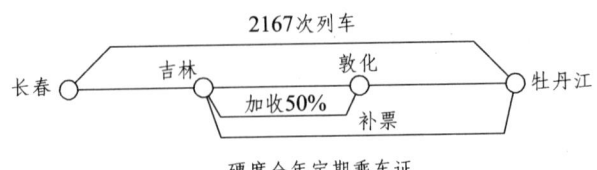

1. 2167 次列车是长春开往牡丹江方向，硬席全年定期乘车证的区间吉林至牡丹江，乘车区间与乘车证填记区间方向一致，只处理往程无票。
2. 在哪个车站发现的就加收到哪个车站，敦化到站前发现加收到敦化站。
3. 罚款按客票票价计算。

解：

一、查找里程

（一）通过《铁路客运运价里程表》计算吉林至牡丹江、吉林至敦化间里程。

1. 通过《铁路客运运价里程表》中"线名音序索引表"第 38 页查找"长图线"在"里程表"第 201 页，在第 201 页查出吉林至图们间里程 401 km，在第 203 页查出吉林至敦化间里程 210 km。

2. 通过《铁路客运运价里程表》中"线名音序索引表"第 40 页查找"牡图线"在"里程表"第 211 页，在第 211 页查出图们至牡丹江间里程 248 km。

吉林至牡丹江间里程：401 + 248 = 649（km）

吉林至敦化间里程：210 km

（二）通过《东北客运运价里程接算站示意图》（图 1-53），计算吉林至牡丹江、吉林至敦化间里程。

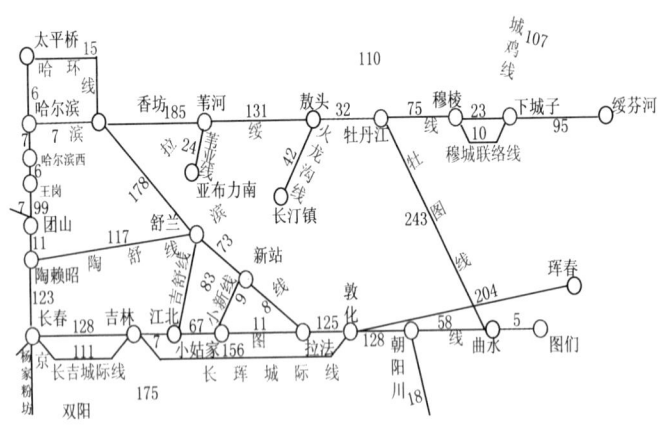

图 1-53

吉林 _7_ 江北 _67_ 小姑家 _11_ 拉法 _125_ 敦化 _128_ 朝阳川 _58_ 曲水 _5_ 图们 _5_ 曲水 _243_ 牡丹江

吉林至牡丹江间里程：7 + 67 + 11 + 125 + 128 + 58 + 5 + 5 + 243 = 649（km）

吉林至敦化间里程：7 + 67 + 11 + 125 = 210（km）

二、处理过程

处理事由：涂改

1. 无票：

吉林—牡丹江　649 km

硬座客快车票：44.0 元

加收 50% 的票款：吉林—敦化　210 km

硬座客快车票：16.5 元

16.5 × 50% = 8.25 ≈ 8.3（元）

2. 罚款：吉林属沈阳铁路局、牡丹江属哈尔滨铁路局，跨局按每日乘车 100 km 计算，客票票价：6.5 元，1 月 1 日至 3 月 1 日共计 60 天，60 × 6.5 = 390.0（元）。

手续费：2.0 元

合计：44.0 + 8.3 + 390.0 + 2.0 = 444.3（元）

列车编制记录上交乘车证（略）。

列车填发代用票，见票例 1-87。

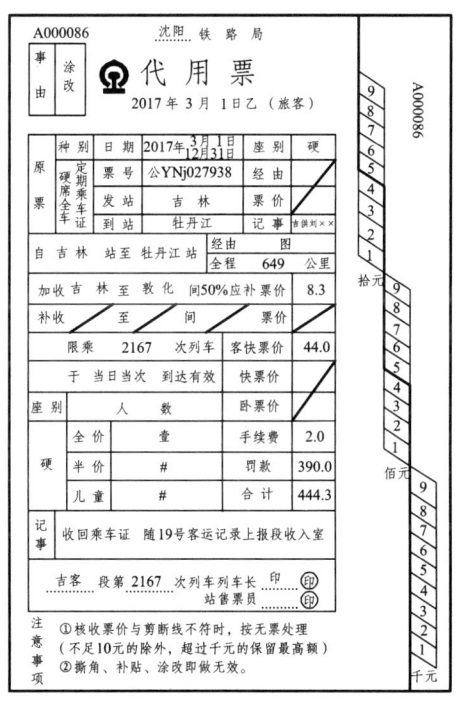

票例 1-87

三、借用硬席临时定期乘车证的处理

2016 年 10 月 8 日，K886 次列车（新空调快速，西宁至天津，经由包兰线、京包线、京沪线、天津西线，北京局天津客运段担当乘务工作），银川站刚开车验票，发现一名兰州车务段职工李××持兰州站至北京站的硬席临时定期乘车证，票号公 YLd490006（见乘车证票样 1-5），有效期是 2016 年 9 月 1 日至 11 月 30 日，经身份证核验时，发现借用本单位李明的硬

席临时定期乘车证，问列车如何处理？

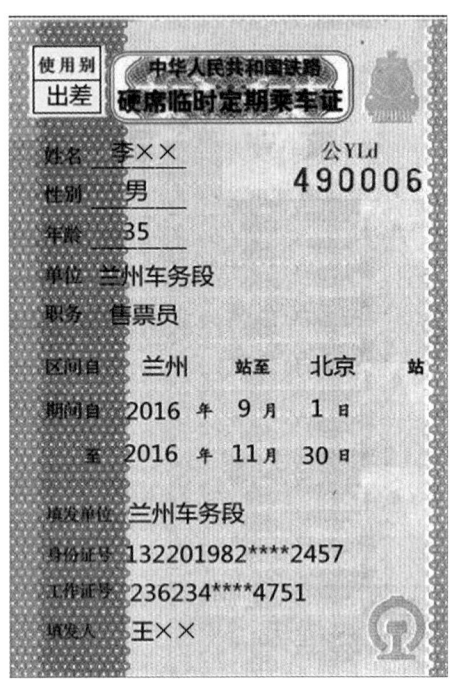

乘车证票样 1-5

【分析】

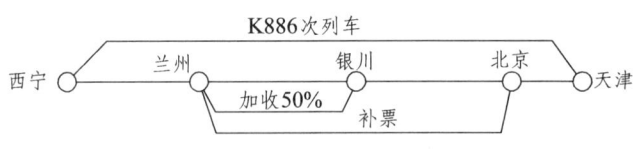

硬席临时定期乘车证

1. K886 次列车是西宁开往天津方向，硬席临时定期乘车证的区间兰州至北京，乘车区间与乘车证填记的区间方向一致，往程发现的，所以只计算往程无票。

2. 在哪个站发现，银川站刚开车后验票发现，加收到银川站。

解：

一、查找里程

1. 通过《铁路客运运价里程表》中"线名音序索引表"第 38 页查找"包兰线"在"里程表"第 82 页，在第 82 页查出兰州至银川间里程 468 km，兰州至包头间里程 979 km。

2. 通过《铁路客运运价里程表》中"线名音序索引表"第 39 页查找"京包线"在"里程表"第 76 页，在第 76 页查出包头至北京间里程 832 km。

兰州至银川间里程：468 km

兰州至北京间里程：979 + 832 = 1811（km）

二、处理过程

处理事由：借用

1. 无票

兰州—北京 1811 km

新空调硬座客快速车票票价：206.0 元

兰州—银川 468 km

新空调硬座客快速车票票价：69.0 元

加收 50%的票款：69.0×50% = 34.5（元）

2. 罚款：兰州属于兰州铁路局、北京属于北京铁路局，跨局按每日乘车 100 km 计算，客票票价：6.5 元，9 月 1 日至 10 月 8 日共计 38 天，38×6.5 = 247.0（元）。

手续费：2.0 元

合计：206.0 + 34.5 + 247.0 + 2.0 = 489.5（元）

编制记录上交乘车证（略）

列车填发代用票，见票例 1-88。

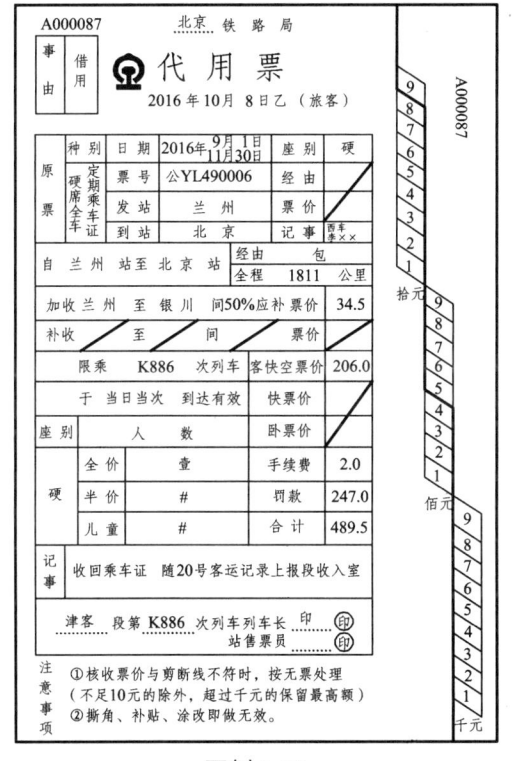

票例 1-88

四、过期使用硬席临时定期乘车证的处理

2016 年 10 月 8 日，K7376 次列车（新空调快速，吉林至大连，经由沈吉线、沈大线，沈阳铁路局吉林客运段担当乘务工作），沈阳站刚开车后验票，发现吉林房产段职工李××持吉林站至大连站的硬席临时定期乘车证，票号公 YLd490008（见乘车证票样 1-6），有效期是 7 月 1 日至 9 月 30 日，问列车如何处理？

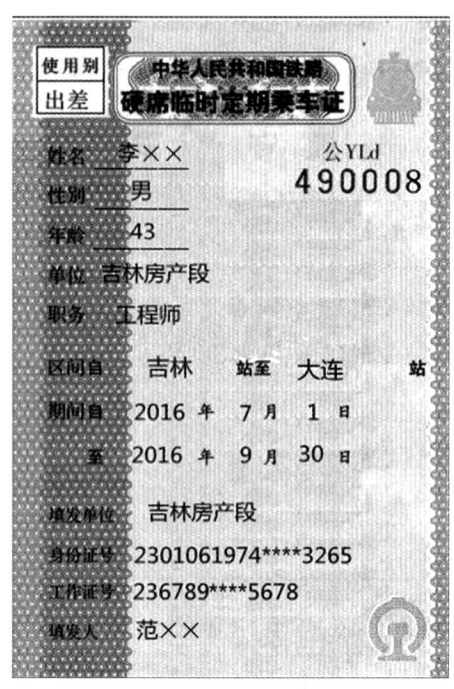

乘车证票样 1-6

【分析】

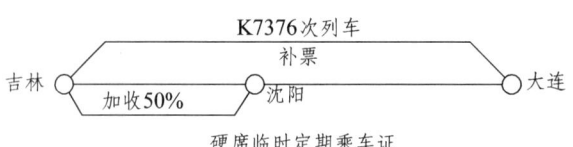

1. K7376 次列车是吉林开往大连方向，硬席临时定期乘车证的区间吉林至大连，乘车区间与乘车证填记的区间方向一致，往程发现的，所以只计算往程的无票。

2. 在哪个站发现，沈阳站刚开车后验票发现，加收到沈阳站。

解：

一、查找里程

（一）通过《铁路客运运价里程表》计算吉林至沈阳、吉林至大连间里程。

1. 通过《铁路客运运价里程表》中"线名音序索引表"第 40 页查找"沈吉线"在"里程表"第 194 页，在第 194 页查出吉林至沈阳间里程 446 km。

2. 通过《铁路客运运价里程表》中"线名音序索引表"第 40 页查找"沈大线"在"里程表"第 184 页，在第 185 页查出沈阳至大连间里程 397 km。

吉林至大连间里程：446 + 397 = 843（km）

（二）通过《东北客运运价里程接算站示意图》（图 1-54），计算吉林至沈阳间里程、吉林至大连间里程。

吉林_175_团林_8_朝阳镇_35_梅河口_181_抚顺北_44_沈阳北_3_沈阳_8_浑河_8_苏家屯_48_辽阳_61_海城_7_唐王山_25_大石桥_207_金州_16_大连北_8_周水子_9_大连

吉林至沈阳间里程：175 + 8 + 35 + 181 + 44 + 3 = 446（km）

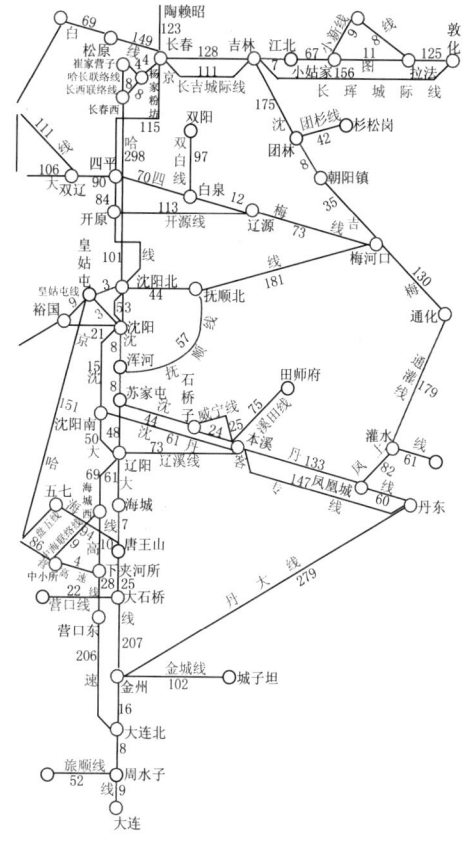

图 1-54

吉林至大连间里程：175 + 8 + 35 + 181 + 44 + 3 + 8 + 8 + 48 + 61 + 7 + 25 + 207 + 16 + 8 + 9 = 843（km）

二、处理过程

处理事由：过期

1. 无票

吉林—大连　843 km

新空调硬座客快速车票票价：112.0 元

吉林—沈阳　446 km

新空硬座客快速车票票价：64.5 元

加收 50% 的票款：64.5 × 50% = 32.25 ≈ 32.3（元）

2. 罚款：吉林属于沈阳铁路局，沈阳属于沈阳铁路局，每日乘车按 50 km 计算，客票票价：3.0 元，10 月 1 日至 10 月 8 日共计 8 天，8 × 3.0 = 24.0 元按 50.0 元计算。

手续费：2.0 元

合计：112.0 + 32.3 + 50.0 + 2.0 = 196.3（元）

列车编制记录上交乘车证（略）。

列车填发代用票，见票例 1-89。

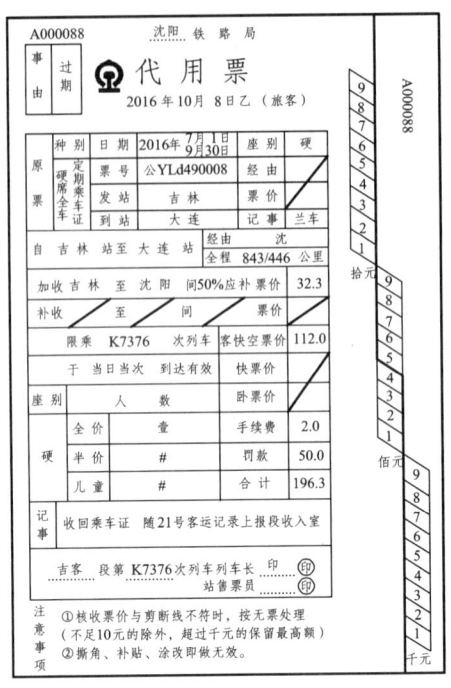

票例 1-89

五、过期使用硬席乘车证的处理

2016年10月8日，K78次列车（新空调快速，长春至宁波，经由沈吉线、京哈线、京沪线，沈阳铁路局吉林客运段担当乘务工作），锦州南站到站前验票，发现沈阳机务段职工陈××持本人沈阳站至葫芦岛北站的往返硬席乘车证，票号公YXk9999623（见乘车证票样1-7），有效期是9月26日至10月5日，问列车如何处理？

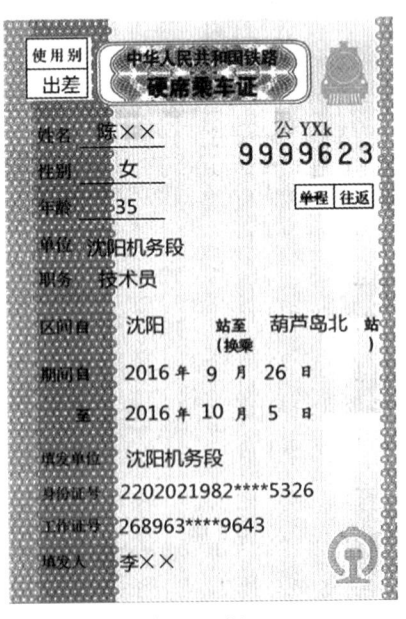

乘车证票样 1-7

【分析】

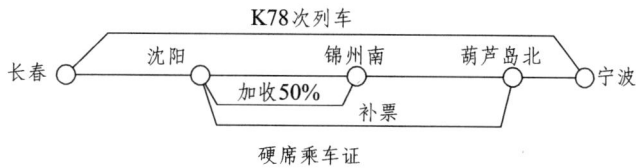

1. K78 次列车是长春开往宁波方向，往返硬席乘车证记载的区间是沈阳至葫芦岛北，乘车区间与乘车证填记的区间方向一致，往程发现的，所以只计算往程无票。

2. 在哪个站发现，锦州南站到站前验票时发现，加收到锦州南站。

解：

一、查找里程

通过《铁路客运运价里程表》计算沈阳至锦州南间里程、沈阳至葫芦岛北间里程。

1. 通过《铁路客运运价里程表》中"线名音序索引表"第 39 页查找"皇姑屯线"在"里程表"第 182 页，在第 182 页查出沈阳至皇姑屯间里程 3 km。

2. 通过《铁路客运运价里程表》中"线名音序索引表"第 39 页查找"京哈线"在"里程表"第 166 页，在第 167 页计算出皇姑屯至锦州南间里程 220 km，在第 167 页计算出皇姑屯至葫芦岛北间里程 263 km。

沈阳至锦州南间里程：3 + 220 = 223（km）

沈阳至葫芦岛北间里程：3 + 263 = 266（km）

二、处理过程

处理事由：过期

无票：沈阳—葫芦岛北　266 km

新空硬座客快速车票：41.5 元

沈阳—锦州南　223 km

新空调硬座客快速车票：37.5 元

加收 50% 的票款：37.5 × 50% = 18.75 ≈ 18.8（元）

手续费：2.0 元

合计：41.5 + 18.8 + 2.0 = 62.3（元）

列车编制记录上交乘车证（略）。

列车填发代用票，见票例 1-90。

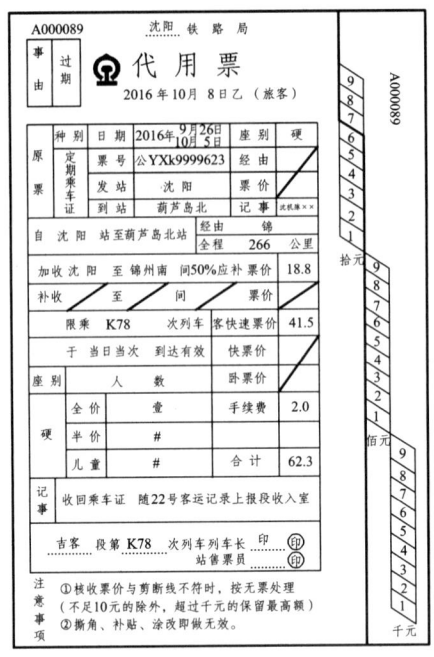

票例 1-90

六、借用定期通勤乘车证的处理

2016 年 10 月 8 日，T16 次列车（新空调快速，郑州至北京，经由陇海线、京九线，北京铁路局北京客运段担当乘务工作），衡水到站前北京车务段职工万××持郑州站至北京西站的定期通勤乘车证，票号 DTg649506（见乘车证票样 1-8），乘车证是借用本单位邓××的，问列车如何处理？

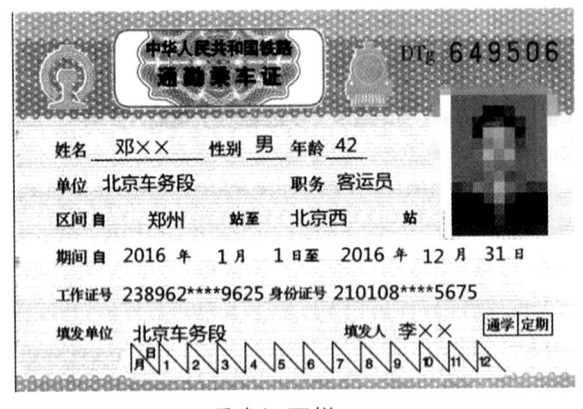

乘车证票样 1-8

【分析】

1. T16 次列车是郑州开往北京西方向，定期通勤乘车证的区间郑州至北京西，乘车区间与乘车证填记的区间方向一致，往程发现的，所以只计算往程无票。

2. 在哪个站发现，衡水到站前发现，加收到衡水站。

解：

一、查找里程

（一）通过《铁路客运运价里程表》查出郑州至北京西间里程、郑州至衡水间里程。

1. 通过《铁路客运运价里程表》中"线名音序索引表"第 40 页查找"陇海线"在"里程表"第 95 页，在第 96 页查出郑州至商丘间里程 203 km。

2. 通过《铁路客运运价里程表》中"线名音序索引表"第 39 页查找"京九线"在"里程表"第 38 页，在第 39 页查出商丘至北京西间里程 677 km，商丘至衡水间里程 403 km、衡水至北京西间里程 274 km。

郑州至北京西间里程：203 + 677 = 880（km）

郑州至衡水间里程：203 + 403 = 606（km）

（二）通过《北南方客运运价里程接算站示意图》（图 1-55），计算北京西至菏泽间里程、菏泽至衡水间里程。

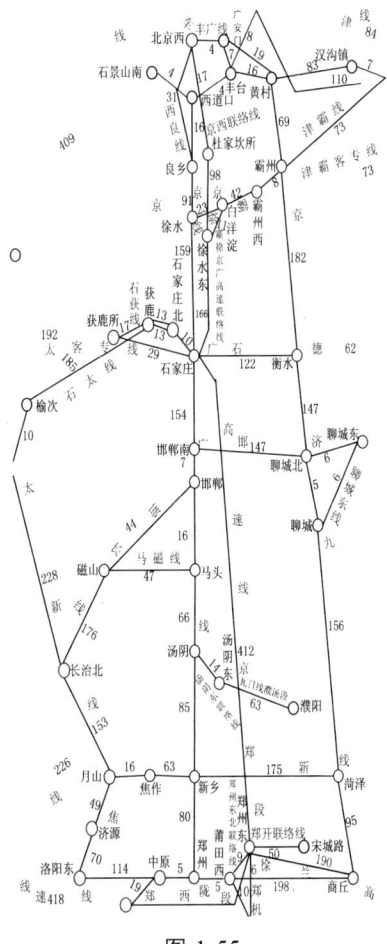

图 1-55

郑州_5_莆田西_198_商丘_95_菏泽_156_聊城_5_聊城北_147_衡水_182_霸州_69_黄村_19_广安门_4_北京西

郑州至北京西里程：5＋198＋95＋156＋5＋147＋182＋69＋19＋4＝880（km）

郑州至衡水间里程：5＋198＋95＋156＋5＋147＝606（km）

二、处理过程

处理事由：借用

1. 无票

郑州—北京西　880 km

新空调硬座客特快车票：115.0 元

郑州—衡水　606 km

新空调硬座客特快车票：81.0 元

加收 50% 的票款：81.0×50%＝40.5（元）

2. 罚款：按往返里程计算：郑州—北京西往返里程 880＋880＝1760（km），客票票价：82.0 元。1 月 1 日至 10 月 8 日共计 10 个月，10×82.0＝820.0（元）

手续费：2.0 元

合计：115.0＋40.5＋820.0＋2.0＝977.5（元）

列车编制记录上交乘车证（略）。

列车填发代用票，见票例 1-91。

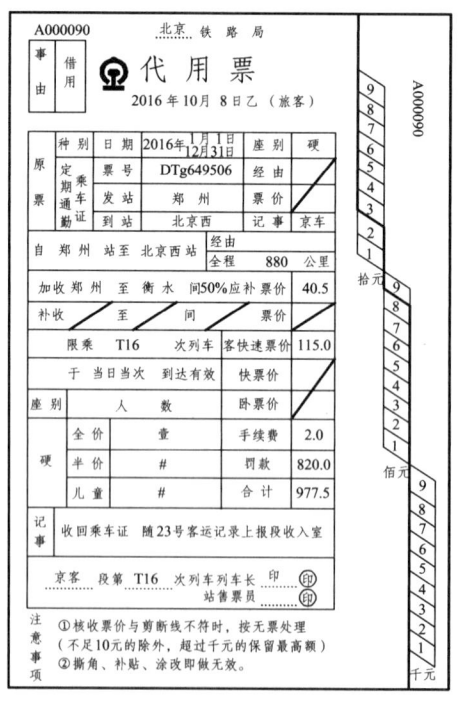

票例 1-91

【注解】

1. 铁路乘车证中只有四种乘车证违章使用进行罚款,分别是全年定期顶起乘车证、临时定期乘车证、通勤(学)乘车证、定期通勤乘车证。其余铁路乘车证违章使用时,按《铁路旅客运输规程》第 44 条中第 1 款处理,也就是按无票处理。

2. 如果铁路职工所持乘车证票面记载的区间与所乘列车区间一致时,只是对往程按无票处理;如果铁路职工所持乘车证票面记载的区间与所乘列车区间相反时,也就是返程发现的,要对往程进行追补,如果往程给定车次按给定车次进行追补,未给定车次按返程车次计算。

3. 填发代用票时,原票栏按铁路职工所持铁路乘车证票面记载的内容转记。记事栏内注明"收回乘车证,随×号客运记录上报段收入室"。

4. 违章使用并进行罚款的铁路乘车证,罚款时按乘车证票面记载的区间进行罚款,并不是按铁路职工所乘列车的区间进行罚款。

5. 罚款票价按客票票价进行罚款。

项目二 客运运价杂费收据

【项目说明】

一、本项目主要依据的规章

1. 《铁路旅客运输规程》(以下简《客规》)。
2. 《铁路旅客运输办理细则》(以下简称《细则》)。
3. 《铁路客运运价规则》(以下简称《价规》)。
4. 《铁路旅客运输收入规程》(以下简称《收规》)等规章。

二、运价尾数的处理

国家铁路的行李、包裹运价及客运杂费的尾数保留至角。

三、客运杂费的定义

客运杂费是指在铁路运输过程中,除去旅客车票票价、行李包裹运价以外,铁路运输企业向旅客、托运人、收货人提供的辅助作业、劳务及物耗等所收的费用。

四、客运杂费的收费项目和收费标准

客运杂费的收费项目和收费标准由国务院铁路主管部门制定。

表 2-1 客运杂费的收费项目和收费标准

	收费项目	收费条件	收费标准	备 注
1	站台票		1元/张	
2	手续费	列车上补卧铺	5元/人次	同时发生时按最高标准核收一次手续费
		其他	2元/人次	
3	退票费	按每张车票面额计算	票面乘车站开车时间前48小时以上的按票价5%计,24小时以上、不足48小时的按票价10%计,不足24小时的按票价20%计。(计算的尾数以5角为单位,尾数小于2.5角的舍去、2.5角以上且小于7.5角的计为5角、7.5角以上的进为1元。)	最低按2元计收

续表

	收费项目	收费条件	收费标准	备注
4	送票费	送到集中取票点	3元/人次	
		送到旅客所在地	5元/人次	
5	标签费	货签费	0.25元/个	
		安全标志费	0.2元/个	
6	行李、包裹变更手续费	装运前	5元/票次	
		装运后	10元/票次	
7	行李、包裹查询费	行李、包裹交付后，旅客或收获人还要求查询时	5元/票次	
8	行李、包裹装卸费	从行李房收货地点至装上行李车，或从行李车卸下至交付地点，各为一次装卸作业	2元/件次	超过每件规定重量的，按其超重倍数增收
9	行李、包裹保管费	超过免费保管期限，每日核收	3元/件次	超过每件规定重量的，按其超重倍数增收
10	行李、包裹搬运费	从车站广场停车地点搬运至行包房办理出，或从行包交付出搬运至广场停车地点各为一次搬运作业；由汽车搬上、搬下时，每搬一次，另计一次搬运作业	1元/件次	超过每件规定重量的，按其超重倍数增收
11	行李、包裹接取送达费	接取、送达各为一次作业每5 km（不足5 km按5 km计算）核收	5元/件次	超过每件规定重量的，按其超重倍数增收
12	携带品暂存费		3元/件次	每件重量以20 kg为限，超重时按其倍数增收
13	携带品搬运费	从广场停车地点搬运至站台，或从站台搬运至广场停车地点各为一次搬运作业；由汽车搬上、搬下时，每搬一次，另计一次搬运作业	2元/件次	每件重量以20 kg为限，超重时按其倍数增收

五、客运运价杂费收据的填写

车站在核收或补收未规定固定票据的票价、运费和杂费时，填写客运运价杂费收据。填写时字迹要清楚，按收费种别分别填入核收费用栏内，不用各栏划斜线抹消。

六、客运运价杂费收据的样式（见票例 2-1）

客运运价杂费收据分甲、乙、丙三页。乙页给付款人，丙页上报，甲页留站存查。客运运价杂费收据三页均为薄纸复写式，尺寸为 130 mm × 150 mm。每 50 组为一册，按甲、乙、丙顺序在上端反穿铁丝装钉。顺序号码由 00001 ~ 100000 号循环。每 10 万张附记汉语拼音字母 A，B，C……符号。各页均用黑色印刷。

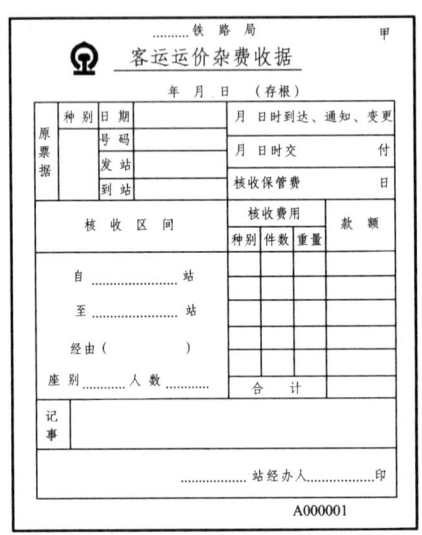

（a）甲页

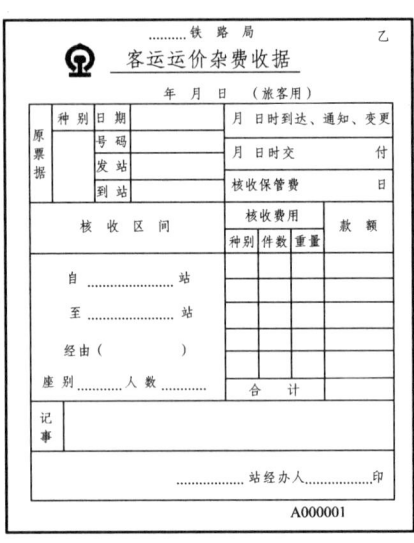

（b）乙页

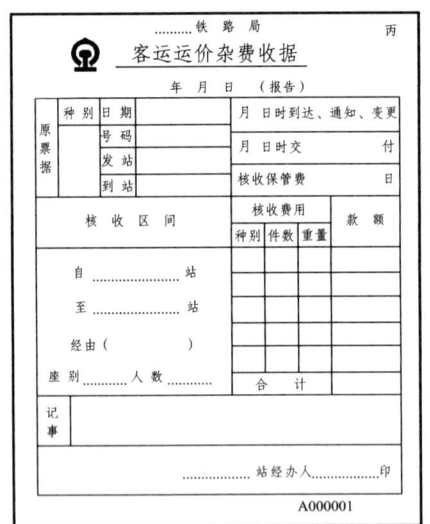

（c）丙页

票例 2-1 客运运价杂费收据

七、本项目使用的工具书

1. 《铁路客运运价里程表》为 2007 年 8 月第 6 版，2012 年 9 月第 16 次印刷。

2. 《行李包裹运价表》铁运函【2003】年 545 号，2004 年 4 月 1 日起施行，2004 年 2 月第 1 版，2011 年 11 月第 10 次印刷。

八、《行李包裹运价表》使用说明

1. 行李、包裹重量以千克为单位，不足 1 kg 的进为 1 kg。
2. 行李、包裹起码重量为 5 kg，每张行李、包裹的起码运费为 1 元。
3. 本表给出各个里程段上的千克运价。计算运费时用该运价乘以行包重量。
4. 行李、包裹的运费以元为单位，尾数四舍五入。
5. 行李 7001 km 以上，每增加 100 km 不足 100 km，每千克增加 0.029 元。包裹 6001 km 以上，每增加 100 km 或不足 100 km，每千克运价，一类包裹增加 0.021 元；二类包裹增加 0.074 元；三类包裹增加 0.106 元；四类包裹增加 0.138 元。

【任务一】超　重

相关理论知识

1. 《铁路旅客运输规程》第五十一条规定，旅客携带品由自己负责看管。每人免费携带品的重量是：儿童（含免费儿童）10 kg，外交人员 35 kg，其他旅客 20 kg。

2. 《铁路旅客运输规程》第五十三条规定，在车内或下车站，对超过免费重量的物品，其超重部分应补收四类包裹运费。对不可分拆的整件超重物品，按该件全部重量补收上车站至下车站四类包裹运费。

任务与指导

一、旅客携带普通物品超重的处理

2017 年 3 月 9 日，K930 次列车（新空调快速，佳木斯—大连，经由绥佳线、滨北线、京哈线、沈大线，哈尔滨铁路局牡丹江客运段担当乘务工作），呼兰站开车后，在硬卧 12 车发现旅客张××持呼兰站至金州站的新空调硬卧车票 12 车 006 号上铺，票号 B018614（见车票票样 2-1），携带一个旅行包，包内物品重为 27 kg，问列车如何处理？

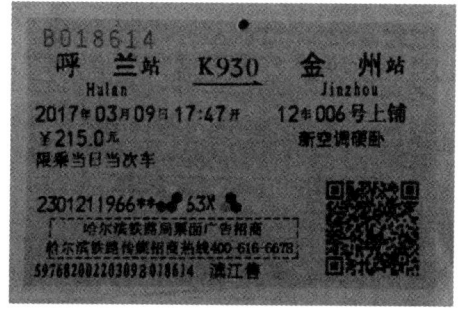

车票票样 2-1

解：

一、查找里程

通过《铁路客运运价里程表》计算呼兰至金州间里程。

1. 通过《铁路客运运价里程表》中"站名首字音序索引表"第 21 页查找"呼兰"首字"呼"字拼音"Hu"第一个字母"H"，再找到"呼"字，"呼"字在"站名索引表"第 28 页，在第 28 页找到"呼兰"在"里程表"第 216 页。在第 216 页查出呼兰至哈尔滨间里程 32 km。

2. 通过《铁路客运运价里程表》中"线名音序索引表"第 39 页查找"京哈线"在"里程表"第 166 页，在第 167 页查出哈尔滨至沈阳北间里程 546 km。

3. 通过《铁路客运运价里程表》中"线名音序索引表"第 40 页查找"沈大线"在"里程表"第 184 页，在第 184 页查出沈阳北至金州间里程 367 km。

呼兰至金州间里程：32 + 546 + 367 = 945（km）

二、处理过程

超重：

应补区间：呼兰—金州　945 km

应补重量：27 – 20 = 7（kg）

1 kg 四类包裹运费 1.622 元

应补运费：7 × 1.622 = 11.354 ≈ 11.4（元）

填写客运运价杂费收据，见票例 2-2。

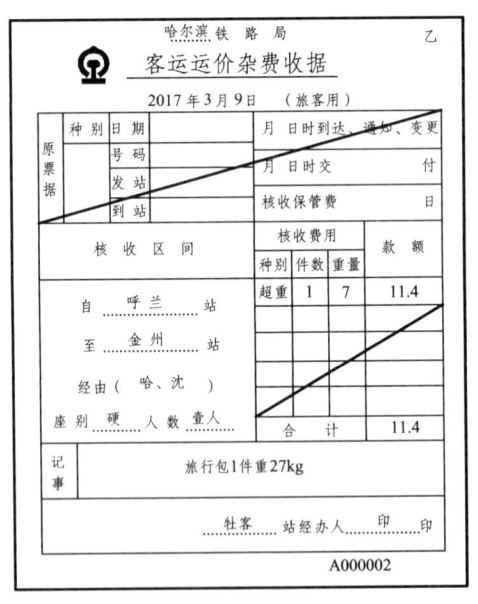

票例 2-2

二、旅客与儿童携带普通物品超重的处理

2017 年 3 月 9 日，2052 次列车（新空调普速，牡丹江—大连，经由滨绥线、京哈线、沈大线，沈阳铁路局沈阳客运段担当乘务工作），鞍山站开车后，在 YZ3 车 52 号座位发

现旅客王××持沈阳站至瓦房店站的新空调硬座车票，票号 Z098491（见车票票样 2-2），携带一名身高 1.15 m 的儿童和一个背包内物品重为 35.6 kg，一箱苹果 13 kg。问列车如何处理？

车票票样 2-2

解：

一、查找里程

通过《铁路客运运价里程表》中"线名音序索引表"第 40 页查找"沈大线"在里程表 184 页，即可查出沈阳至瓦房店间里程 292 km。

二、处理过程

超重：

应补区间：沈阳—瓦房店 292 km

应补重量：（35.6 + 13）－（20 + 10）= 18.6（kg）按 19 kg 计算

1 kg 四类包裹运费 0.555 元

应补运费：19 × 0.555 = 10.545 ≈ 10.5（元）

填写客运运价杂费收据，见票例 2-3。

票例 2-3

三、旅客与儿童携带整件不可分拆物品超重的处理

2017 年 3 月 2 日，T242 次列车（新空调特快，合肥—齐齐哈尔，经由淮南线、京沪线、津山线、京哈线、滨洲线，哈尔滨铁路局齐齐哈尔客运段担当乘务工作），徐州站开车后，在 YW15 车发现旅客李××持合肥站至长春站的新空调硬卧车票，票号 D056339（见车票票样 2-3），携带一名身高 1.1 m 的儿童和一个 32 kg 的机器零件。问列车如何处理？

车票票样 2-3

解：

一、查找里程

通过《铁路客运运价里程表》计算合肥至长春间里程。

1. 通过《铁路客运运价里程表》中"线名音序索引表"第 39 页查找"淮南线"在"里程表"第 17 页，在第 17 页查出合肥至蚌埠间里程 131 km。

2. 通过《铁路客运运价里程表》中"线名音序索引表"第 39 页查找"京沪线"在"里程表"第 1 页，在第 1 页和第 3 页计算出蚌埠至天津西间里程 830 km。

3. 通过《铁路客运运价里程表》中"线名音序索引表"第 41 页查找"天津西线"在"里程表"第 5 页，在第 5 页查出天津西至天津西间里程 10 km。

4. 通过《铁路客运运价里程表》中"线名音序索引表"第 39 页查找"津山线"在"里程表"第 169 页，在第 169 页计算出天津至狼窝铺间里程 153 km。

5. 通过《铁路客运运价里程表》中"线名音序索引表"第 39 页查找"京哈线"在"里程表"第 166 页，在第 166 页和第 167 页计算出狼窝铺至长春间里程 836 km。

合肥至长春间里程：131 + 830 + 10 + 153 + 836 = 1960（km）

二、处理过程

超重：

应补区间：合肥—长春　1960 km

应补重量：32 kg

1 kg 四类包裹运费 2.940 元

应补运费：32 × 29.40 = 94.08 ≈ 94.1（元）

填写客运运价杂费收据，见票例 2-4。

票例 2-4

四、外交人员携带超重物品的处理

2017 年 3 月 3 日，Z383 次列车（新空调直快，三亚—长春，经由京九线、京哈线，沈阳铁路局锦州客运段担当乘务工作），四平站开车后，在 YZ2 车发现一名外交旅客张××持四平站至长春站的新空调硬座车票，票号 L030311（见车票票样 2-4），携带一件行李 28 kg、一个旅行包 18 kg。问列车如何处理？

车票票样 2-4

解：

一、查找里程

通过《铁路客运运价里程表》中"线名音序索引表"第 39 页查找"京哈线"在"里程表"第 166 页，在第 167 页和第 168 页计算出四平至长春间里程 115 km。

二、处理过程

超重：

应补区间：四平—长春　115 km

应补重量：(28 + 18) – 35 = 11（kg）

1 kg 四类包裹运费 0.217 元

应补运费：11 × 0.217 = 2.387 ≈ 2.4（元）

填写客运运价杂费收据，见票例 2-5。

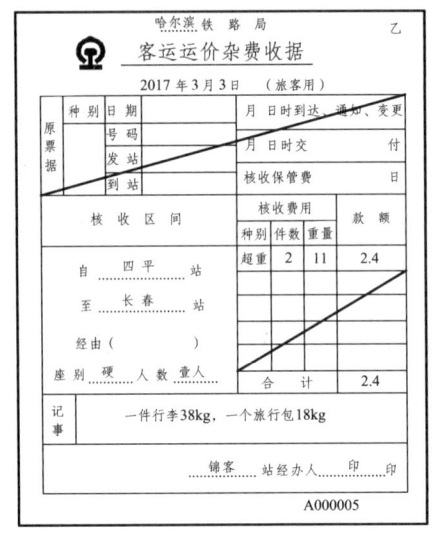

票例 2-5

五、旅客与儿童乘坐动车组列车携带超重物品的处理

2017 年 3 月 8 日，D73 次列车（动车组列车，经由京哈线、长吉城际线，沈阳铁路局吉林客运段担当乘务工作），北京站开车后，在 12 车大件行李处发现旅客侯××持北京站至沈阳北站的二等座车票，票号 E052194（见车票票样 2-5），携带两名儿童，身高分别为 1.1 m 和 1.0 m，携带旅行箱 1 个重 46.5 kg、一箱水果 20 kg。问列车如何处理？

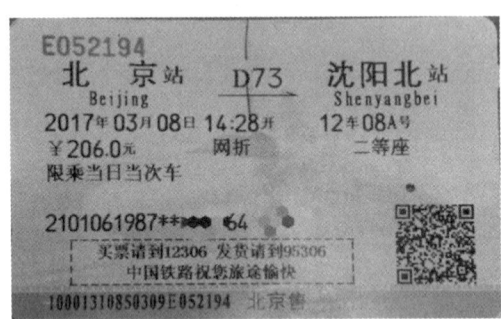

车票票样 2-5

解：

一、查找里程

通过《铁路客运运价里程表》中"线名音序索引表"第 39 页查找"京哈线"在"里程表"第 166 页，在第 167 页查出北京至沈阳北间里程 703 km。

二、处理过程

超重：

应补区间：北京—沈阳北　703 km

应补重量：（46.5 + 20）- 40 = 26.5（kg）按 27 kg 计算

1 kg 四类包裹运费 1.243 元

应补运费：27 × 1.243 = 33.561 ≈ 33.6（元）

填写客运运价杂费收据，见票例 2-6。

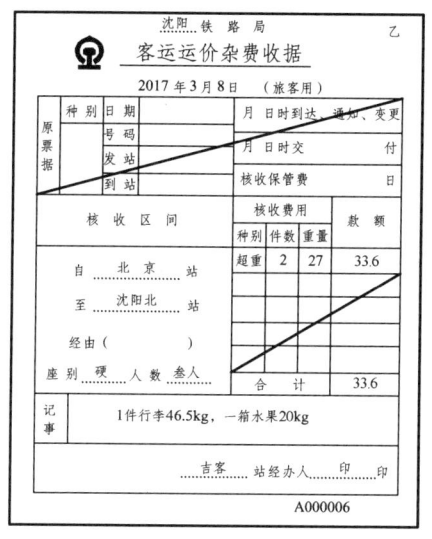

票例 2-6

六、旅客携带普通物品和不可分拆物品超重的处理

2017 年 3 月 8 日，2052 次列车（新空，经由京哈线、沈大线，沈阳铁路局沈阳客运段担当乘务工作），沈阳北站开车后，在 YZ6 车发现旅客王××持昌图站至普兰店站的新空调硬座车票 06 车 017 号，票号 E017472（见车票票样 2-6），携带一名身高 1.2 m 的儿童和手提箱一件 32 kg（内有衣服、洗簌用品等），汽车零件重 22 kg，问列车如何处理？

车票票样 2-6

解：

一、查找里程

1. 通过《铁路客运运价里程表》中"站名首字音序索引表"第 21 页查找"昌图"首字"昌"字拼音"Chang"第一个字母"C"，再找到"昌"字，"昌"字在站名索引表"8"，在"站名索引表"第"167"找到"昌图"在"里程表"167 页，在第 167 页计算出昌图至沈

阳北间里程 132 km。

2. 通过《铁路客运运价里程表》中"线名音序索引表表"第 40 页查找"沈大线"在"里程表"第 184 页，在第 184 页查出沈阳北至普兰店间里程 322 km。

昌图至普兰店间里程：132 + 322 = 454（km）

二、处理过程

超重（普通物品超重）：

应补区间：昌图—普兰店 454 km

应补重量：32 – 30 = 2（kg）

1 kg 四类包裹运费 0.865 元

应补运费：2 × 0.865 = 1.73 ≈ 1.7（元）

超重（不可分拆物品超重）：

应补区间：昌图—普兰店 454 km

应补重量：22 kg

1 kg 四类包裹运费 0.865 元

应补运费：22 × 0.865 = 19.03 ≈ 19.0（元）

共计：1.7 + 19.0 = 20.7（元）

填写客运运价杂费收据，见票例 2-7。

票例 2-7

【注解】

1. 旅客超重物品重量不足 1 kg 的按 1 kg 计算。

2. 补收运费不得超过本次列车终点站。

3. 列车上补收运费时，按四类包裹补收运费。

4. 列车上填写客运运价杂费收据时，原票栏划销，记事栏内注明旅客所携带的物品及其实际重量。

【任务二】超　大

相关理论知识

1. 儿童（含免费儿童）10 kg，外交人员 35 kg，其他旅客 20 kg。每件物品外部尺寸长、宽、高之和不超过 160 cm，杆状物品不超过 200 cm。

2. 在车内或下车站，对超过免费重量的物品，其超重部分应补收四类包裹运费。对不可分拆的整件超重、超大物品、动物，按该件全部重量补收上车站至下车站四类包裹运费。

任务与指导

一、旅客乘坐普速列车携带电视机超大的处理

2017 年 3 月 7 日，K550 次列车（新空调快速列车，齐齐哈尔—大连，经由长白线、京哈线、沈大线，沈阳铁路局长春客运段担当乘务工作），四平站开车后，在 YZ13 车发现旅客段××持白城站至大连站的新空调硬座车票 13 车 024 号，票号 D048443（见车票票样 2-7），携带一台电视机，长×宽×高为 100 cm×60 cm×60 cm，重 18 kg，问列车如何处理？

车票票样 2-7

解：

一、查找里程

1. 通过《铁路客运运价里程表》中"线名音序索引表"第 40 页查找"平齐线"在"里程表"第 225 页，在第 225 页查出白城至四平间里程 353 km。

2. 通过《铁路客运运价里程表》中"线名音序索引表"第 39 页查找"京哈线"在"里程表"第 166 页，在第 167 页计算出四平至沈阳北间里程 185 km。

3. 通过《铁路客运运价里程表》中"线名音序索引表"第 40 页查找"沈大线"在"里程表"第 184 页，在第 184 页查出沈阳北至大连间里程 400 km。

白城至大连间里程：353 + 185 + 400 = 938（km）

二、处理过程

超大：

应补区间：白城—大连　938 km

应补重量：100 + 60 + 60 = 220 cm > 160 cm，超大按 18 kg 计算。

1 kg 四类包裹运费 1.622 元

应补运费：18 × 1.622 = 29.196 ≈ 29.2（元）

填写客运运价杂费收据，见票例 2-8。

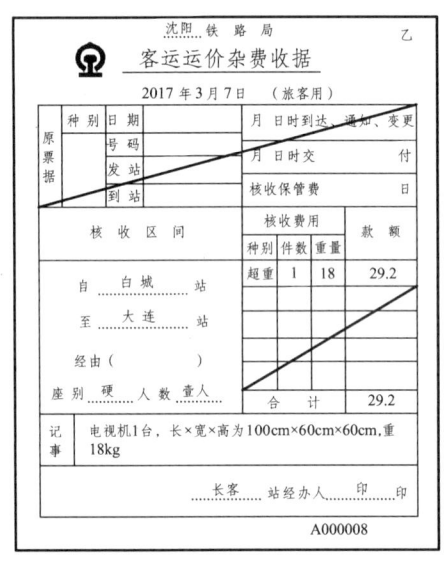

票例 2-8

二、旅客乘坐普速列车携带台式电脑超大的处理

2017 年 3 月 8 日，K7376 次列车（新空调快速列车，吉林—大连，经由沈吉线、沈大线，沈阳铁路局吉林客运段担当乘务工作），沈阳北站开车后，在 YZ14 车发现旅客王××持抚顺北站至瓦房店站的新空调硬座车票 14 车 099 号，票号 H089334（见车票票样 2-8），携带一台用纸箱封装的台式电脑，长×宽×高为 80 cm×60 cm×30 cm，重 12.3 kg，问列车如何处理？

车票票样 2-8

解：

一、查找里程

通过《铁路客运运价里程表》计算抚顺北至瓦房店间里程。

1. 通过《铁路客运运价里程表》中"线名音序索引表"第 40 页查找"沈吉线"在"里程"第表 194 页，在第 194 页查出抚顺北至沈阳北间里程 44 km。

2. 通过《铁路客运运价里程表》中"线名音序索引表"第 40 页查找"沈大线"在"里程表"第 184 页，在第 184 页查出沈阳北至瓦房店间里程 295 km。

抚顺北至瓦房店间里程：44 + 295 = 339（km）

二、处理过程

超大：

应补区间：抚顺北—瓦房店   339 km

应补重量：80 + 60 + 30 = 170 cm > 160 cm，按超大计算，12.3 kg 按 13 kg 计算。

1 kg 四类包裹运费 0.652 元

应补运费：13 × 0.652 = 8.476 ≈ 8.5（元）

填写客运运价杂费收据，见票例 2-9。

票例 2-9

三、旅客与免费儿童乘坐城际动车组列车携带纸箱超大的处理

2017 年 3 月 4 日，C1024 次列车（城际动车组列车，延吉西—吉林，沈阳铁路局吉林客运段担当乘务工作），吉林站开车后，在 6 车发现旅客吕××持吉林站至长春站的二等座车票 06 车 08A 号，票号 D093938（见车票票样 2-9），携带一名 1.1 m 的儿童一名和一个纸箱，纸箱长×宽×高为 50 mm × 50 mm × 35 mm，重 23.3 kg，问列车如何处理？

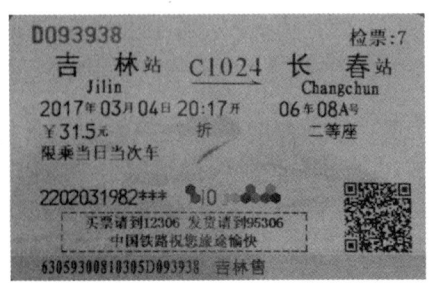

车票票样 2-9

解：

一、查找里程

通过《东北客运运价里程接算站示意图》（图 2-1），计算吉林至长春间里程。

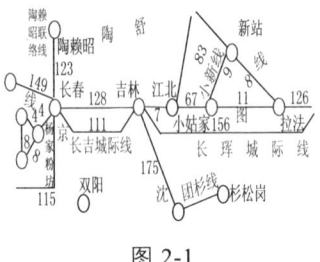

图 2-1

二、处理过程

超大：

应补区间：吉林—长春　111 km

应补重量：50 + 50 + 35 = 135 mm > 130 mm，超大 23.3 kg 按 24 kg 计算。

1 kg 四类包裹运费 0.217 元

应补运费：24 × 0.217 = 5.208 ≈ 5.2（元）

填写客运运价杂费收据，见票例 2-10。

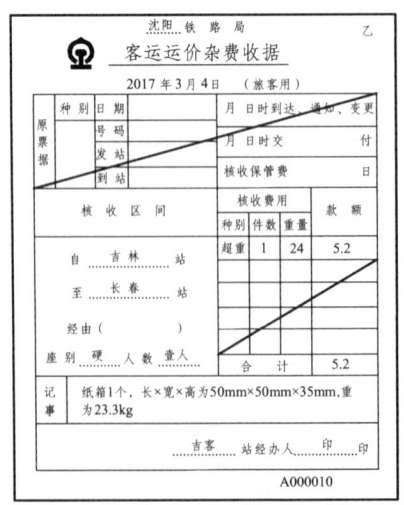

票例 2-10

四、旅客乘坐普速列车携带圆桌超大的处理

2017年3月7日，K7306次列车（新空调快速列车，乌兰浩特—大连，经由长白线、京哈线、沈大线，沈阳铁路局长春客运段担当乘务工作），长春站开车后，在YW11车发现旅客王××持大安北站至大连站的新空调硬卧车票11车019号中铺，票号B028165（见车票票样2-10），携带一个圆桌直径80 cm，重12.8 kg，问列车如何处理？

车票票样2-10

解：

一、查找里程

1. 通过《铁路客运运价里程表》中"线名音序索引表"第38页查找"长白线"在"里程表"第231页，在第231页查出大安北至长春间里程218 km。

2. 通过《铁路客运运价里程表》中"线名音序索引表"第39页查找"京哈线"在"里程表"第166页，在第167页和第168页计算出长春至沈阳北间里程300 km。

3. 通过《铁路客运运价里程表》中"线名音序索引表"第40页查找"沈大线"在"里程表"第184页，在第184页查出长春至沈阳北间里程400 km。

大安北至大连间里程：218 + 300 + 400 = 918（km）

二、处理过程

超大：

应补区间：大安北—大连　918 km

应补重量：圆桌直径800 mm > 160 mm（还有一个厚度），超大12.8 kg按13 kg计算。

1 kg四类包裹运费1.559元

应补运费：13 × 1.559 = 20.267 ≈ 20.3（元）

填写客运运价杂费收据，见票例2-11。

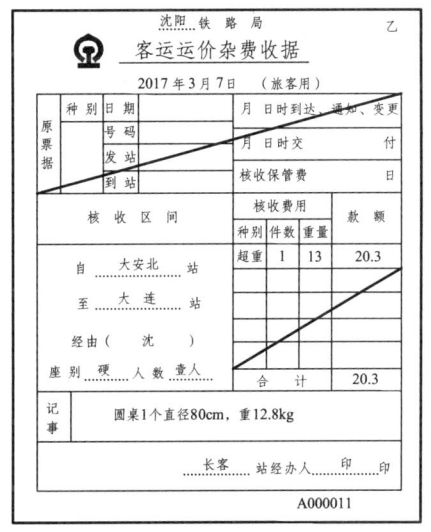

票例2-11

【任务三】低值品

相关理论知识

1. 儿童（含免费儿童）10 kg，外交人员 35 kg，其他旅客 20 kg。
2. 在车内或下车站，对超过免费重量的物品，其超重部分应补收四类包裹运费。
3. 如旅客超重、超大的物品价值低于运费时，可按物品价值的 50%核收运费。

任务与指导

一、旅客携带大米超重的处理（大米按低值品计算）

2017 年 2 月 22 日，K2286 次列车（新空调快速，昆明至长春，经由沪昆线、焦柳线、京广线、津霸客专线、沈山线、沈大线、京哈线，沈阳铁路局长春客运段担当乘务工作），怀化站开车后，在 YW13 车发现旅客王××持贵阳站至长春站的新空调硬卧车票 3 车 012 号下铺，票号 L052252（见车票票样 2-11），携带大米 50 kg，问列车如何处理？（当地大米价格为 3.0 元/kg）

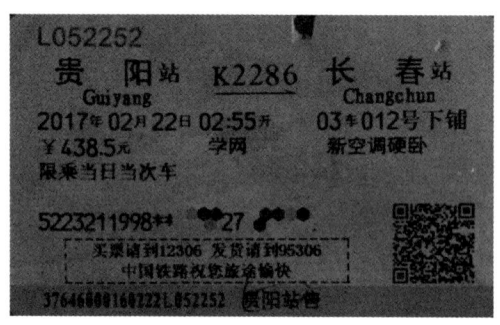

车票票样 2-11

解：
一、查找里程
1. 通过《铁路客运运价里程表》中"线名音序索引表"第 39 页查找"沪昆线"在"里程表"第 21 页，在第 23 页和第 24 页计算出贵阳至怀化间里程 457 km。
2. 通过《铁路客运运价里程表》中"线名音序索引表"第 39 页查找"焦柳线"在"里程表"第 67 页，在第 67 页查出怀化至月山间里程 1198 km。
4. 通过《铁路客运运价里程表》中"线名音序索引表"第 41 页查找"太新线"在"里程表"第 57 页，在第 59 页查出月山至新乡间里程 79 km。
5. 通过《铁路客运运价里程表》中"线名音序索引表"第 39 页查找"京广线"在"里程表"第 45 页，在第 45 页查出新乡至石家庄间里程 332 km。
6. 通过《北南方客运运价接算站示意图》计算出石家庄至天津间里程 319 km。

7. 通过《铁路客运运价里程表》中"线名音序索引表"第 39 页查找"津山线"在"里程表"第 169 页，在第 169 页计算出天津至狼窝铺间里程 153 km。

8. 通过《铁路客运运价里程表》中"线名音序索引表"第 39 页查找"京哈线"在"里程表"第 166 页，在第 166 页计算出狼窝铺至山海关间里程 148 km。

9. 通过《铁路客运运价里程表》中"线名音序索引表"第 40 页查找"沈山线"在"里程表"第 170 页，在第 170 页查出山海关至沈阳间里程 426 km。

10. 通过《铁路客运运价里程表》中"线名音序索引表"第 40 页查找"沈大线"在里程表 182 页，即可查出沈阳至沈阳北间里程 3 km。

11. 通过《铁路客运运价里程表》中"线名音序索引表表"第 39 页查找"京哈线"在里程表 166 页，即可查出沈阳北至长春间里程 300 km。

贵阳至长春间里程：457 + 1198 + 79 + 332 + 319 + 153 + 148 + 426 + 3 + 300 = 3415（km）

二、处理过程

低值品：

应补区间：贵阳—长春 3415 km

应补重量：50 − 20 = 30（kg）

1 kg 四类包裹运费 5.003 元

应补运费：30 × 5.003 = 150.09 ≈ 150.1（元）

当地大米价格 3.0 元/kg，30 × 3.0 = 90.0 元，150.1 元 > 90.0 元，所以按物品价值的 50% 核收，90.0 × 50% = 45.0（元）

填写客运运价杂费收据，见票例 2-12。

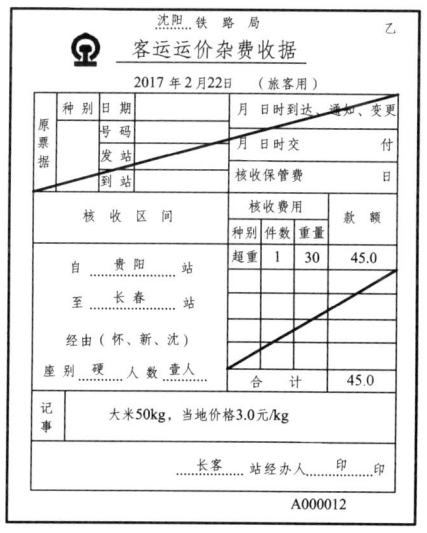

票例 2-12

二、旅客携带大米超重的处理（大米不按低值品计算）

2017 年 3 月 4 日，K703 次列车（新空调快速，青岛北至哈尔滨，经由胶济线、京沪线、津山线、京哈线、沈山线、京哈线，哈尔滨铁路局哈尔滨客运段担当乘务工作），公主岭站开车后，在 YZ3 车发现旅客刘××持公主岭站至长春站的新空调硬座车票 3 车 109

号，票号 Y006410（见车票票样 2-12），携带大米 50 kg，问列车如何处理？（当地大米价格为 2.0 元/kg）

车票票样 2-12

解：

一、查找里程

通过《铁路客运运价里程表》中"线名音序索引表"第 39 页查找"京哈线"在"里程表"第 166 页，在第 167 页和第 168 页计算出公主岭至长春间里程 62 km。

二、处理过程

超重：

应补区间：公主岭—长春　62 km

应补重量：50 − 20 = 30（kg）

1 kg 四类包裹运费 0.197 元

应补运费：30 × 0.197 = 5.91 ≈ 5.9（元）

当地大米价格 2.0 元/kg，30 × 2.0 = 60.0 元，60.0 元 > 5.9 元，不能按低值品计算，应按普通物品超重计算。

填写客运运价杂费收据，见票例 2-13。

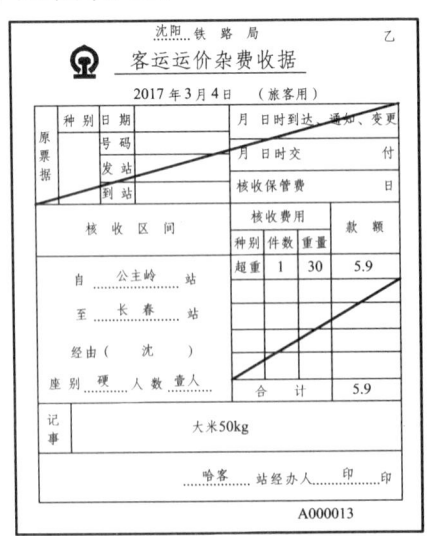

票例 2-13

三、旅客携带玉米超重的处理（玉米按低值品计算）

2017年2月22日，K7394次列车（新空调快速，白山市至吉林，经由鸭大线、梅集线、四梅线、京哈线、长图线，沈阳铁路局吉林客运段担当乘务工作），梅河口站开车后，在YW3车发现旅客王××持柳河站至长春站的新空调硬卧车票03车006号下铺，票号W061699（见车票票样2-13），携带1.15 m儿童一名，并携带玉米50 kg，问列车如何处理？（当地玉米价格为0.5元/kg）

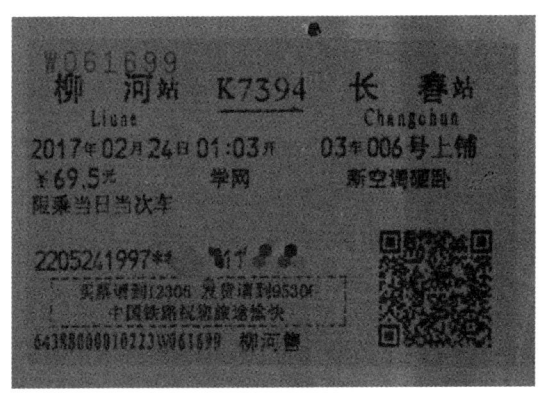

车票票样2-13

解：

一、查找里程

1. 通过《铁路客运运价里程表》中"线名音序索引表"第40页查找"梅集线"在"里程表"第197页，在第197页查出柳河至梅河口间里程33 km。

2. 通过《铁路客运运价里程表》中"线名音序索引表"第41页查找"四梅线"在"里程表"第196页，在第196页查出梅河口至四平间里程155 km。

3. 通过《铁路客运运价里程表》中"线名音序索引表"第39页查找"京哈线"在"里程表"第166页，在第167页和168页计算出四平至长春间里程115 km。

柳河至长春间里程：33 + 155 + 115 = 303（km）

二、处理过程

超重：

应补区间：柳河—长春　303 km

应补重量：50 − （20 + 10）= 20（kg）

1 kg 四类包裹运费 0.519 元

应补运费：20 × 0.599 = 11.98 ≈ 12.0（元）

当地玉米价格0.5元/kg，20 × 0.5 = 10.0 元，12.0 元 > 10.0 元，属于低值品，所以按物品价值的50%核收，10.0 × 50% = 5.0 元

填写客运运价杂费收据，见票例2-14。

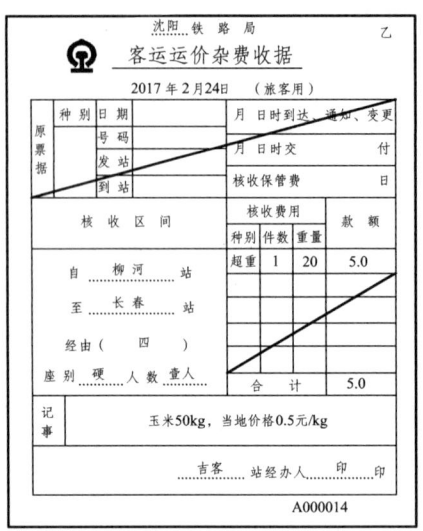

票例 2-14

【任务四】动　物

相关理论知识

1. 儿童（含免费儿童）10 kg，外交人员 35 kg，其他旅客 20 kg。每件物品外部尺寸长、宽、高之和不超过 160 cm，杆状物品不超过 200 cm，

2. 在车内或下车站，对超过免费重量的物品，其超重部分应补收四类包裹运费。对不可分拆的整件超重、超大物品、动物，按该件全部重量补收上车站至下车站四类包裹运费。

3. 对已带入车内的猫、狗、猴等宠物，应安排在列车通过台由旅客自己照看，宠物发生意外或伤害其他旅客时，由携带者负责。

任务与指导

旅客携带宠物狗的处理

2017年2月23日，K7394次列车（新空调快速，白山市至吉林，经由梅集线、四梅线、长图线，沈阳铁路局吉林客运段担当乘务工作），梅河口站开车后，在YZ3车发现一名学生魏××持通化站至长春站的半价新空调硬卧车票，03车002号上铺，票号J054883（见车票票样2-14），携带1个纸箱内有2只宠物狗共重8 kg，问列车如何处理？

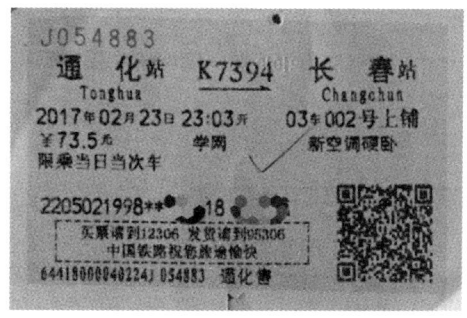

车票票样2-14

解：

一、查找里程

通过《铁路客运运价里程表》计算通化至长春间里程。

1. 通过《铁路客运运价里程表》中"线名音序索引表"第40页查找"梅集线"在"里程表"第197页，在第197页查出通化至梅河口间里程130 km。

2. 通过《铁路客运运价里程表》中"线名音序索引表"第41页查找"四梅线"在"里程表"第196页，在第196页查出梅河口至四平间里程155 km。

3. 通过《铁路客运运价里程表》中"线名音序索引表"第39页查找"京哈线"在"里程表"第166页，在第167页和第168页计算出四平至长春间里程115 km。

通化至长春间里程：130 + 155 + 115 = 400（km）

二、处理过程

危险品：

应补区间：通化—长春　400 km

应补重量：8 kg

应补运费：1 kg 四类包裹运费0.759元

$8 \times 0.759 = 6.072 \approx 6.1$（元）

填写客运运价杂费收据，见票例2-15。

票例 2-15

【任务五】危险品

相关理论知识

1. 儿童（含免费儿童）10 kg，外交人员 35 kg，其他旅客 20 kg。每件物品外部尺寸长、宽、高之和不超过 160 cm，杆状物品不超过 200 cm。

2. 发现危险品或国家禁止、限制运输的物品，妨碍公共卫生的物品，损坏或污染车辆的物品，按该件全部重量加倍补收乘车站至下车站四类包裹运费。危险物品交前方停车站处理；必要时移交公安部门处理。对有必要就地销毁的危险品应就地销毁，使之不能危害并不承担任何赔偿责任。

没收危险品时，应向被没收人出具书面证明。

任务与指导

一、旅客携带鞭炮的处理

2017 年 3 月 8 日，2052 次列车（新空调普快列车，牡丹江至大连，经由滨绥线、京哈线、沈大线，沈阳铁路局沈阳客运段担当乘务工作），昌图站到站前，在 YZ2 车发现旅客刘××持亚布力站至瓦房店站的新空调硬座车票 02 车 008 号，票号 Z056826（见车票票样 2-15），携带 1000 响的鞭炮 6 kg，问列车如何处理？

车票票样 2-15

解：

一、查找里程

1. 通过《铁路客运运价里程表》中"站名首字音序索引表"第 23 页查找"亚布力"首字"亚"字拼音"Ya"第一个字母"Y"，再找到"亚"字，"亚"字在"站名索引表"第 84 页，在第"84"找到"亚布力"在"里程表"第 208 页，在第 208 页查出亚布力至哈尔滨间里程 212 km。

2. 通过《铁路客运运价里程表》中"线名音序索引表"第 39 页查找"京哈线"在"里程表"第 166 页，在第 167 页查出哈尔滨至昌图间里程 414 km。

亚布力至昌图间里程：212 + 414 = 626（km）

二、处理过程

危险品：

应补区间：亚布力—昌图　626 km

应补重量：6 kg

1 kg 四类包裹运费 1.117 元

应补运费：6 × 1.117 × 2 = 13.404 ≈ 13.4（元）

列车长编制客运记录将鞭炮交昌图站（略）。

填写客运运价杂费收据，见票据 2-16。

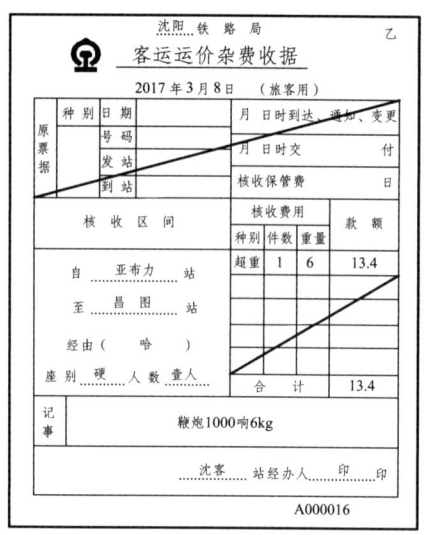

票例 2-16

二、旅客携带汽油的处理

2017年2月26日，K39次列车（新空调快速列车，北京至海拉尔，经由京哈线、津山线、沈山线、京哈线、滨州线，哈尔滨铁路局齐齐哈尔客运段担当乘务工作），长春站到站前，在YW14车14号下铺车发现旅客黄××持北京站至长春站的新空调硬卧车票14车014号下铺，票号G037702（见车票票样2-16），携带7 kg汽油1桶，问列车如何处理？

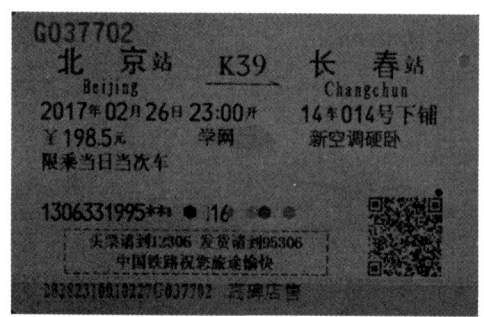

车票票样 2-16

解：

一、查找里程

1. 通过《铁路客运运价里程表》中"线名音序索引表"第39页查找"京沪线"在"里程表"第1页，在第1页查出北京至南仓间里程 130 km。

2. 通过《铁路客运运价里程表》中"线名音序索引表"第39页查找"津山线"在"里程表"第169页，在第169页查出北京至山海关间里程 303 km。

3. 通过《铁路客运运价里程表》中"线名音序索引表"第40页查找"沈山线"在"里程表"第170页，在第170页查出山海关至沈阳间里程 426 km。

4. 通过《铁路客运运价里程表》中"线名音序索引表"第40页查找"沈大线"在"里

程表"第 184 页，在第 185 页查出沈阳至沈阳北间里程 3 km。

5. 通过《铁路客运运价里程表》中"线名音序索引表"第 39 页查找"京哈线"在"里程表"第 166 页，在第 167 页和第 168 页计算出沈阳北至长春间里程 300 km。

北京至长春间里程：130 + 303 + 426 + 3 + 300 = 1162（km）

二、处理过程

危险品：

应补区间：北京—长春　1162 km

应补重量：7 kg

1 kg 四类包裹运费 1.959 元

应补运费：7 × 1.959 × 2 = 27.426 ≈ 27.4（元）

列车长编制客运记录将鞭炮交长春站（略）。

填写客运运价杂费收据，见票据 2-17。

票例 2-17

【任务六】超重、超大

相关理论知识

1. 儿童（含免费儿童）10 kg，外交人员 35 kg，其他旅客 20 kg。每件物品外部尺寸长、宽、高之和不超过 160 cm，杆状物品不超过 200 cm，

2. 在车内或下车站，对超过免费重量的物品，其超重部分应补收四类包裹运费。对不可分拆的整件超重、超大物品、动物，按该件全部重量补收上车站至下车站四类包裹运费。

任务与指导

旅客携带普通物品超重、超大的处理

2017 年 3 月 3 日，T183 次列车（新空调特快，经由京哈线，哈尔滨铁路局哈尔滨客运段担当乘务工作），铁岭站开车后，在 YZ2 车发现旅客王××持铁岭站至长春站的新空调硬座车票 02 车 053 号，票号 K056555（见车票票样 2-17），携带行李一件重 27.1 kg，一个小圆桌直径 85 cm，重 12 kg，问列车如何处理？

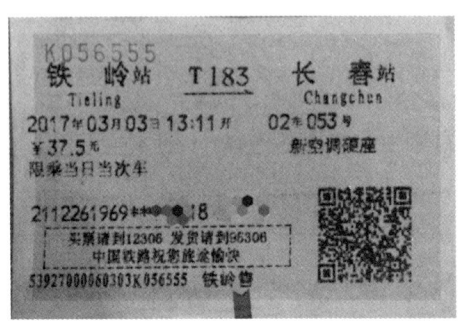

车票票样 2-17

解：

一、查找里程

通过《铁路客运运价里程表》中"线名音序索引表"第 39 页查找"京哈线"在"里程表"第 166 页，在第 167 页和第 168 页计算出铁岭至长春间里程 233 km。

二、处理过程

超重：

应补区间：铁岭—长春　233 km

应补重量：27.1 − 20 = 7.1（kg）进为 8 kg

1 kg 四类包裹运费 0.448 元

应补运费：8 × 0.448 = 3.584 ≈ 3.6（元）

超大：

应补区间：铁岭—长春　233 km

应补重量：12 kg

1 kg 四类包裹运费 0.448 元

应补运费：12 × 0.448 = 5.376 ≈ 5.4（元）

共计：3.6 + 5.4 = 9.0（元）

填写客运运价杂费收据，见票据 2-18。

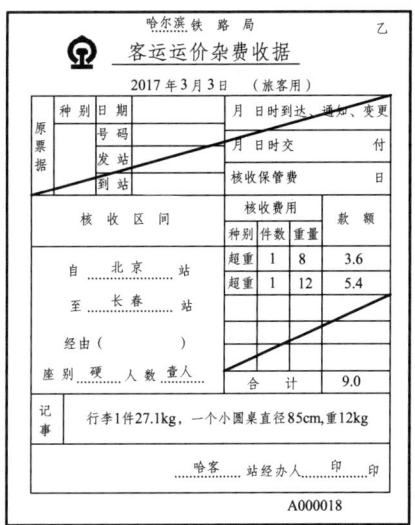

票例 2-18

参考文献

[1] 中华人民共和国铁道部. 铁路旅客运输规程[S]. 铁运〔1997〕101号. 北京：中国铁道出版社，2010.

[2] 中华人民共和国铁道部. 铁路旅客运输办理细则[S]. 铁运〔1997〕103号. 北京：中国铁道出版社，2010.

[3] 中华人民共和国铁道部. 铁路客运运价规则[S]. 铁运〔1997〕102号. 北京：中国铁道出版社，1997.

[4] 中华人民共和国铁道部. 铁路客运运价里程表[S]. 北京：中国铁道出版社，2007.

[5] 中华人民共和国铁道部. 铁路旅客票价表[S]. 铁运〔2012〕302号. 北京：中国铁道出版社，2012.

[6] 中华人民共和国铁道部. 行李包裹运价表[S]. 北京：中国铁道出版社，2004.